Friedrich Schorlemmer, geboren 1944, studierte von 1962 bis 1967 Theologie in Halle und ist seit 1978 Dozent am Evangelischen Predigerseminar und Prediger an der Schloßkirche in Wittenberg. Seit Anfang der 70er Jahre engagiert er sich in der Friedens- und Umweltbewegung und gründete mit anderen die Bürgerbewegung »Demokratischer Aufbruch«. Seit Mai 1990 ist er als SPD-Fraktionsvorsitzender im Stadtparlament von Wittenberg.

Von Friedrich Schorlemmer sind außerdem erschienen:

Versöhnung in der Wahrheit (Band 77051)
Träume und Alpträume (Band 80006)

Dieses Buch wurde auf chlor- und säurefreiem Papier gedruckt.

Vollständige Taschenbuchausgabe Mai 1993
Droemersche Verlagsanstalt Th. Knaur Nachf., München

Dieses Buch ist bereits im Verlag der Nation, Berlin, erschienen.

Umschlaggestaltung Adolf Bachmann, Reischach
Umschlagfoto Barbara Morgenstern, Berlin
Druck und Bindung Ebner Ulm
Printed in Germany 5 4 3 2
ISBN 3-426-80005-5

Friedrich Schorlemmer

Bis alle Mauern fallen

Texte aus einem verschwundenen Land

Knaur

Inhalt

Ich glaube Dir – Ein Bekenntnis zum Leben mitten in der Gefahr

Ich glaube Dir, Gott, Du Ursprung, Mitte und Ziel allen Lebens.
Du berufst mich zum Leben unter Lebendigem.
Du beschenkst mich mit Fähigkeiten zu singen und zu lieben, zu weinen und zu spielen, zu denken und zu sprechen, zu arbeiten und zu ruhen, zu verändern und zu bewahren.
Du lädst mich ein zur Partnerschaft mit Dir inmitten der mir anvertrauten Welt.
Du hast mir großen Spielraum gegeben – eine Freiheit, mit der ich mich selbst und meine Welt aufs Spiel setzen kann.
Ich glaube Dir, Gott, Du bist geduldig, gnädig und von großer Güte. Darum und nur darum verzweifle ich nicht, wenn ich die Erde ansehe, die Du mir in die Hände gegeben hast. Du behältst sie in Händen. Das ist meine Hoffnung. Darum, nur darum versinke ich nicht in meiner Angst.
Ich danke Dir für alles, was Du mich in dieser Welt erleben läßt.
Ich glaube Dir, Menschensohn, wirklicher Mensch, Mensch aus Gott.
Jesus aus Nazareth. Dir glaube ich den Frieden. Du hast ihn gelebt mitten im Streit. Du hast Dir nichts erspart, und Dir ist nichts erspart geblieben. Zu Dir blicke ich auf, auch wenn Du nicht oben sein willst. Gerade deshalb blicke ich auf.
An Dir sehe ich, daß Sanftmut nicht Schwäche, Demut nicht Unterwürfigkeit, Friedfertigkeit nicht Passivität ist.
Dir glaube ich den Anfang eines Lebens ohne Herrschaft.
Dir glaube ich das Ende der Abschreckung.
Dir glaube ich den Ausstieg aus der Vergeltung.

Dir glaube ich die Liebe zum Leben ohne den Anspruch auf Besitz.
Dir glaube ich die Nähe zu den Schwachen ohne die Herablassung der Starken.
Dir glaube ich die Vergebung der Schuld ohne den Nachgeschmack der Bitterkeit.
Dir glaube ich das Leben, das durch den Tod hindurchgegangen ist.
Dir glaube ich aufs Wort, auch wenn ich zu träge bin, es zu leben.
Dir glaube ich die Tränen, die Du über uns weinst, wenn Du auf unsere Stadt siehst.
Was uns zum Leben dient, das zeigst Du uns. Ich bin froh, daß es Dich gibt.
Ich glaube Dir, erneuernder Geist, Geist der Brüderlichkeit und der Gerechtigkeit, Geist der Wahrheit und Geist der Freiheit, Heiliger Geist, Flamme des Lebens unter uns.
Ich glaube an Deine Gegenwart, aus der mir Zukunft erwächst, eine Zukunft, die Raum läßt für alle.
Ich glaube Dich über Brot und Wein, geteilt, verteilt, verschenkt, für jeden sein Teil.
Ich glaube an Dich, verwandelnder Geist. In die Zukunft des Lebens weist Du mich.
Wo sich alles im Kreise dreht,
wo ich denke, es gibt keine Chance mehr,
wo sich die Spirale des Hungers und der Todesmaschinen nach oben dreht und
wo ich wie gebannt auf das Ende starre,
da bleibst Du meine einzige Hoffnung.
Du fängst immer wieder an mit mir, mit uns, mit den anderen.
Schöpferischer Geist, gestern, heute, morgen – aus Deinem Atem lebe ich.
Du läßt mich aufbrechen auf Dein Reich hin.
Zeichen des Lebens läßt Du mich entdecken und tun.
So komm, Taube, bring mir den Zweig der Hoffnung.
Gott, Heiliger Geist, der Du die Erde berührst an ihren Enden,
laß mich bleiben unter dem Regenbogen Deiner Güte.

Vor den Trümmern einer gescheiterten Alternative

Vortrag in der Evangelischen Akademie Bad Segeberg vom 3. März 1990

Ich spreche nicht für die SPD. Ich spreche für mich. Ich habe noch kein Amt. Ich darf noch meine Meinung sagen. Was ich hier zu sagen habe, ist zwischen Tür und Angel entstanden. Ich bin in mehrfacher Weise aufgerissen, vor allen Dingen dadurch, daß wir für kurze Zeit Subjekte sein durften und schnell wieder zu Objekten werden, nur diesmal unter anderen Bedingungen.

Die Probleme, die unser Land in die Bundesrepublik einbrächte, wünsche ich der Bundesrepublik eigentlich nicht. Wir stehen vor dem inneren und äußeren Ruin des real existierenden Sozialismus, der sich als real existierender Stasiismus entpuppt hat. Ein Staat, in dem der allgegenwärtige Sicherheitsapparat die Verbrechen der Parteiführer sicher zu decken, die Wahrheit sicher zu verschweigen, die Sager der Wahrheit sicher zu verschließen oder gegen gutes Geld zu verhökern hatte. Die über achtzigjährigen Führer bekommen nun, nachdem sie nicht von der Macht lassen konnten, zu spüren, was sozialistischer Strafvollzug ist. Aber sie können nichts mehr bessern. Und sie können sich nicht mehr bessern. Und wer Barmherzigkeit für sie einfordert, wie etwa für den wohnungssuchenden krebskranken Honecker, wird bedroht. So weit haben sie uns gebracht. Und sie, die uns führten, sind jetzt nicht einmal mehr haftfähig.

Zu den Totengräbern gehört auch das hier in der Bundesrepublik häufig hofierte ZK-Mitglied Professor Dr. Otto Reinhold. Weil auch er die DDR in eine Alternative trieb. Entweder die DDR bleibt, wie sie ist, »realsozialistisch« (was ja, denke ich, sowieso eine Contradictio in adjecto ist), oder sie verliert ihre Existenzberechtigung. Am 1. September 1989, dem Weltfriedenstag bei uns, schrieb er in der »Zeit«: »Welche Existenzberechtigung sollte eine kapitalistische DDR neben einer kapitalistischen Bundesrepublik haben? Natürlich keine.« Er ahnte wohl, daß es keine Identität gab – nur eine, die abgesichert wurde durch den Sicherheitsapparat. Die deutschen Professoren in der DDR haben übrigens insgesamt gründlich versagt. Entweder sie haben sich angepaßt, nicht gesagt, was sie dachten, oder sie sind, wenn sie »mutig« waren, in die Bundesrepublik gegangen. Und was da jetzt wieder von rechts hochkommt unter den deutschen Professoren, auch unter Theologieprofessoren, finde ich erschütternd. Darüber muß wohl noch einmal geredet werden …

Ich kann gegenwärtig nur stottern. Ich weiß mir Rat und bin ratlos. Weil guter Rat bekanntlich teuer ist, meinen viele, es sei eigentlich alles nur eine Frage des »richtigen« Geldes. Ich denke jetzt weniger an Geld als an Geschichte. Aber das zählt nicht viel. Einige meiner Freunde dachten noch vor ein paar Monaten auch an Geschichte und nun fast nur noch an Geld (Schnur kommt von Schnorren).

Deutschland macht sich wieder zum Mittelpunkt der Welt. Und ich habe den Eindruck: Es geht jetzt nicht Frieden vom deutschen Boden aus. Es kommen wieder alte Sorgen, von denen aber der Staatssekretär gestern sagte, sie seien nur zweiprozentig. Wir Deutschen machen uns wieder zu wichtig. Ich verstehe nicht nur die Angst vor den Deutschen, ich teile sie.

Ich traf vor ein paar Tagen meine engsten Freunde, Gefährten für mich in den vergangenen fünfundzwanzig Jahren. Und es war schön und erschütternd zugleich, daß wir wieder unabgesprochen die gleichen Gedanken und Gefühle hatten. Wir hatten zum ersten Mal den Wunsch nach Auswanderung, aber ganz gewiß nicht in die Bundesrepublik. Geschichte wiederholt sich nicht. Aber Geschichte holt uns ein. Ich empfinde mehr Angst als Vaterlandsliebe für »Deutschland, einig Vaterland«, das für viele Deutsche in der DDR das einzige scheint, das ihnen jetzt einfällt, wo alles eingefallen ist, was uns vierzig Jahre lang aufgezwungen wurde.

Ich komme aus einem Land, das vor den Trümmern eines vierzigjährigen Gesellschaftskonzepts steht, vor den Trümmern einer gescheiterten Alternative. Es wird vorerst keine demokratisch-sozialistische Alternative auf deutschem Boden geben. Dafür gibt es aber schon Selbstbestätigungsrituale der »Sieger«.

Ich komme aus der abgetakelten Dreckschleuder DDR, aus dem Billiglohnland und der Müllkippe der Bundesrepublik – wir haben ja auch Westgeld verdient mit Ihnen hier! –, die wertvolle historische Tradition, aber auch zerfallene Städte und sechzehn Millionen Menschen hat, die nun schnell am Wohlstandskuchen teilhaben wollen. An den Städten der DDR, an den Hinterhöfen können Sie sehen, wie es in unseren Seelen aussieht.

Dazu möchte ich Ihnen eine kleine Geschichte erzählen, die mich sehr bewegt hat. Im verrotteten, verratteten Hof Lucas Cranachs des Jüngeren in Wittenberg findet am 3. Februar 1990 die elfjährige Christin Rechnungen der hochgeschätzten, erst vor einigen Jahren erloschenen Firma Strensch, alte Rechnungen, darunter ein etwas stärkeres Blatt – es diente wohl als Deckblatt –, auf dem in kunstvollen Lettern steht: »Jedes Volk hat das Recht, sich sein Leben auf dieser Erde sicherzustellen.« Adolf Hitler, 30. 1. 1939.

Jedes Volk hat das Recht, sich sein Leben auf dieser Erde sicherzustellen ... Wer wollte damals, wer sollte heute gegen so einen Satz etwas einzuwenden haben? So harmlos klang es am 30. 1. 1939. Nur, was sollte es heißen: »sicherzustellen«? Zumal dann, wenn sich der Rechtsanspruch des einen Volkes mit dem Rechtsanspruch des anderen nicht verträgt und man mal wieder nachdenkt über Reparationsverzicht und Gebietsansprüche und ob das nur Nutzungsrechte sind, die die Polen jetzt haben, für die die Leute hier in der BRD Entschädigung bekamen, oder ob damit auch der Besitz abgegolten wurde. Also kommt die deutsche Krämerseele und macht den Polen Beine? »Arbeiten können die sowieso nicht ...«

Sind die Deutschen wieder dabei, sich ihr Leben aus dieser etwas zersiedelten Bundesrepublik heraus nach Osten hin sicherzustellen? Ist es überspitzt, wenn ich so frage?

Ich verlasse den Cranach-Hof und trete auf die Straße und sehe auf einem Wahlplakat die Umrisse des geeinten Deutschlands in den Farben schwarz, rot und gold. Wir lassen uns jetzt von niemandem mehr aufhalten, eins zu werden, weil ja jedes Volk das Recht hat, sich sein Leben auf dieser Erde sicherzustellen. Und dann lese ich auf diesem schwarzrotgoldenen Plakat der CDU, der neuen CDU, der gereinigten CDU: »Für ein starkes Deutschland«. Auch gegen diesen Satz, wie gegen den von Adolf Hitler vom 30. 1. 1939, ist nichts einzuwenden. Nun, ich verstehe, wer sollte etwas dagegen haben? Möchte jemand schwach sein oder bleiben? Wer ist aber der Schwächere? Wem gegenüber wollen wir stark oder noch stärker sein, als es die Bundesrepublik schon war? Wie sieht das ein Ausländer – ein Pole, ein Tscheche, ein Holländer? Ist das Wort stark ein Synonym für groß? Ich erschrecke jedenfalls.

Vier Tage nach dem 30. Januar 1990 findet Christin dieses Blatt und trägt es eilig zu mir. Den Feiertag der »nationalen Revolution« von 1933 hat dieser Satz geprägt. Er stand am Ende der ausgehöhlten Weimarer Republik, die einfach zur »Systemzeit« erklärt wurde. Der Weg führte über den nationalen Rausch und den wirtschaftlichen Aufschwung in den Krieg.

Mir geht es nicht um die Angst vor Wiederholung. Mir geht es um warnende Erinnerung. Wenn schon – was bei der Meinungsfreiheit in der Bundesrepublik ja kein Wunder ist – der »Spiegel« Gregor Gysi als Drahtzieher in Geldgeschäften der SED vorstellt und das Wort Drahtzieher in gelber Schrift auf die Titelseite drucken läßt, dann geht was vor sich in unserem Land und durch das Herz Dr. Gregor Gysis, der mehr Rückgrat hatte als manche, die jetzt so laut sind. Und wenn dieser Sonderdruck mit gelber Schrift – sein Vater ist Halbjude – tausendfach auf der Leipziger Demonstration verteilt wird, frage ich mich: Was ist aus dem »Spiegel« geworden? Ein Spiegel?

»Wir sind ein Volk«, sagen viele hoffnungsfroh. »Wir sind ein Volk«, sage ich kopfschüttelnd. »Wahnsinn!« rufen viele, und es ist das Wort für die höchste Begeisterung. Für mich hat das Wort seinen semantischen Sinn wiedergewonnen.

Und so weit sind wir schon in der DDR, daß meine Parteifreunde aus der SPD (wir haben Schwierigkeiten mit dem Wort Partei, weil wir immer nur eine hatten) mir raten, ich möchte doch Günter Grass wieder ausladen. Es könne uns Stimmen kosten, weil Grass in der Deutschlandfrage die Position der PDS vertrete. Ich dachte immer, Günter Grass vertritt seine Position ... Grass will aus historischer Erinnerung kein »starkes Deutschland« in der Mitte Europas. So weit sind wir schon, daß das nicht mehr diskutabel ist unter meinen »Genossen« – das Wort Genosse darf ich auch nicht sagen. Aber Günter Grass lade ich nicht aus.

Die deutsche Frage ist in der DDR gegenwärtig so emotionsbesetzt, weil sie vierzig Jahre lang tabuisiert wurde. Und das werfe ich unter anderem dieser Verbrecherorganisation SED vor, in der es vorzügliche Menschen gibt, aber die Organisation ist im Grunde menschenfeindlich gewesen. Die deutsche Frage wurde zum Tabu erklärt. Ich hab mich – wie viele andere – nie als DDR-Deutscher gefühlt. Ich war immer ein Deutscher aus der DDR. Deswegen brauche ich bei dieser Frage auch nicht so emotionell zu reagieren. Ein ruhiges Gespräch darüber ist in unserem Land gegenwärtig nicht möglich. »Du bist für die DDR? Du bist also für ein neues Sozialismus-Experiment? Willst du uns wieder zu einer Versuchsratte machen?« So läuft das. Ich habe einer polnischen Zeitung ein Interview gegeben, in dem ich mich für ein zeitweiliges Weiterbestehen der DDR ausgesprochen und das begründet habe. Die Zeitung der Ost-CDU hat daraufhin eine Kurzmeldung überschrieben: »Theologe für zeitweiliges Bestehen der DDR«. Der Text wird dann gar nicht mehr gelesen. Ah, da ist einer, der will wieder ein Sozialismus-Experiment mit uns machen. So schnell geht das.

Das Thema und das Tempo der Entwicklung in Deutschland wird von einer lautstarken, wirtschaftlich, politisch und menschlich gedemütigten oder benachteiligten Masse in der DDR bestimmt. Ob sie die Mehrheit ist, weiß ich nicht. Aber sie kann es noch werden. Es ist eine Masse, die nicht redet, sondern ruft, und die täglich tausendfach drohend handelt. Die Medien der Bundesrepublik helfen uns, daß das noch tausendfacher wird. Das Plakat »Wenn die D-Mark nicht zu uns kommt, kommen wir zur D-Mark« muß nur öfter mal im Fernsehen gezeigt werden, dann prägt es auch das Bewußtsein. Das Fernsehen wird meinungsbestimmend. Man sollte da unbedingt mal wieder Günther Anders lesen. Medien bestimmen heute Bewußtsein, und die Menschen entpolitisieren sich in ihrer Nische. Wie die Mehrheit denkt, kann man durch Umfragen feststellen, über die Medien verbreiten und so wieder Meinung bilden. Massen machen mit ihren Füßen der Geschichte Beine: auf dem Marktplatz in Leipzig und Erfurt, in den Aufnahmelagern in Gießen und Marienfelde. Die Geschichte läuft. Und wenn Politiker sich nur noch fragen, wie sie Schritt halten oder als Beschleuniger des Laufs den Beifall dieser Massen bekommen, dann wird alles besinnungslos geschehen. Wer wagt da noch den steuernden Eingriff der Stimme der Vernunft?

Die politischen Bewegungen, die sich vor der Wende oder mitten in ihrer unentschiedenen Phase bei uns bildeten (das waren alle außer den Konservativen, Liberalen und National-Christlichen!), waren von der deutschen Frage als einer europäischen Frage ausgegangen. Sie bejahten die Öffnung Europas und darin die Öffnung der deutschen Staaten zueinander. Aber keiner stellte die deutsche Einheit auf die Prioritätenliste. Ich habe alle Programme geprüft, das vom Neuen Forum, von Demokratie Jetzt, der SPD, vom Demokratischen Aufbruch und von der Vereinigten Linken. Die SPD formulierte in ihren Grundpositionen vom 7. Oktober 1989: »... die Anerkennung der Zweistaatlichkeit Deutschlands als Folge der schuldhaften Vergangenheit...« Und: »... besondere Beziehungen zur BRD aufgrund unserer Geschichte und besonderen Verantwortung ...« Am 14. Januar 1990 hieß es dann schon in einer Resolution: »Wir bekennen uns zur Einheit der deutschen Nation.« So schnell wird die Sprache religiös. Das Neue Forum rief alle Bürger auf, »an der Umgestaltung unserer Gesellschaft mitzuwirken«.

Der Demokratische Aufbruch, der jetzt als »ehrliche Alternative« zur Allianz für Deutschland gehört, formulierte: »Wir gehen von der deutschen Zweistaatlichkeit aus. Ein aktives Aufeinanderzugehen der beiden deutschen Staaten im Rahmen einer europäischen Friedensordnung unterstützen wir.«

Heute muß ich sagen, daß wir uns wohl sehr getäuscht haben. Dies war eine der großen Selbsttäuschungen der politisierten Gruppen und ihrer Vordenker über das enge, nationale, gefühlsbestimmte, merkantil motivierte Denken der Mehrheit. Wir wollen ja, daß demokratisch entschieden wird, und müssen uns nun Mehrheiten beugen. Ich habe mich von der national denkenden Mehrheit im Demokratischen Aufbruch im Dezember getrennt und viele mit mir. Wir wollten für Überzeugungen einstehen und uns nicht einfach einem Mehrheitswillen anschließen, den wir für falsch hielten. Vielen im Neuen Forum ging es ähnlich, und es bildete sich die Deutsche Forumpartei.

Für die Mehrheit der DDR-Bürger scheinen zwei Fragen »handlungsbestimmend« zu sein: 1. Wer sichert uns, daß die SED nie wiederkommt? 2. Wer sichert uns, daß wir bald die D-Mark kriegen? Diese beiden Sicherheiten will die Mehrheit bei uns haben. Ich verstehe das. Es ist nur mittel- und längerfristig nicht ganz zu Ende gedacht. Ich hätte aus historischer Vorsicht einen Staatenbund bevorzugt.

Es ist unser Unglück, daß die SED keine Evolution zuließ. Sie war altersstarr und machtbesessen. Sie glaubte an ihre historische Mission und ließ sich ihre Sicht durch keinerlei Realitätsbezug trüben. Daran verrottete unser Staat, der die Wirklichkeit einfach abzuschaffen versuchte.

Zwischen dem 4. und 9. November 1989 brach es dann über uns herein. »Rororo aktuell« war schnell mit dem Bestseller »Aufbruch in eine andere DDR«, aber das ist alles längst nicht mehr aktuell... Der Aufbruch wurde zum Abbruch und zum Anschluß, zum Anschlußbegehren ohne Wenn und Aber – wenn es nach der Allianz für Deutschland geht, die in der Stube Helmut Kohls (er an der Stirnseite des Tisches!) vorgestern beschloß, daß in der BRD alles so bleiben kann, wie es ist, und in der DDR alles so werden wird, wie es hier in der BRD schon immer war.

Die Geschichte ist damit nicht offen – nur das Grundgesetz ist offen für die Länder der DDR, Eintrittstor Artikel 23: »In anderen Teilen Deutschlands ist es nach deren Beitritt in Kraft zu setzen.« Das wäre ein Clou, der es einzelnen Ländern in der DDR erlaubte, schon einmal aus der DDR »auszutreten«. Die DDR würde, in Raten geschluckt, kein eigenes Subjekt mehr sein. Wozu dann aber noch die aufwendigen Wahlen am 18. März 1990? »Ich meine, gegen einen möglichen Einzelverkauf sollte die Regierung schnellstens einen Riegel durch Gesetze vorschieben. Wir sind nur zusammen zu haben«, schrieb mir eine Rentnerin.

Ich möchte mich hier dezidiert für die Anwendung und praktische Ausführung des Artikels 146 des Grundgesetzes aussprechen, der uns gemeinsam die Chance gibt, in einer verfassungsgebenden Versammlung sorgsam die freie Entscheidung des deutschen Volkes vorzubereiten und in den europäischen Prozeß einzubringen.

Mit Artikel 23 als Schnellanschluß würde die sanfte Revolution in der DDR in eine Selbstannexion münden. »Gott schütze unseren Kanzler Helmut Kohl, den Garanten der deutschen Einheit«, forderte das größte Plakat in Erfurt. Der DSU-Vorsitzende, jener »tapfere« Thomas-Kirchen-Pfarrer, der seine Kirche so lange von Demonstranten freihalten konnte, hob eben diesen Satz in seiner Aschermittwoch-Rede vor der CSU ausdrücklich hervor. Wenn die Wahlen für die Befürworter des Artikels 23 nicht gut ausgehen sollten, sich aber im eher rechten Süden der DDR eine Mehrheit finden würde, könnte man dort auf die Idee kommen, sich gleich Bayern anzuschließen. Das wäre zwar nach geltendem Recht Hochverrat. Aber was ist in diesen bewegten Zeiten nicht alles möglich?

Bei einem Schnellanschluß würde die vierzigjährige Geschichte der DDR einfach annulliert. Ein mehrfach zerrissenes Land, das keine Gelegenheit fände, mit sich ins reine zu kommen und geordnete Bedingungen für das Zusammenleben zu schaffen, würde plötzlich eine Kopie der BRD ... Wir hatten eine andere Rechtsordnung, zum Teil gar kein Recht. Das geschriebene

Recht wurde politisch gehandhabt, man benutzte es oder benutzte es nicht, je nach Belieben. Bisweilen wurde nicht einmal eine Rechtsvorschrift bemüht. Alles wurde zur nackten Machtfrage. Wir hatten ein ideologisch durchsetztes Bildungswesen. Alle Bücher müssen umgeschrieben werden. Die Lehrer taugen nicht für ein liberales Bildungssystem. Sie wissen wirklich nicht mehr, woran sie sind. Die Schüler wissen es erst recht nicht.

Das Gesundheitswesen, das Arbeitsrecht, das Eigentumsrecht, das Mietrecht, das Bodenrecht, das »Spekulationsrecht« – und was wird aus dem ganzen riesigen Überbau unserer Gesellschaft? Dieser Überbau – das sind Menschen! Einige nehmen sich jetzt das Leben. Wegwerfen ohne Rest? Ich habe Angst vor der Radikalisierung der Enttäuschten. Es gibt Rote bei uns ebenso wie es die Rufe »Rote raus« gibt. Aber wohin? Na ja, wir haben ja noch Lagerkapazitäten bereit, die uns die Kommunisten hinterlassen haben. Das muß ich mal ganz bitter sagen.

»Berlin bleibt rot«, schreiben einige in Ost-Berlin an die Wände, und sie meinen das ernst. Die anderen schreiben daneben »Rote raus«. Ein Hauch von Weimar könnte zum Sturm werden, wenn sich das polarisiert und bei uns und von uns nicht aufgearbeitet wird. Ist die Demokratie in der Bundesrepublik so stark? Daß sie wirtschaftlich so stark ist, uns aufzuhelfen, das glaube ich schon. Aber ob sie politisch so stark ist, das aufzusaugen und aufzuarbeiten?

Wir sind mehrfach zerrissen, und für diese Zerrissenheit brauchten wir eigentlich Zeit. Ein Riß geht durch uns hindurch – zwischen der SED (die sich jetzt nur noch PDS nennt, aber die Auseinandersetzung mit Lenin noch vor sich hat) und dem Volk, das Racheobjekte sucht. Die Mehrheit des Volkes verweigert die Selbstauseinandersetzung und will schnell Schluß machen. Eine deutsche Art der Vergangenheitsbewältigung? Wieder kein Nachdenken und Aufarbeiten der eigenen Niederlage, sondern schneller Anschluß an die Sieger!

Ich leugne nicht, daß uns das alles aufgedrückt wurde. Ich bin auch nicht erhaben über die Angst anderer. Aber mich entsetzt die Kompromißlosigkeit der alten Staatspartei gegenüber, das laute Schreien der Tausenden jetzt, wo über die Jahre hinweg das leise Reden wenigstens von Hunderten möglich und nötig gewesen wäre. Die noch vor fünf Monaten feige schwiegen, schreien jetzt ebenso feige, weil sie nicht den Mut finden, sich zu ihrer Feigheit zu bekennen. Es wäre doch keine Schande zu sagen: »Es war schwer. Wir waren feige. Wir wollten leben. So war das.«

Auch die Blockparteien machen die Schuldverschiebung kräftig mit. Nur die SED soll schuld sein. Das ist einfach, nicht wahr? Die Schleimspur der Blockparteien ist längst nicht trokken. Ich habe noch Zeitungen von September und Oktober 1989 ... Ein bißchen Zurückhaltung täte gut.

Wir sind zerrissen zwischen der PDS und dem Volk, das Racheobjekte sucht. Zerrissen sind nun auch die, die sich noch vor Wochen einig waren in der Gegnerschaft zur SED und zum Stasistaat. Sie verfeinden sich, ohne die Streitkultur einer Demokratie geübt zu haben. Nun wird flugs die Art des bundesdeutschen Wahl-Geholzes übernommen. Auch hier also schnelle Entwicklungshilfe – schneller als das Geld kommen die Parolen aus dem Westen. Die platten Alternativen schlagen bei uns ein, weil sie Emotionen mobilisieren können und weil sie das Denken vierzig Jahre lang massenhaft geprägt haben. (»Bist du für den Sozialismus, dann bist du für den Frieden« usw.) Wir sind dem westdeutschen Wahlkampf ausgeliefert. So werden wir auch einem Verdrängungswettbewerb ausgeliefert sein, dem wir nicht gewachsen sind. Die Spekulation ist in vollem Gange. Die Häuser werden schon besichtigt. Viele fühlen sich jetzt machtlos, verhökert. Wir wurden bevormundet, aber das konnten wir relativ leicht durchschauen. Jetzt kommt die Bevormundung durch die Verlockung, ohne daß wir klar genug die Gefährdung sehen. Wozu es Steuerberater geben muß, wissen die meisten von uns noch gar nicht. Gegen die Tristesse des FDGB-Urlaubs tauschen wir bald eine ganze Urlaubsvergnügungsindustrie ein. Aber wird das ein Gewinn sein? Erst einmal ist es interessanter und bunter.

Wir sind schließlich zerrissen im Selbstwertgefühl, das wir nie hatten. Immer als Bettler hierhergekommen, haben sich Millionen am 9. November 1989 in die 100-DM-Schlange gestellt. Ein verletztes Selbstwertgefühl äußert sich jetzt übersteigert »deutsch«. Nun wird alle Ausländerfeindlichkeit herausgelassen. Wir sind prozentual ausländerfeindlicher als die multikulturell doch mehr geöffnete Bundesrepublik. Wenn einig Deutschland zu eng wird, werden die DDR-Deutschen die ersten sein, die fordern, daß die Ausländer nach Hause gehen sollen.

Aus all diesen Gründen kann ich es uns und der Bundesrepublik nicht wünschen, daß wir ein eilig Vaterland werden. Sollte es keine Übergangslösungen geben, die uns in der DDR einen allmählichen Anpassungs- und Läuterungsprozeß erlaubten?

Die Sensibilität unserer Nachbarn, auch wenn sie sich nun dreinzugeben scheinen, weil Margret sich in Michail wohl getäuscht hat, muß dem deutschen Volk bewußt gemacht werden. Diese Sensibilität für unsere Nachbarn scheint aber in dem Maße unterentwickelt zu sein, wie wir Deutschen mit uns selbst beschäftigt sind. Ich habe das im Januar 1990 erlebt. Wir waren in Wrocław. (Zwischenruf aus dem Publikum: »Breslau!«) Die Stadt, die da wieder aufgebaut wurde, heißt Wrocław. Sie wollen vielleicht nach Breslau fahren, ich nicht. Dort wohnen jetzt Polen. Natürlich haben sie Fehler gemacht, die ich auch nicht gut finde, indem sie so tun, als ob das immer eine polnische Stadt gewesen sei, und deshalb alle deutschen Spuren gelöscht haben. Aber was da wieder aufgebaut wurde aus den Trümmern der »Festung Breslau«, das gehört jetzt ... den Polen. Ich hoffe: ein für allemal. Aber wer die neuen Ängste der Polen vor den Deutschen bewußt machen will, macht sich in der DDR selbst zum Feind – auch bei den »revolutionären Massen«, die im Herbst so friedlich waren.

Auch ich habe Angst vor »meinen Deutschen«. Deshalb kann ich nur hoffen, daß die vier Mächte ihre Rechte nicht unbedacht aufgeben. Ich wünsche uns Deutschen internationale Bändigungsinstrumente, die die freie Selbstbestimmung ebenso ermöglichen wie sie die unbehelligte Entwicklung aller Nachbarn in den Grenzen von 1990 auf Dauer sichern müssen. Deswegen hat es eine gewisse Rationalität, in der NATO zu bleiben. Das ist auch ein Bändigungsversuch. Ich bin eigentlich für eine entmilitarisierte Neutralität, aber ich verstehe schon sehr gut, daß es Nachbarn gibt, die noch mehr Angst kriegen, wenn wir Deutschen neutral und erst mal entmilitarisiert sind. Sie haben die historische Erinnerung an uns nicht verloren.

Ich stelle mir vor, das nächste Schlesiertreffen findet in Görlitz statt. Wer garantiert, daß die Entwicklung nicht heißläuft oder daß ein ökonomischer Verdrängungswettbewerb nicht zu politischen Turbulenzen führt? Die polnische Zeitung Gazeta Wyborcza schrieb am 2. März 1990, daß nach der Befreiung der DDR und der bevorstehenden Einheit Deutschlands die nationalen Antagonismen zwischen Deutschen und Polen wieder auftreten könnten. Das sei ein gefährlicher Anachronismus. Die Gazeta Wyborcza wird nicht von Kommunisten herausgegeben! Neue Grenzdebatten stören den Weg in ein geeintes Europa.

Peter Bender schrieb in seinem Buch »Deutsche Parallelen« (1989): »Ein Aufstand für die Wiedervereinigung fand niemals statt. Weder gewaltsam noch politisch, weder in der DDR ... noch in der Bundesrepublik, wo kein Risiko damit verbunden war ... Den Deutschen ist als Nation die Kraft ausgegangen.« Soweit Peter Bender. Der Aufstand für die Wiedervereinigung findet statt. Die Risiken sind nicht übersehbar, die Chancen ebenfalls nicht. Wollen die Deutschen in der DDR nur »Wohlstand statt Sozialismus«? (So ein hier in der BRD gedrucktes Wahlplakat, das überall bei uns hängt. Viele Berliner malen ein Plus dazwischen.) Akzeptiert die Bevölkerung der Bundesrepublik den Anschluß der DDR als wirtschaftliche Chance für noch mehr Wohlstand bei zeitweiligem Zurückstecken? Oder wird das starke Deutschland als Nation wichtig? Ist den Deutschen als Nation die Kraft ausgegangen, und sie wollen nur noch Wirtschaftsmacht und Wohlstandsland sein? Oder kommt da auch wieder anderes hoch?

Ich frage: Siegt in Deutschland einmal wieder das Schreien

3. Eine gefährliche Geschichtsvergessenheit (außer der Erinnerung an das eigene Leiden), die Abweisung eigener Schuld (bei scharfer Abrechnung mit den Schuldigen), der Wunsch nach Größe (ohne Rücksicht auf die kleinen Nachbarvölker und deren Gefühle), die Teilnahme am guten Leben (bei Übersehen der »Rahmenprobleme« einer Welt, die auf Katastrophenkurs liegt) charakterisiert das gegenwärtige Mehrheitsbewußtsein. Die Reflexion darüber unterliegt einem Selbst-Tabu.

4. An dem emotional aufgeheizten deutsch-national-christlichen Brei könnten sich unsere Nachbarvölker wieder die Zunge verbrennen. Wird sich Geschichte bewußtlos wiederholen? Wir brauchen ja keine marschierenden Heere mehr, die wirtschaftliche Stärke wird die Armen darum betteln lassen, daß wir sie unterwerfen mit unserer Kraft. Wir tun das ja schon.

5. Die Befreiung der Herbstrevolution trug nicht, weil sie nicht wußte, wie sie aus eigener Kraft die Schäden beheben sollte. Die anfängliche Selbstbefreiung trug nicht, weil der West-Schock so überwältigend war. Der Westen wurde zur Real-Utopie. Die Niederlage des Ostens wurde massenhaft umgefälscht in einen Sieg des Westens, den zu kritisieren fortan als anmaßend und utopisch galt. Also sagen viele: »Wir müssen dankbar sein, wenn der Westen uns hilft. Wir haben kein Recht, Bedingungen zu stellen. Das wäre anmaßend. Die Bedingung kann nur der Geber stellen. Suchen wir nichts Neues, sondern schließen wir uns an Bewährtes an.«

6. Eine »Elite« hat den Durchbruch vorbereitet und organisiert. Dann kamen die Massen, die sich endlich auch trauten. Als sie sahen, daß sie eine starke Masse sind, entließen sie die »Elite«, weil diese massen- und selbstkritisch blieb.

7. Die Westorientierung der Mehrheit der DDR-Deutschen und ihre ökonomische Grundorientierung hat sich durchgesetzt. Der Systemwechsel ist nicht zum Paradigmenwechsel geworden. Nun wird gar der Markt bei uns fetischisiert. Das Massenbewußtsein der DDR-Deutschen tendiert zu dem erfolgreichen Gesellschaftsmodell des Westens und identifiziert sich jetzt wieder mit den Siegern der Geschichte, wie schon 1945 mit

Amerikanern und Russen und nicht mit den Opfern. Wir haben keine selbsterarbeitete Identität gefunden.

8. »Christlich« wäre unser Einigungsprozeß, wenn es uns dabei gelänge, den Frieden kurz- und längerfristig stabiler zu machen, an die Schwachen in der Welt zu denken und unsere neue Stärke auch für sie einzusetzen. (In Polen z. B. kann man sich wirklich für sein Geld nichts kaufen. Aber die westdeutschen Politiker verkünden uns, für unser DDR-Geld könne man sich nichts kaufen. Die Massen applaudieren, obwohl es schlicht nicht stimmt. So wird Realitätswahrnehmung getrübt, so werden Bedürfnisse angefacht, so wird die DM-Sucht produziert.)

Erlauben Sie mir, daß ich mit einer Hymne schließe, die vielleicht ein bißchen kitschig ist. Die Kinder bei uns mußten sie einmal auswendig lernen. Sie war als Nationalhymne für die DDR gedacht – in Konkurrenz zu der Becherschen. Sie bekommt im Frühjahr 1990 einen neuen Sinn! Bertolt Brecht, Kinderhymne: »Anmut sparet nicht noch Mühe / Leidenschaft nicht noch Verstand / Daß ein gutes Deutschland blühe / Wie ein andres gutes Land. / Daß die Völker nicht erbleichen / Wie vor einer Räuberin / Sondern ihre Hände reichen / Uns wie andern Völkern hin. / Und nicht über und nicht unter / Andern Völkern wolln wir sein / Von der See bis zu den Alpen / Von der Oder bis zum Rhein. / Und weil wir dies Land verbessern / Lieben und beschirmen wir's / Und das Liebste mag's uns scheinen / So wie andern Völkern ihrs.

So kann ich das geeinte Deutschland mit gutem Gewissen bejahen.

Training des aufrechten Gangs – Die Rolle der Kirchen bei der demokratischen Emanzipation in der DDR

Vortrag vom 28. März 1990, gehalten an verschiedenen Universitäten in den USA

Ich habe hier ein grünes Band, 40 cm lang. An Tausenden Autos und in den Knopflöchern von Tausenden Menschen hing dieses grüne Band der Hoffnung. Es sollte symbolisieren: 40 Jahre sind genug! Nach 40 Jahren neue Hoffnung! Wir tragen nicht das schwarze Band der Resignation. Wir tragen nicht das weiße Band der Ausreiser. Wir tragen nicht länger das rote Banner, unter dem wir erdrückt wurden. Der Durchbruch ist gewonnen, aber er droht nun wieder verlorenzugehen.

Ein Karikaturist hat unseren Weg vom September zum März in folgender Weise beschrieben: Menschen erheben sich mühsam aus der Beherrschung durch eine allmächtige und allgegenwärtige Ideologie, lernen den aufrechten Gang und beginnen sich wieder zu bücken und unter das große Geld zu kriechen.

Ich erzähle Ihnen vom langen Kampf um die Befreiung von Ängsten und Hoffnungen, vom Glück des Gelingens und vom Scheitern einer Idee. Die demokratische Revolution feiert ihre Siege und droht gleichzeitig abzubrechen. Die Protagonisten der friedlichen Revolution in der DDR sind wieder eine Minderheit. Wir werden uns neu finden müssen. Diesmal werden wir es tun können, ohne Angst vor der allgegenwärtigen Staatssicherheit zu haben. Aber unser Gegner wird nicht weniger mächtig sein: eine Mehrheit, die genug hat, wenn sie nur genug hat. Ich bin protestantischer Theologe und lebe seit 12 Jahren in der Stadt des großen Reformators Martin Luther. Am Beginn seiner Reformation stand die Erkenntnis, daß das ganze Leben eines Christen Umkehr sein muß, Umkehr, die aus Selbsterkenntnis zur Selbstveränderung und dann auch zur Umgestaltung der Lebensverhältnisse führen muß. Luther knüpfte an den Apostel Paulus an, der geschrieben hatte: »Zur Freiheit hat euch Christus befreit, darum laßt euch nicht wieder in das knechtische Joch zwingen.« In der Eingangshalle der alten Universität in Wittenberg, erbaut im Jahre 1564, steht auf einem dicken Balken ein markiger Spruch Martin Luthers: »Es liegt nichts an mir, aber Gottes Wort will ich mit fröhlichem Herzen und frischem Mut verantworten, niemand angesehen, dazu mir Gott einen fröhlichen unerschrockenen Geist gegeben hat.« Aus diesem fröhlichen und unerschrockenen Geist speiste sich der Widerstand der Christen in der DDR gegen ein totalitäres System. Diese Kirche verstand sich als eine Kirche, die gemeinsam mit Sozialisten eine gerechtere und freiere Gesellschaft aufbauen wollte. Wir wollten eine verbesserliche Kirche in einem verbesserlichen Sozialismus sein. Aber der Dialog wurde uns weitgehend verwehrt. Die Kirche wurde einerseits unterdrückt, andererseits war sie der einzige organisierte Freiraum in dieser Gesellschaft. Sie ging in vielem ein Bündnis ein mit den kritischen Künstlern unseres Landes und fand seit Anfang der 80er Jahre immer mehr Verbündete, die keine Christen waren. Unter dem Dach der Kirche versammelten sich vor allem in den Städten Tausende Menschen in kleinen Basisgruppen, die sich besonders um die Fragen des Friedens, der Menschenrechte und der weltweiten Gerechtigkeit Gedanken machten und ihrer Besorgnis über den Zustand der Umwelt Ausdruck gaben. Diese Bewegung fand ihren Höhepunkt in einer großen Versammlung aller Christen und Kirchen in der DDR im April 1989. Nach einer Diskussion im ganzen Land wurden dort zwölf Texte zu Fragen der Gerechtigkeit, des Friedens und der Bewahrung der Schöpfung verabschiedet. Das Symbol dieser ökumenischen Versammlung, die Taube, die die Kette durchbricht und den Palmenzweig der Hoffnung mit sich trägt, wurde zum Symbol der gesellschaftlichen Erneuerung. Die Kirchen wurden zu Sammelplätzen des Widerstandes und der Hoffnung und zu Ausgangspunkten friedlicher Aktionen, die zum Zusammenbruch des Systems führten. Die Emanzipationsbewegung in der DDR ist nicht denkbar ohne vier grundlegende Impulse:

1. Die weltweite Friedensbewegung seit Mitte der 70er Jahre führte insbesondere seit den Diskussionen um Neutronenbomben, SDI und Mittelstreckennachrüstung zu Sammlungsbewegungen von Friedensgruppen mit verschiedenen Aktionen. »Schwerter zu Pflugscharen« wurde zum Sammelbegriff von Hoffnung und Widerstand.

2. Der KSZE-Prozeß ermutigte viele Menschen, die außenpolitische Entspannung und die innenpolitische Demokratisierung voranzubringen. Das sicherheitspolitische Konzept der Sicherheitspartnerschaft wurde zum tragenden Element einer nationalen und internationalen Friedenskonzeption.

3. Seit dem 11. März 1985 wurde im Ostblock ein neues Zeitalter eingeleitet, das mit dem Namen Michail Gorbatschow verbunden ist. Ohne Michail Gorbatschow wären die Bewegungen im Osten nicht denkbar gewesen. Es schien so, als ob der Kommunismus zu einer Erneuerung fähig wäre und gleichzeitig die weltweiten Probleme lösen könnte. Die Reden Michail Gorbatschows wurden von vielen Menschen verschlungen; große Hoffnung gaben uns z.B. das Moskauer Friedensforum vom Februar 1987 und die große Rede vom 7. Dezember 1988 vor der UNO. Wenn unsere Welt eine Zukunft hat, dann hat sie sie nur, wenn wir Strukturen globaler Solidarität finden.

4. Die demokratische Emanzipation konnte im Ostblock an Karl Marx anknüpfen und gleichzeitig die große bürgerliche philosophische Tradition der Aufklärung aufnehmen. Immer wieder und immer noch stehen wir vor drei Imperativen, die eng miteinander verbunden sind. In dem Aufsatz »Beantwortung der Frage: Was ist Aufklärung?« sagte Kant: »Habe den Mut, dich deines Verstandes ohne Anleitung eines anderen zu bedienen.« Dies ist der Satz der Selbstbefreiung des Menschen von jeglicher Bevormundung. Der kategorische Imperativ bei Karl Marx (in der Einleitung zur »Deutschen Ideologie«) hieß: »Alle Verhältnisse umzuwerfen, in denen der Mensch ein er-

niedrigtes, geknechtetes, ein verlassenes, ein verächtliches Wesen ist.« Diese beiden Aufgaben gelten wohl in allen Systemen. Aus christlicher Sicht kam die Mahnung des Apostels Paulus hinzu: »Verändert euch durch die Erneuerung eures Denkens, damit ihr erkennen könnt, was der Wille Gottes ist, nämlich das Gute und das Vollkommene und das Gerechte.« Dies weist auf die Erneuerungsbedürftigkeit jedes einzelnen hin, der in seinem Innersten der Erneuerung bedarf, um dann auch neue Strukturen zu schaffen. Da der Kommunismus diesen dialektischen Prozeß nicht geschafft, ja nicht angepackt hat, ist er fürs erste gescheitert, nämlich die Erneuerung der gesellschaftlichen Strukturen mit der Erneuerung des Menschen zu verbinden.

Ein Beispiel dafür war in unserer Gesellschaft bis in den Herbst hinein die Forderung, daß die Abrüstung der Waffen und die internationale Entspannung verbunden sein muß mit der Abrüstung der Feindbilder und dem Abbau der Spannungen in der Gesellschaft. Eine Friedenspolitik nach außen, die nicht Friedenspolitik nach innen ist, ist in sich völlig unglaubwürdig. Ich zeige Ihnen hier ein Foto von Kindern, die in der Nähe Wittenbergs in den Ferien an kleinen Spielpanzern ausgebildet worden sind. Gleichzeitig strotzten unsere Schulbücher nur so von Feindbildern. Deswegen waren wir in der Kirche der Meinung, daß wir nicht nur Schwerter zu Pflugscharen umschmieden, sondern auch unsere Feindbilder in Freundbilder verwandeln müßten. 1983 haben wir auf dem Lutherhof öffentlich ein Schwert umgeschmiedet und damit das getan, was auf dem Symbol stand, das die Polizei den Menschen von ihren Jacken gerissen hatte und das hier in New York vor der UNO steht. Dazu haben wir einen Text gelesen, der deutlich macht, wie die Konversion heute aussehen muß:

Wenn wir werden *umschmieden*
die Schwerter zu Pflugscharen,
die Spieße zu Sicheln.

Wenn wir *umbauen*
die Raketenmäntel zu Wasserbehältern,

über das Sprechen, das Fühlen über das Denken, das Nationale über das Internationale, das Deutsche über das Europäische, das historische Selbstbewußtsein über die historische Scham, das Stärkebedürfnis über die besondere Friedenspflicht? Als DDR-Deutscher kann ich die Bundesdeutschen nur bitten: Weist uns nicht ab, sondern helft uns. Zieht uns nicht über den Tisch, aber laßt uns auch nicht sitzen. Geht nicht auf alle unsere Wünsche ein, aber hört, was sich dahinter verbirgt. Und helft uns gehen und nicht kriechen! Bewahrt uns also vor der Selbsterniedrigung – auch wenn sie Euch von uns »angeboten« wird, von Neu-Politikern, die die Rockschöße eines großen Kanzlers küssen, sich ihre Dreierkoalition in Bonn zimmern und sich dort auch ihre Wahlaussagen diktieren lassen.

Ich versuche zusammenzufassen:

1. Es gehört zu den Paradoxien der Geschichte, daß der gesellschaftliche Überdruck, der vierzig Jahre nach Westen hin dosiert abgelassen wurde, 1989 massenhaft »abgelassen« wurde und so das Faß zum Überlaufen brachte. Nach dem Sturz Honeckers gab es kurzfristig eine gelingende Identität der DDR-Deutschen, die sich auf sich selbst besannen und einen eigenständigen, grundlegenden demokratischen Umgestaltungsprozeß begannen. Der 9. November nahm uns die Kraft, uns weiter auf uns selbst zu besinnen. Hunderttausende kamen west-besoffen von der Reise zurück und wollten nur noch »das andere, das es schon gibt«, anstatt einen eigenen Weg zu versuchen. »Wir leben nur einmal«, wurde zur Devise.

2. Die SED nahm uns alles, so daß Sozialismus und Eigenständigkeit nicht mehr als diskutabel anzusehen sind. Honecker und Schalck haben uns grundlegend verulkt. Mielke hat uns versichert, daß er uns geliebt hat. Vielleicht wollte er uns auch das Wort »Liebe« stehlen. Und Krenz hat die Vereinigung schon mit der Bild-Zeitung vollzogen. Hans Modrow hat uns und sich einen furchtbaren Dienst erwiesen, indem er Ende Januar noch einmal eine NaSi einrichten wollte. Die SED-PDS unter Gregor Gysi hat zu früh geglaubt, daß sie wieder den Kopf erheben könne. Es ist in jeder Hinsicht eine Katastrophe.

die Zerstörer zu Passagierdampfern,
die Kampf- zu Rettungshubschraubern.

Wenn wir *umdenken*
die Feinde in Partner,
die Macht in Verantwortung.

Wenn wir *umsetzen*
die Worte in Taten,
die Träume in Wirklichkeit,
dann können wir auch auf das geschundene
Wort FRIEDEN verzichten.

Diese symbolische Aktion löste in unserem Land die heftigsten Reaktionen der Staatssicherheit aus. Aber wie Sie sehen, wir haben es überlebt und es geschafft. Vor allem hat sich gezeigt, daß die Feindbildpropaganda die Menschen nicht im Innersten erreicht hat. Unsere Armee rutscht in sich zusammen, weil sie kein Feindbild mehr hat. Die Chancen des Friedens sind so groß wie nie, wenn nun nicht die Großmacht der NATO die Instabilität im Osten für sich ausnutzt, sondern für den gemeinsamen Frieden nutzt.

Mit dieser Einleitung wollte ich Ihnen klarmachen, in welchem größeren Zusammenhang der Umbruch in der DDR und Osteuropa steht. Nun möchte ich einige Stationen der Revolution herausgreifen, sofern sie etwas mit der Kirche zu tun haben.

Im September 1987 gab es die ersten freiwilligen Demonstrationen auf den Straßen der DDR. Aufgerufen hatten dazu verschiedene staatliche und unabhängige Friedenskomitees. Damit sollte die Idee einer atomwaffenfreien Zone in Mitteleuropa unterstützt werden. Das erste Mal gingen hier Pfarrer und Christen auf die Straße, zusammen mit Staatsvertretern. Es entstand in der DDR eine riesige Bewegung, in der das Gebet um den Frieden und die friedliche Prozession verbunden wurde. Ein mehrere Tage dauernder Fußmarsch bis zum KZ Ravensbrück war ebenso ein Höhepunkt wie eine Großdemonstration in der vom Krieg zerstörten Stadt Dresden. Auch in Wittenberg fand eine Demonstration statt. Es wurde aber noch sichtbar, wie die Staatssicherheit die Demonstration im Griff hatte und systematisch jede Spontanität ersticken wollte.

Im Januar 1988 wurden Hunderte Menschen eingesperrt, weil sie im Geiste der Kommunistin Rosa Luxemburg für die Freiheit der Andersdenkenden demonstriert hatten. Daraus entwickelten sich in den Kirchen Mahnwachen und Fürbittgebete. Dies sollte das Hauptinstrument des Widerstandes gegen eine erstarrte Staatsmacht und gegen ein die Menschenrechte verletzendes System werden. Hunderte Personen wurden aus dem Lande verwiesen, einige nach Verurteilung abgeschoben. Seitdem hörte die Unruhe in unserem Lande nicht auf.

Im Sommer fanden mehrere Kirchentage statt. Dies sind kirchliche Großveranstaltungen, zu denen auch kirchenfremde Leute kommen. In Halle legte unsere Friedensgruppe zwanzig Thesen zur gesellschaftlichen Erneuerung vor. Diese Thesen wurden tatsächlich zu einem wirksamen Impuls, gleichzeitig hielt man uns seitdem für besonders gefährliche Staatsfeinde. Im Dezember 1988 versuchte die machtbesessene und geistlose Riege der alten Herren im Politbüro noch einmal das starre System zu erhalten und jeden Reformversuch abzuweisen. Es sollte ein Sozialismus »in den Farben der DDR« errichtet werden. Man distanzierte sich von der Perestroika in der Sowjetunion und behauptete einen eigenen Weg zum Sozialismus, der zu immer größeren Erfolgen in der Einheit zwischen Partei und Volk führen würde.

Im Mai 1989 wurden von kirchlichen und unabhängigen Gruppen die Kommunalwahlen überwacht und Wahlbetrug nachgewiesen. Regierungsamtlich wurde dies als Falschdarstellung und Feindpropaganda hingestellt. Die Wut und die Empörung besonders junger Menschen in der Hauptstadt hörte seitdem nicht auf.

Im Juni 1989 kam es zu den furchtbaren Massakern in China. Die Volksvertretung der DDR hieß die Maßnahmen der chinesischen Führung für gut, und seitdem grassierte in der DDR eine riesige Angst.

Im August 1989 schwoll der Flüchtlingsstrom an, Zehntausende versuchten über Ungarn in die Bundesrepublik zu kommen. Besonders viele junge Menschen waren dabei.

Die Verzweiflung im Lande wuchs, weil hier unentbehrliche Menschen das Land verließen. Aber der Staatsratsvorsitzende Erich Honecker wies das Volk an, diesen Verrätern keine Träne nachzuweinen. Die Zahl der Menschen, die dieses Land unter allen Umständen verlassen wollten, wuchs beständig, und dies im vierzigsten Jahr der DDR. Das Jubiläum sollte in besonderer Weise gefeiert werden, und die Menschen liefen dem Regime täglich zu Tausenden weg. Der Mauerbau 28 Jahre zuvor hatte sich insgesamt als ein Fehlschlag erwiesen. Das System konnte seine Menschen nicht überzeugen, es konnte sie nur einsperren, aber nach dem historischen Schnitt durch den Drahtzaun, den der ungarische Außenminister im Mai tat, war auch dies nicht mehr möglich.

Die Kirchen wurden von vielen sogenannten Ausreisern aufgesucht, die an den Friedensgebeten teilnahmen. Diese Friedensgebete waren aber häufig nur der Sammelplatz für jene, die das Land verlassen wollten. In besonderer Weise kam dabei die Nikolaikirche in Leipzig in die Schlagzeilen. Tausende Menschen besuchten dort das Friedensgebet, und Hunderte Sicherheitsbeamte bewachten diese Veranstaltungen. Zu Beginn der Messe am 4. September kam es dann zu offenen Gewalttätigkeiten. Die Polizei schritt ein, als eine Riesenmenge vor der Kirchentür stehenblieb und rief: »Wir wollen raus!«

Schon eine Woche später kamen noch viel, viel mehr Menschen, aber sie riefen nicht nur »Wir wollen raus!«, sondern auch: »Wir bleiben hier!« Dies wurde zum Ruf des Widerstandes.

Den Hundertschaften der Volkspolizei riefen die Massen dann zu: »Wir sind das Volk!« Sie meinten, nicht die Partei und ihre Sicherheitsorgane sind das Volk, sondern die Menschen auf der Straße. Das Faß war übergelaufen.

Seitdem sammelten sich in mehreren Leipziger Kirchen montags Tausende Menschen zum Friedensgebet, sie strömten dann auf die Straße zu einer friedlichen Prozession. Der Staat versuchte, die Kirche dafür verantwortlich zu machen, und sah nicht, daß hier ein Problem der Gesellschaft lag.

Im September bildeten sich fast gleichzeitig vier unterschiedliche Oppositionsgruppen, deren Ziele durchaus vergleichbar waren. Es ging ihnen um die Demokratisierung der DDR und die Ablösung der Einparteienherrschaft: das Neue Forum, die SDP, die Bürgerbewegung Demokratie Jetzt und der Demokratische Aufbruch. Noch am 1. Oktober sollte versucht werden, alle diese Gruppen zusammenzufassen zu einer einheitlichen Oppositionsbewegung, aber die Polizei verhinderte mit einem riesigen Aufgebot von Uniformierten und Geheimpolizisten ein Zusammentreffen in Berlin.

Auch Kirchen wurden abgeriegelt und Menschen vom Besuch von Veranstaltungen ferngehalten, so am 2. Oktober vor der Stadtkirche in Wittenberg.

Alle Sicherheitsorgane, die Arbeitermilizen – die sogenannten Kampfgruppen – und die Armee wurden in höchste Alarmbereitschaft versetzt und ausgerüstet. Es schien so, als stünde der große Bürgerkrieg bevor.

Wir alle hatten die chinesische Angst. Wie wir jetzt übrigens wissen, waren in der ganzen Republik Lager für die Gruppen des Widerstandes vorbereitet.

Der 7. Oktober wurde noch mit großem Pomp gefeiert, aber abends gab es in Erinnerung an die Wahlfälschung im Mai wieder Demonstrationen, die in schlimmer Weise zusammengeknüppelt wurden. Die Aufgegriffenen wurden in Staatssicherheitsgefängnissen mißhandelt.

Unter den Jugendlichen waren auch Kinder vieler höherer Staatsfunktionäre.

Am 7. Oktober war Michail Gorbatschow in Berlin und sagte: »Wer zu spät kommt, den bestraft das Leben.«

Wir alle mußten mit dem Schlimmsten rechnen. Es wurden Großaktionen ausgelöst wegen einer einzigen kleinen Parole, die ein fünfzehnjähriges Mädchen an die Wand geschrieben hatte: »Was wird, wenn alle gehen?« Oder einige Jugendliche machten einen Holzschnitt: »Vierzig Jahre DDR, vier Millionen Auswanderer, Ausgewiesene, Ausgebürgerte, Ausverkaufte und Geflüchtete«. Auch hier suchte man mit allen zur Verfügung stehenden Methoden die Urheber und die Empfänger. Die Polizei war auf Verfolgungsjagd nach der Wahrheit.

Der 9. Oktober wurde zum Kulminationspunkt der Revolution. Die Oppositionsgruppen hatten ihre Programme vorgelegt, sie liefen alle hinaus auf die Ablösung der Diktatur der Partei, die ihre Diktatur als eine Diktatur des Proletariats ausgab und einen Ausverkauf sämtlicher sozialistischer Werte betrieb. Die damalige Opposition war im wesentlichen noch von linken demokratischen Freiheitsideen bestimmt, die die Weltperspektive im Blick hatten und keinesfalls die Einheitsperspektive in den Mittelpunkt stellten. Die Evangelischen Kirchen hatten im September 1989 einen umfassenden Katalog konkreter politischer Forderungen zur gesellschaftlichen Erneuerung aufgestellt und einen großen gesamtgesellschaftlichen Dialog gefordert.

Die Partei mit ihren Sicherheitsorganen und das gesamte Volk standen sich jetzt schroff gegenüber. Am 9. Oktober 1989 wurden in Leipzig wieder Friedensgebete abgehalten. Wie wir erfahren haben, sollten Panzer- und Panzerspähwagen gegen friedliche Demonstranten eingesetzt werden. Die Hundertschaften der Kampfgruppen standen bereit, die Atmosphäre war hochexplosiv. Wir wußten: Jetzt fällt die Entscheidung. Die Menschen vergaßen ihre Angst und gingen auf die Straße. Die Appelle zur Gewaltlosigkeit gingen von dem Kapellmeister des Gewandhausorchesters und von drei unabhängigen Gruppen in Leipzig aus. Beide Aufrufe waren ganz im Geiste Martin Luther Kings. Seitdem hat die DDR eine Dynamik der Entwicklung genommen, der wir kaum noch folgen können und die nun auch das mit hinunterspült, was an diesem Lande erhaltenswert gewesen wäre. Die Enttäuschung über den »real existierenden Sozialismus« war bei der Masse der Menschen inzwischen so groß, daß sie mit irgendeiner Form von Sozialismus in der Mehrheit nichts mehr zu tun haben wollte. Die Opposition, die damals noch die Führerschaft der Revolution hatte, dachte anders. Sie war im wesentlichen bestimmt von den Ideen eines wirklich demokratischen Sozialismus. Im ganzen Lande kamen nach dem 9. Oktober in den Kirchen Tausende Menschen zusammen, um über die Probleme in der Gesellschaft zu sprechen, ihre Wünsche und Hoffnungen in Form von Gebeten auszudrücken und Aktionen miteinander zu vereinbaren. In vielen Kirchen gab es Diskussionen zwischen den Bürgern und Staatsvertretern. Die Kirchen wurden zu Sammelplätzen des friedlichen Widerstandes gegen ein System, das implodierte.

Auch in Wittenberg kamen am 10. Oktober etwa 6000 Menschen zusammen, sie strömten in die Kirche, bis auch kein Stehplatz mehr vorhanden war. Diese wöchentlichen Gebete um Erneuerung wurden bis zu den Wahlen am 18. März durchgeführt und brachten Christen und Nichtchristen in einer noch nie dagewesenen Weise zusammen. Die Kerzen auf den Straßen wurden zu Symbolen des friedlichen Widerstandes. Wer eine Kerze in der Hand hat, muß diese Kerze mit der einen Hand halten und die brennende Flamme mit der anderen schützen und kann keinen Stock in die Hand nehmen.

In Wittenberg gingen die Bürger zum ersten Mal am Tag der Reformation auf die Straße. Dies war ein Akt der Befreiung. Endlich gehörte die Stadt wieder ihren Bürgern. Viele, viele tausend Menschen zogen einmal um die Stadt und sammelten sich dann am Denkmal Martin Luthers. In der Kirche wurde ein Traum gelesen, von riesigem Beifall unterbrochen. Die Bürger nannten alles, was sie beschwerte, es wurde aufgeschrieben und von einer in der Kirche gewählten Vertretung ins Rathaus getragen. Tausende warteten währenddessen draußen auf dem Markt. Erstmalig zeigte die Führung Dialogbereitschaft, aber es sollte schon zu spät sein, denn eine Woche darauf wurde der Bürgermeister vor 15000 Menschen beschimpft und zum Rücktritt aufgefordert.

Am 4. November traf sich auf Anregung der Künstler die gesamte Opposition in Berlin zu einer Großkundgebung. Dies sollte die größte Kundgebung in der Geschichte der DDR sein, und sie war ganz freiwillig. Die Intellektuellen, die Arbeiter und die Kirche waren hier miteinander vereint. Das Politbüro mußte einsehen, daß das Volk nicht mehr hinter ihm stand. Bald darauf revoltierte auch die Basis der Partei und fegte das Politbüro hinweg.

Die Zahl der Bürger, die über Prag oder Warschau das Land verlassen wollten, nahm weiter zu. Bis heute wissen wir nicht, wieso es dazu gekommen ist, daß die Grenze so plötzlich geöffnet, daß die Mauer so plötzlich niedergerissen wurde. Der 9. November ist der Höhepunkt der Revolution und gleichzeitig ihr Abbruch. Die Bürger strömten in Millionen in die Bundesrepublik, freiheitstrunken, und erlebten den großen materiellen Abstand zwischen der sozialistischen DDR und der kapitalistischen Bundesrepublik. Alles, was in der DDR über den Westen gesagt worden war, erwies sich als eine Lüge, und die Bürger wollten in ihrer Mehrheit nun ganz schnell an diesem Wohlstand teilhaben.

Die Demokratie- und Emanzipationsbewegung bekam einen empfindlichen Knick, von dem sie sich nicht wieder erholen sollte. An die Stelle der Demokratie kam die D-Mark, und die D-Mark konnte nur kommen, wenn die Einheit Deutschlands kam. Seitdem spielte nicht so sehr die gesellschaftliche Erneuerung der DDR eine Rolle, sondern vielmehr die Teilhabe am Wohlstand der Westdeutschen. Die Wahrheit über unsere ökonomische und ökologische Situation und die Aufdeckung schlimmer Skandale, die durch unsere obersten Parteiführer zu verantworten waren, führten dazu, daß der Begriff Sozialismus nicht mehr gebraucht werden konnte und das Wort »Rote« wieder zum Schimpfwort wurde.

Der redlich bemühte neue Ministerpräsident Hans Modrow wurde von vielen nicht mehr als ein Repräsentant des Volkes, sondern als Kommunist betrachtet und deswegen mit Mißtrauen belegt. Die besondere Zielscheibe des Protestes wurde nun die Staatssicherheit, es ergaben sich außerordentlich explosive Situationen vor den Staatssicherheitsgebäuden, die ihren Höhepunkt in der Erstürmung der Staatssicherheitszentrale im Januar in Berlin hatten. Oppositionsgruppen und kirchliche Gruppen mußten sich zwischen die bewaffneten Staatsvertreter und die Volksmassen stellen.

An die Stelle der zusammenbrechenden staatlichen Institutionen traten die Runden Tische, die zum allergrößten Teil von kirchlichen Vertretern geleitet wurden. Basisdemokratische Strukturen bildeten sich heraus und ließen auf ein neues Demokratiemodell hoffen. Aber der Eingriff der westdeutschen Parteien in den Wahlkampf seit Mitte Januar 1990 veränderte die gesamte Situation und entriß uns die Revolution. Der Bundeskanzler der Bundesrepublik Deutschland legte einen 10-Punkte-Plan vor, der den Menschen versprach, daß die reiche Bundesrepublik der armen DDR helfen würde. Dies lähmte das Selbstbewußtsein der Menschen hier und appellierte nur noch an die Hilfsbedürftigkeit. Zum internationalen Skandal geriet die ungelöste Frage der Grenze zu Polen, außerdem entbrannte ein Streit darüber, ob die DDR einfach nach Artikel 23 des Grundgesetzes an die Bundesrepublik angeschlossen werden könnte oder ob in einem längeren Prozeß die beiden deutschen Staaten eine neue gemeinsame Verfassung erarbeiten und den Harmonisierungsprozeß der vierzigjährigen getrennten gesellschaftlichen Entwicklung sorgsam vornehmen sollten. Die Ungeduld der Menschen wuchs in dem Maße, wie die Versprechen der Bundesrepublik im Wahlkampf immer größer wurden. Es war nicht mehr möglich, die Wahrheit zu sagen, die Menschen glaubten denen, die die größten Versprechen machten und den Schlüssel zum Geld hatten. Aus der Angst vor jeglichem neuen sozialistischen Experiment und in dem Wunsche, endlich auch mittels D-Mark ganz Deutscher sein zu können, wählten die Menschen zu 48 Prozent die Allianz für Deutschland. Eine deutsche Tradition wiederholte sich: Die Deutschen versuchten, ihre Vergangenheit schnell abzustreifen und zu vergessen.

In diesen Tagen beginnt die emanzipatorische Opposition in der DDR aus der Minderheitenposition heraus für die sozialen Rechte derer anzutreten, die in Not geraten, und für die völlige Offenlegung der Mitarbeit bei der Staatssicherheit.

Ich schließe. Im Jahre 1989 wurde in Frankreich mit aufwendigen Feiern der 200. Jahrestag der Französischen Revolution begangen. In ganz Osteuropa fand indessen eine Revolution statt, die an die großen Werte der Französischen Revolution – Freiheit, Gleichheit, Solidarität – anknüpfte. In der DDR wurden 1989 Tagungen und Seminare unter internationaler Beteiligung einberufen, um an den Bauernführer, Theologen und Revolutionär Thomas Müntzer zu erinnern, dessen 500. Geburtstag gefeiert werden sollte. Die Wirklichkeit überholte diese Tagungen.

Wir sind in einen Strudel gerissen und wissen von Tag zu Tag nicht, wie es weitergeht. Ende vergangenen Jahres wurde deutlich, vor welchem Scherbenhaufen wir stehen. Noch in den Weihnachtstagen fuhr uns der Schreck in die Glieder, als wir sahen, was mit uns hätte geschehen können, wenn unsere Sicherheit sich genauso verhalten hätte wie die Securitate in Rumänien. Das Gefühl des Erschreckens und der Erlösung war gleichzeitig da. Am Heiligen Abend demonstrierten an vielen Orten Menschen mit Kerzen schweigend für die Opfer in Rumänien.

Der Zusammenbruch des Sozialismus in der DDR hat im wesentlichen auch zum Zusammenbruch von Idealen geführt. Viele Menschen sehnen sich jetzt nicht so sehr nach Demokratie als vielmehr nach Wohlstand. Der Tanz um das Goldene Kalb hat begonnen, und die Parteien, die einmal aufgestanden waren, um die Opposition zu organisieren, bemühen sich nun um die Stimmen der Massen, die um das Goldene Kalb tanzen.

Deutschland wird zum eilig Vaterland unter dem Banner der D-Mark. Die Kirche wird wieder zu einer Minderheit, zu einer kritischen Minderheit, die sich jetzt um das Schicksal der Schwachen kümmern und die dazu beitragen muß, daß menschliches Denken sich auf die globalen Herausforderungen konzentriert und nicht bei den nationalen Sehnsüchten stehenbleibt.

Die Welt ist in Gefahr, und wir wollen die weltweite Solidarität mit den Hungernden, den rassisch Unterdrückten und der gebeutelten Natur nicht vergessen, auch wenn das jetzt kaum einer hören will.

Nach 40 Jahren ist unsere Gesellschaft krank. Wir leben mit verletztem Selbstbewußtsein und haben keine Identität. Jetzt kommt unsere Unfähigkeit zu trauern hinzu. Schon 1945 haben die Deutschen ihre eigene Geschichte nicht aufgearbeitet, sondern abgestreift. So bleibt die Kirche weiterhin eine kritische, erinnernde und ermutigende. Sie wird sich einsetzen müssen für Vergebung und Versöhnung, für Barmherzigkeit, für Toleranz und Solidarität. Die deutsche Frage ist eine der unwichtigen Fragen unter den großen Weltfragen. Wenn wir Deutschen uns zu wichtig nehmen, werden wir gefährlich.

Wenn Historie zur Geschichte wird

Gesprächsimpuls für Seminare in den USA im April 1990

1989 war ein Gedenkjahr, ein historisches, und es geschah Historisches. 500 Jahre Müntzer, und es »müntzerte« in der DDR. Viele Pfarrer wurden Wort-Führer eines Umbruchs. Öffentlichkeit wurde zeitweilig nur hinter Kirchenmauern hergestellt.

200 Jahre Französische Revolution – und die Parolen der Französischen Revolution wurden zu Parolen von Menschen, die sich von der kommunistischen Bevormundung befreiten, das Kartenhaus der Lügen zum Einsturz brachten und die klassischen bürgerlichen Freiheiten wieder erstritten.

50 Jahre seit Ausbruch des zweiten Weltkrieges. Die Demonstrationen begannen als Pilgerwege von den Gräbern gefallener Soldaten in die Kirchen. Diese Pilgerwege des Friedens wurden die ersten Anzeichen für die gewaltlose Revolution auf deutschem Boden. Zunächst war das Jahr 1989 als Tagungsjahr geplant. Was die Historiker bedenken wollten, wurde zur Geschichte. Was als Tagung an Tischen mit Tagesordnung geplant war, geschah auf der Straße ganz ohne Plan. Wir erlebten, wie die Geschichte Sprünge macht, und erfuhren, daß sie auch Bocksprünge macht. Unser erstarrtes Land wurde in eine kaum noch steuerbare Eigendynamik gerissen. Dabei hatten die Machthaber mit den seit 40 Jahren gültigen Gesetzen der Angst gerechnet. Die Angstmauern wurden durchbrochen, und es kam zum Aufbruch – zunächst in eine »andere DDR«. Selbsterrungene Demokratie war zum Greifen nahe.

Dann kam die letzte Rache der alten SED. Der Bau der Mauer

war 1961 ebenso ein Staatsstreich wie ihre plötzliche Öffnung. Beide Vorgänge lösten die Probleme des Landes nicht, sondern verschärften sie eher. Die plötzliche Öffnung der Mauer lenkte uns von uns selbst ab und eröffnete den Selbsteinverleibungsprozeß in die Bundesrepublik. Sie feierte als ihren Sieg, was ihre Chance gewesen wäre: eine gemeinsame Erneuerung zu einer demokratischen, solidarischen, friedfertigen und naturfreundlichen deutschen Republik.

Die seligen Tage des Oktober waren am 9. November zu Ende. Nachdem die Leipziger Rufe »Wir sind ein Volk« anders verstanden wurden als in den Oktobertagen (damals hatten sie gemeint: wir sind *ein* Volk zusammen mit den Polizisten) und nach dem wohlfeilen 10-Punkte-Plan des Bundeskanzlers bedeutete *ein* Volk ein »einig deutsches Vaterland«. Die demokratische Selbstbefreiung wurde fortan entsprechend massenmedienwirksam getrimmt.

Nach den Erfahrungen des Herbstes und des gnädig milden Winters ergeben sich einige grundsätzliche Fragen an Menschengeschick und Menschengeschichte:

Das Verhältnis von Demokratie und Demagogie steht wieder auf der Tagesordnung. Sollen Politiker aufs Volk hören und des Volkes Stimme dann verstärken, um Stimmen zu gewinnen, oder sollen sie eingreifen, wenn der »dämos« irrational wird? Welche Steuerungsaufgabe haben Politiker, oder sind sie eher Wünschelrutenläufer von Stimmungen? Der »Demagoge« war zunächst der Volksführer, bis er später als Volksverführer verstanden wurde.

Wiederum bekommt Hegel recht. Geschichte geschah nach seinem Drehbuch. Das Ergebnis ist eindeutig restaurativ. Erfahrungen der vergangenen Epoche werden nicht aufgenommen, sondern einfach abgestreift. Und dennoch: Widersprüche bringen die Geschichte voran. Ausgerechnet die Ausreiser veranlaßten die Dableiber, ihre chinesische Angst (von Krenz geschürt) zu überwinden. Aber welche List hatte die Geschichte nun mit uns vor?

Es war bitter – aber durchaus nicht ohne Vorbild, – daß die

Revolution, die so gepriesene friedliche Revolution dieses geduckten Volkes, durch die so lange schweigende Masse beerbt wurde. Sie verkaufte die Revolution im Handstreich.

Die Revolution entließ sehr schnell ihre »Mütter und Väter«, weil das Volk sich nicht mit dem Manna der Demokratie begnügte. Es wollte das saftige Fleisch der prosperierenden Wirtschaft kauen. Die biblischen Vorbilder sind frappierend: Während Mose mit Gott zugange ist, um die Regeln des menschlichen Zusammenlebens ringt, angesichts der Ungeduld des Volkes selber in eine Nachdenkensphase eintritt, bereitet sich das Volk auf den großen Tanz um das Goldene Kalb vor. Mose kommt zurück und zerschlägt die Tafeln. Zornig wendet er sich ab von der Masse. Das Volk will den schnellsten Weg zum Goldenen Kalb – keine müßigen Verfassungsdiskussionen.

Wieder stellt sich das Problem von Elite und Masse. Aber wollen wir das Spiel der leninschen Avantgarde wieder beginnen? Nein. Wir akzeptieren den »dämos«, bleiben (selbst)kritisch und ringen demokratisch um Zustimmung zu Argumenten, die sozialökologisch zu vergegenständlichen sind, also handlungsrelevant sein müssen.

Wir erleben die tiefe Ambivalenz einer friedlichen Revolution. Das Volk konnte sein Mütchen nicht kühlen. Es hat eine Revolution gewonnen; aber es gab weder Märtyrer mit entsprechenden Erinnerungsriten, noch konnte es sich am Kopf des Königs ergötzen. Das Volk hat müde gewordene und wieder auf die Minderheitenbank geschobene »Helden« und einen todkranken »König«, der in diesem Land keine Heimat mehr findet. Vertrieben und verachtet, fand er ein Zuhause bei einem Mann, dessen Kinder sein Regime nicht hatte studieren lassen.

Wir erlebten Geschichte im Zeitraffer. Wer eine Aussage machen wollte, mußte die letzten Nachrichten gehört haben. Die Worte wurden uns im Munde faul. Die Geschichte verlief im Eiltempo. Die Aufarbeitung der Folgen wird Jahre in Anspruch nehmen.

Und schließlich kommt eine besondere Eigenart europäischer Geschichte wieder zum Tragen: Wenn die Deutschen sich zu wichtig nehmen, bekommt die ganze Welt ein Problem. So kann ich die transatlantischen Freunde und die »Freunde« im Osten nur bitten, ihre im gewonnenen Krieg erworbenen »Bändigungsinstrumente« nicht freiwillig aufzugeben. Wir Deutschen müssen eingebunden bleiben – zu unserem und zu unserer Nachbarn Vorteil! Bertolt Brechts Satz aus »Arturo Ui«, daß der Schoß, aus dem das kroch, noch fruchtbar sei, meinte vor allem den ökonomischen Schoß. Die Erfurter und Leipziger Erfahrungen mit entfesselten Massen machen manchem wieder eine Gänsehaut. Was kommt da aus dem Schoß eines seine Identität so schwerlich findenden Volkes? Steckt in unserem kollektiven Unterbewußtsein eine narzistische Kränkung von zu spät und zu kurz Gekommenen, die Tendenz zum politischen Großmachtstraum? Oder ist es nur der schlichte Wunsch, das aus den Fahnen geschnittene Emblem Hammer, Zirkel, Ährenkranz werde durch die D-Mark ersetzt?

Wir haben in der Lüge gelebt. Die Ernüchterung war bitternötig. Das politisch-ökonomisch-ökologische Desaster des nie »real existierenden Sozialismus« hat uns vorerst um die Chance einer wahren sozialistischen Demokratie gebracht. Vorerst. Überraschend gewann diese verrottete Republik die geschichtsmächtige Kraft zu ihrer Erneuerung. Doch nun, sechs Monate danach, ist sie zur Historie verdampft. Aber aus der Historie wird wieder Geschichte werden.

Wer sich seiner Geschichte nicht erinnert, ist verdammt, sie zu wiederholen

Gespräch mit René Heilig und Holger Becker am 3. Mai 1990

Herr Pfarrer, Sie sind Jahrgang 1944, was verbinden Sie denn mit dem 8. Mai 1945? Kein unmittelbares Erleben natürlich ...

Dieser Tag ist eine Zäsur der deutschen Geschichte. An diesem Tag wurde beendet, was am 30. Januar 1933 begonnen hatte. Vom 8. Mai sollte man daher als von einem Tag des Zusammenbruchs gefährlicher nationalistischer Illusionen sprechen. Eines Zusammenbruchs, der – so denke ich – nötig war, um die Welt zu befreien von deutschen Großmachtsträumen. Ich hab mir mal vorgestellt, ob uns die Zerstörung Warschaus und auch Dresdens und vieler anderer Städte erspart geblieben wäre, wenn der Anschlag in der Wolfsschanze Erfolg gehabt hätte. Es gehört zu den Geheimnissen der Geschichte oder ihren Unbegreiflichkeiten, daß wir diesen bitteren Kelch offensichtlich austrinken mußten, wir Deutschen. Denn sonst könnten heute Leute auftreten und sagen: Wir hätten gesiegt, wir Deutschen, wenn die vaterlandslosen Gesellen damals nicht »unseren Führer« umgebracht hätten.

Und gleichzeitig ist es natürlich ein Tag der Befreiung. Ich sage »gleichzeitig«, da wir Deutschen, das müssen wir erinnern, diese Befreiung nicht selber geschafft haben.

Ich bin den Amerikanern und Engländern und Franzosen und den Russen, die ja die meisten Opfer brachten, dankbar, daß sie uns befreit haben. Und wenn ich dies gesagt habe, dann kann ich auch sagen, daß wir gern die Lasten von Jalta wieder loswerden wollen, dann kann ich auch sagen, daß durch Russen nach 1945 Deutschen viel Leid geschehen ist. Das muß ich dann sagen dürfen. Also Tag des Zusammenbruchs *und* der Befreiung.

Und das zweite: Wir sind von der Sowjetunion zweimal befreit worden, einmal am 8. Mai 1945 und das zweite Mal durch die Wahl Gorbatschows zum Generalsekretär. Diesmal nicht nur wir Deutschen, sondern vielleicht die Welt, wenn sie die Chance wahrnimmt. Befreit zu einem Denken, das zu neuer Politik werden kann, die uns die Überlebenschance für das nächste Jahrtausend sichert – durch radikale Abrüstung, durch Einsatz der frei werdenden Mittel für die Entwicklung der Dritten Welt und die Bewahrung der Lebensgrundlagen der Menschheit.

Sie sprachen über die Verbrechen, mit denen im Namen von Deutschen ein großer Teil der Welt überzogen wurde. Millionenfaches Leid ist zu beklagen. In diesem Zusammenhang steht die Frage nach der Schuld.

Niemand kann sagen, er sei davon nicht betroffen, kein Deutscher, und es war sicher eines der unglücklichsten Worte des letzten Jahrzehnts, von der »Gnade der späten Geburt« zu sprechen. Auf absehbare Zeit wird man, wenn man »deutsch« sagt, auch immer Auschwitz sagen müssen. Ich möchte an Bertolt Brecht erinnern: Mögen andere von ihrer Schande sprechen, ich spreche von der meinen. Sprechen wir von der unseren, was in unserem Namen geschehen ist, und fangen nicht an, uns zu rechtfertigen, indem wir sagen: Aber die anderen haben auch Schlimmes getan. Es gibt noch Überlebende und deren Kinder. Die Schuld läßt sich überhaupt nicht abtragen. Aber das mindeste ist, daß wir sie annehmen und daraus gegenüber den Opfern Konsequenzen ziehen: daß wir diesen Menschen, zum Beispiel den Polen, Hilfe zuteil werden lassen und eine Politik betreiben, mit der so etwas nicht wieder möglich wird. Ich denke, daß die Deutschen in besonderer Weise verpflichtet bleiben, eine europäische Friedensmacht zu sein. Und sie können dies wohl am besten, wenn sie ihre Einigungsprozesse in den KSZE-Prozeß einbringen.

Inzwischen sind Generationen nachgewachsen. Sie haben es schwerer, Schuld zu empfinden als die, die das unmittelbar erlebt haben. Wie empfinden Sie Schuld?

Wenn ich nach Majdanek komme oder nach Birkenau und dort meine Sprache entdecke, nämlich in den Anweisungen, geht mir das sehr nahe, und ich wage kaum, meine geliebte Sprache zu sprechen. Ich halte es geradezu für nötig, daß wir in unserem Land, das DDR hieß, Erinnerungsarbeit auf eine neue Weise versuchen und die Vergangenheit nicht einfach abstreifen.

Also ich empfinde wirklich persönliche Mitschuld, aber die Schuld muß produktiv werden, produktiv in einem neuen Verhältnis zu den Menschen, zumal Osteuropas, zu Ausländern überhaupt und zu den Juden. Ich empfinde Schuld und auch Scham und ganz große Trauer, wenn ich sehe, welch eine großartige Kultur Deutsche vernichtet haben. Das kann mich auch ganz persönlich anrühren. Jiddische Lieder, jiddische Poesie, die jiddische Lebensweise – dies alles wurde durch den Schornstein gejagt.

Ich stelle mir vor, ich wäre 20 Jahre früher geboren. Würde ich zu den wenigen – zu den 1,5 Prozent – Widerstandskämpfern gehört haben? Wie wäre ich geprägt worden? Schulderkenntnis wird nur produktiv, wenn ich sage, was ich tue, um solche Strukturen in Zukunft zu verhindern. Zweitens muß ich fragen, wie sorge ich dafür, daß wir Deutschen uns nicht wieder zum Mittelpunkt der Welt machen. Das ist für mich eine aktuelle Frage. Ich habe ein bißchen Angst davor, daß wir die Mauer einfach von Berlin an die Oder-Neiße-Grenze schieben.

Verbrechen gegen die Menschlichkeit gab es in diesem Jahrhundert viele. Die Verbrechen, die im Namen der Deutschen unter faschistischer Diktatur geschahen, obenan. Aber es ist auch anderes zu benennen. In einer großen Zeitung aus Frankfurt (Main) las man kürzlich den Artikel eines Geschichtsprofessors aus Konstanz. Der sagte, nicht Aufrechnung sollten wir betreiben, wohl aber Addition. Diese Addition ergäbe die Signatur unseres Jahrhunderts.

Das ist die historische Krämerseele, die genauso wie Helmut Kohl beim Grenzproblem anfängt zu fragen: Wie ist das mit den Kosten? Zum zweiten ist es sowieso keine Frage der Zahl. Wenn es nur einer gewesen wäre, der umgebracht wurde, bloß weil er eine krumme Nase hatte oder einen Stalin-Witz erzählte. Das verbietet sich sowieso. Jeder Mensch ist etwas unendlich Wertvolles. Und was soll im moralischen Sinne eine Addition? Soll das sagen: Eigentlich sind alle böse? Die Feststellung kann zu einer Handlungsanweisung werden. Es bleibt die Frage: Wie kann ein Mensch, der so zärtlich zu einem Kind, zu einem Mann oder einer Frau sein kann, so grausam werden?

Und wenn ein Historiker so argumentiert, muß ich fragen, wo liegt sein Interesse für diese Aussage? Aber: Nichts hilft uns das Verschweigen. Wie sind die polnisch-sowjetischen Beziehungen belastet worden, weil die Russen jetzt erst die Katyn-Wahrheit sagen. Oder: Wieviel Glaubwürdigkeit hat man bei uns in der DDR eingebüßt, weil man Details zum Hitler-Stalin-Pakt verschwieg und das, was nicht zu verschweigen war, gerechtfertigt hat? So kam es dann, daß man selbst Kommunisten die Wahrheit nicht mehr abnahm.

Vielleicht sollten wir darüber reden, wie Geschichte produktiv werden kann. Unser Thema könnte heißen: Humanität und Toleranz, die, so oft angemahnt, doch so selten praktiziert werden. Das wären Begriffe, die in der gegenwärtigen Etappe, wo aus Europas Staaten langsam Europa wird, neue Bedeutung erlangen. Europa wandelt sich, aber wandeln sich auch die Deutschen?

Wir sind zu vielen Wandlungen fähig. Zu großartigen und zu gefährlichen. Unser historisches Schicksal ist es, eine große Macht in der Mitte Europas zu sein. Die Chance der Deutschen besteht darin, Brücke zu sein, die Gefahr, eine Macht zu sein, die nach Osten oder Westen hin versucht zu expandieren, ob nun politisch oder militärisch oder ökonomisch.

Zur Frage der Toleranz: Tolerant kann nur einer sein, der sich seiner selbst und seiner Überzeugungen gewiß ist. Und auch seiner selbst wert. Der kann in Ruhe seine Position einem anderen darlegen und die Position des anderen anhören und nicht als Angriff verstehen.

Ich glaube, daß unsere Intoleranz in der DDR gegenwärtig u.a. daran liegt, daß wir noch keine wirkliche eigene positive Identität haben. Und einer, der sich seiner selbst nicht gewiß ist, läuft Gefahr, Überlegenheit gegenüber anderen zu postulieren. Er hat es schwer, die Vorzüge des anderen anzuerkennen und seine Nachteile zu übersehen. Warum fällt uns an den Polen nicht auf, was für eine Lebensart, was für eine unkonventionelle Gastfreundschaft sie praktizieren? Sie haben ein Verhältnis zur Kultur, sie haben eine Form der Literatur, der Malerei, der Musik entwickelt, unverwechselbar und großartig. Wenn es uns gelänge, am anderen erst mal das zu sehen, was an ihm großartig ist, dann können wir auch besser mit dem umgehen, was uns an ihm stört.

Die zweite Ursache der Intoleranz ist gegenwärtig, daß wir noch sehr unter Spannung stehen. Wir sind augenblicklich sozialpsychologisch äußerst gefährdet. Gefährdet dadurch, daß wir nicht wissen, wohin mit den vergangenen 40 Jahren. Es gibt viele, die streifen sie einfach ab, wollen alles vergessen machen. Damit machen sie aber auch sich selbst vergessen. Sie haben keine Geschichte mehr. Wenn gefragt wird nach unserer Identität: Es sind unsere Erfahrungen, auch unsere Versäumnisse, auch das Eingeständnis unserer Fehler, unserer Mitschuld, unserer Feigheit. Und daß wir etwas wie menschliche Wärme und Solidarität zueinander entwickelt haben, nicht soviel übers Geld redeten wie in diesen Wochen, das hat uns wohl ausgezeichnet.

Teilen Sie die Ansicht, daß wir im Moment als DDR-Bürger sehr deutschzentristisch sind in unserer Weltsicht?

Ja, fast immer noch.

Was kann man dagegen tun? Die Welt muß ja für jemanden, der in Europa zusammenwachsen will, doch etwas größere Dimensionen haben.

Erst einmal wäre zu analysieren: Was ist hier eigentlich passiert? Wodurch ist das ausgelöst worden? Wie ist die Vorgeschichte dazu? Und dann kann ich sagen, was zu tun ist. Die schnellen Appelle jedenfalls sind kontraproduktiv. Das hat sich auch bei dem Aufruf »Für unser Land« gezeigt. Ich halte das Grundanliegen immer noch für richtig, aber er war kontraproduktiv.

Warum?

Menschen, die 40 Jahre lang gedemütigt worden sind und den Eindruck hatten, daß sie allein die Suppe auslöffeln sollten, die eigentlich alle Deutschen eingebrockt hatten, wollen jetzt endlich teilhaben an den Segnungen, die die Deutschen in der Bundesrepublik schon viele Jahre haben. Die sind mit einem Marshallplan hochgefüttert worden und haben ihren Stand nicht zuletzt durch eine funktionierende parlamentarische Demokratie, durch eine Wirtschaftsordnung, die sich sehen lassen kann, und durch unglaublichen Fleiß erreicht.

Uns ist nach 1945 eine wirtschaftliche und eine politische Ordnung oktroyiert worden. Sie wurde, wie wir jetzt sehen, nur von einer Minderheit wirklich angenommen. Wir waren selbst in Osteuropa in den letzten Jahren, sagen wir, zweitklassige Deutsche, und zwar aus Währungsgründen. Das ist eine Frage auch des Selbstwertgefühls. Und wenn jetzt Menschen plötzlich in Besitz dieser, wie man so sagt, harten Währung kommen, sei es nur in bescheidenem Umfang, dann können sie in einen Rausch abgleiten und denken, jetzt bin ich auch wer, ein richtiger Deutscher.

Das kann man zunächst verstehen. Vergessen wird aber, daß unser Geld ja durchaus etwas wert war, nämlich so viel, daß niemand unter der Brücke liegen mußte. Niemand. Es reichte zum Beispiel auch für die Kultur. Es wäre sehr schade, wenn beim Abbau der Subventionswirtschaft – den ich übrigens begrüße – die ganze Kultur unter den Hammer käme. Dann verlören wir etwas Einmaliges.

Fakt ist doch aber eine Fixierung auf das Geld.

... die ich für sehr, sehr bedenklich halte. Als wenn man Geld essen könnte. Dadurch wird unsere Luft nicht sauberer, unsere Flüsse nicht reiner, unsere Städte nicht heiler. Wir sollten jetzt eigentlich nicht fragen, wie bekommen wir das Geld, sondern wie kommen wir zu einer menschlichen Initiative, zu einer politischen, zu einer ökonomischen, zu einer wissenschaftlichen, mit der wir uns aus dieser Misere herausbringen. Wir brauchen Selbstvertrauen und Zielvorstellungen darüber, was aus diesem Land jetzt werden soll. Wollen wir daraus auch eine Bundesrepublik machen? Oder wollen wir jetzt, da wir ungeahnte Möglichkeiten haben, sagen: Wichtig ist, daß auch unsere Kindeskinder noch trinkbares Wasser haben. Was könnten wir dazu tun? Und worauf wollen wir deswegen verzichten? Das wäre eine Frage.

Zweites Problem: Wir haben im Herbst nach 40 Jahren Erstarrung eine politische Kultur erleben können und vielfältige Ausdrucksfähigkeit und Organisationsbereitschaft, die sich jetzt womöglich sehr schnell an eine Parteiendemokratie verliert. Und das wäre sehr schade.

Sie sind im Moment jedoch in der Minderheit mit Ihren Visionen ...

Wenn wir diese Visionen nicht haben, dann ist der Untergang Realität und eine mögliche Zukunft Utopie. Aber daß eine Bevölkerung sich so täuschen läßt ... Es könnte sein, daß, wer 40 Jahre im wesentlichen von Lügen genascht hat, auch wieder neu verführbar ist. Er läßt sich gern ein bißchen beschwindeln ...

Sie sprechen Werte an, die sich lohnen, übernommen zu werden. Antifaschismus gehört dazu. Wie läßt sich dieser Gedanke, dieses Vermächtnis erhalten?

Ich denke, mit dem »anti« läßt sich das nicht machen, weil es zu negativ bestimmt ist. Man muß fragen: Wo sind Wurzeln für Faschismus? Warum ist dieser Schoß immer noch fruchtbar? Er ist ja nicht nur abhängig von ökonomischen Grundlagen. Ich habe immer Hochachtung gehabt vor unserer Führungsmannschaft, weil sie den Antifaschismus hochhielt. Gleichzeitig aber hat sie wiederholt, was eigentlich der Vergangenheit angehörte, z.B. Massenaufmärsche. Die auf der Tribüne wußten offensichtlich, daß die da unten lügen, und die unten wußten wiederum, daß die oben es auch wissen. Denn dazu hatten wir ja einen allmächtigen Sicherheitsapparat.

Die Signale für faschistoides Denken sind bei uns nicht früh genug gehört worden. Und die, die sie benannt haben, wurden dafür gemaßregelt. Man hat gewissermaßen den Seismographen geprügelt, anstatt zu überlegen, was man gegen das Erdbeben tun kann. Und dennoch haben wir eine Tradition in unseren Filmen, in unserer Literatur, in unserer Kunst, wo auf das Phänomen des Faschismus in sehr vielfältiger und tiefer Weise hingewiesen wurde.

Aber es gab sich wiederholende Verhaltensweisen z.B. im Strafvollzug der DDR in Bautzen und in Bitterfeld und in Dessau. Ich weiß davon als Pfarrer. Manche kamen als kleine Kriminelle rein und als große Faschisten raus. Wissen Sie warum? Weil sie für sich erlebt hatten: Kommunisten sind wie Faschisten. Sie erlebten ein quasi faschistisches Verhalten, und das prägte ihre Haltung zu den Roten.

Wir dürfen die psychologischen Faktoren weder unter- noch überbewerten. In jedem Fall jedoch ist zu überlegen, wie man verhindert, daß Menschen gedemütigt werden oder lieblos aufwachsen. Wir müssen auch gründlich darüber nachdenken, wie wir jetzt mit Ganztagskinderkrippe, Ganztagskindergarten und Ganztagsschule verfahren, was Menschen da angetan wird und wie anfällig sie für ein inhumanes Denken werden.

Wie sollen wir uns als Demokraten gegenüber dem konkreten Menschen verhalten, der mit faschistischen Parolen daherkommt?

Ich habe einen solchen jungen Mann vor ein paar Tagen in Torgau erlebt, bei den Feierlichkeiten dort. Ein Mensch, der ohne Eltern aufwuchs, in den Jugendwerkhof kam. Aus seiner Einsamkeit erwuchsen Aggressivität, Selbst- und Lebensverachtung.

Wie sind die einzelnen Menschen dahin gekommen? Wer waren ihre politischen Lehrmeister, wer hat sie geführt und verführt? Bevor wir die Leute einsperren und sie noch härter machen, sollten wir alle Möglichkeiten nutzen, die außerhalb des Gefängnisses liegen. Wir brauchen jetzt Sozialarbeiter – nicht nur für diese Leute, sondern überhaupt für Menschen, die nicht mit sich und dem Leben in dieser Zeit zurechtkommen.

Und die Radikalisierungen können, das müssen wir ganz klar sagen, stärker werden, nach links übrigens auch. Es kann nämlich linke Enttäuschte bei uns geben, die sagen: Die Rechten sind so schlimm, da hilft nur noch die rote Gewalt gegen die braune. Wichtig ist: Beim Zusammenkommen der beiden deutschen Staaten müssen die sozialen Probleme so niedrig wie möglich gehalten werden.

Halten Sie die DDR-Jugendlichen für gefährdet?

Ja, sehr, weil sie unter einem völligen Idealverlust leiden, und zwar ganz plötzlich, von einem Tag zum anderen. Und was wird aus diesem Vakuum, wenn sie jetzt auch keine Lehrstelle, keinen Studienplatz bekommen? Die Situation ist sehr ernst. Und alle, die sagen, das ist Angstmache, stellen sich nicht den Argumenten und den Zahlen.

Herr Stolpe hat in einem Interview sehr vorsichtig angedeutet, er rechne mit einem heißen Herbst ...

Man kann so etwas auch herbeireden. Ich halte es nicht für ausgeschlossen, aber wenn man um die Gefahr weiß, wird man gegensteuern müssen.

Was meinen Sie, wie sollte man in diesem und in kommenden Jahren den 8. Mai begehen?

Ich habe vor fünf Jahren auf der Synode unserer Kirchen den Vorschlag gemacht, einige Feiertage, die weggefallen waren, wieder einzuführen. Man hat das damals auch in der Kirche für utopisch erklärt: Ganz hübsch, aber überhaupt nicht machbar. Den 8. Mai zählte ich damals dazu, weil ich meinte, man kann nicht eine Rechristianisierung wollen, also den zweiten Ostertag wiedergewinnen, ohne einen solchen Tag, eine solche Zäsur der europäischen Geschichte aufzunehmen. Ich wünschte mir dies Datum für einen europäischen Friedens- und Mahntag. Der dann auch mit Inhalt erfüllt wird. Das haben wir in den letzten Jahren in der Kirche getan.

Wo werden Sie am 8. Mai zu finden sein?

Wir haben die Wittenberger Bürger zu einem Abendgebet eingeladen, einem Gebet um Erneuerung. Mit Gebeten dieser Art haben wir Anfang Oktober 1989 begonnen und sie bis Mitte März fortgesetzt, jeden Dienstag.

Ein Satz noch: Wer sich seiner Geschichte nicht erinnert, ist dazu verdammt, sie zu wiederholen. Deswegen ist Geschichtserinnerung wichtig, ist eine lebendige Erinnerung an den 8. Mai wichtig. Da Menschen offenbar Schwierigkeiten haben, Erfahrungen zu vermitteln, machen sie immer wieder dieselben auch negativen Erfahrungen. Wir sind jetzt in der Situation, in der wir uns so etwas nicht noch mal leisten können. Insofern stehen wir vor einer wirklich historisch zu nennenden Herausforderung.

Die Lügen am Mittag-Tisch

Diskussionsbeitrag
auf dem Kirchentagskolloquium »Die Deutschen in Europa«
am 12. Mai 1990

Ich verletze das Ausgewogenheitsgebot des Kirchentages. Es gibt keine Bewältigung unserer schwierigen Zukunft ohne die Bewältigung unserer schwierigen Vergangenheit. Das gilt auch für die Ökonomie und für die Ökonomen. Wo blieb der Aufstand der Ökonomen in der DDR? Wie haben sie es am Mittag-Tisch der Lügen ausgehalten?

Nachdem in der DDR politische Ökonomie betrieben wurde – unter Hintansetzung der Ökonomie zugunsten der Ideologie –, habe ich jetzt den Eindruck, daß unsere Ökonomen die politischen Implikationen der Ökonomie vernachlässigen und sich einem blinden Glauben an die Marktwirtschaft anschließen.

Wo blieb die Wahrheit der Ökonomen der DDR – wenigstens der Professoren, die sich Wissenschaftler nennen und zuerst der Wahrheit dienen müssen und nicht dem verordneten Staat? Sie pflegten teilweise eine öffentliche Arroganz gegenüber Russen und Polen. (Honecker eröffnete in Moskau 1989 stolz eine Industrieausstellung der DDR, traf »bei dieser Gelegenheit« Gorbatschow, pries sich und sein Land und ließ sich erinnerungsselig in Magnitogorsk preisen.) Man lese nur einmal nach, was die Ökonomen auf dem XI. Parteitag 1986 oder auf der VII. Tagung des Zentralkomitees im Dezember 1988 gesagt haben. Darunter sind solche, die jetzt das Lied der Marktwirtschaft in höchsten Tönen singen.

Entweder die Ökonomen wußten die Wahrheit über den Zustand unserer Wirtschaft – dann waren sie Lügner. Oder sie wußten sie nicht, dann waren sie unfähig. So haben wir es heute mit unfähigen und verlogenen Ökonomen zu tun.

Es wirkt für mich prahlerisch, wenn man hier sagt, eines der höchstentwickelten Länder des Westens – die BRD – täte sich zusammen mit dem höchstentwickelten Land des sozialistischen Lagers. In dem Wort »höchst« finde ich höchste Ironie. Sie war aber in den Worten der Ökonomen nicht hörbar. Nein, das war ernstgemeint und führte zu weiteren wirklichkeitsgetrübten Aussagen:

– »Mittlere Betriebe sind zu Anfang der siebziger Jahre verlorengegangen«, sagte der Professor. Sie sind nicht verlorengegangen, sie sind vernichtet worden!

– Durch Braunkohlenabbau wurde nicht Land »in Anspruch genommen«, es wurde verwüstet, devastiert.

– Das Eisenbahnnetz hat nicht »Niveauunterschiede« zur Bundesbahn. Es ist ein permanentes Sicherheitsrisiko. Es ist ein schmutziges Beförderungsmittel mit Erziehungscharakter für Geduld und Gottvertrauen. Die Deutsche Reichsbahn benötigt sofort 100 bis 200 Milliarden DM Rekonstruktionsinvestitionen, damit die D-Züge nicht weiter durchs Land wackeln und schleichen.

Die Liste ließe sich fortsetzen. Auf die nächsten Monate schauend, frage ich: Verschärft der überstürzte Übergang unserer Mißwirtschaft zur Marktwirtschaft nicht die sozialen Probleme und kann Marktwirtschaft nicht erst sozial werden, wenn der Markt genügend abwirft, um soziale Belastungen abzufedern? Wer zahlt das Arbeitslosengeld, wer organisiert die Umschulungsprogramme? Soziale und psychologische Probleme werden zu politischen Turbulenzen führen. Im übrigen sind die ökologischen Kostenrechnungen für die Dreckschleuder DDR noch nicht gemacht. Werden wir lediglich ein Absatzland für den Produktionsüberschuß der bundesrepublikanischen Wirtschaft? Die Anpassungsfähigkeit der DDR-Wirtschaft ist unter anderem wegen der riesigen Betriebsgrößen zu gering.

Was soll bloß aus uns werden?

Was wird aus unserer Freundschaft?

Gespräch mit Daniil Granin
am 28. Mai 1990 in Leningrad

F. SCHORLEMMER: Mein Vater war im Krieg Sanitäter. Durch seine Erzählungen hatte ich als Kind schon ein nahes Verhältnis zu russischen Bauern. Ich habe ihre tiefe Menschlichkeit gespürt gegenüber einer Armee, die die Sowjetunion überfallen hat. Und daß Menschen auf dem Lande offensichtlich in der Lage waren, zwischen dem Uniformierten und dem Menschen zu unterscheiden. Es muß so etwas gegeben haben wie eine Partnerschaft des Leidens, gegen das man nichts tun konnte – weder der Soldat noch der russische Bauer. Und das zweite, das ich sehr früh erfuhr, ist, daß die deutsche Wehrmacht verbrannte Erde zurückgelassen hatte. Ich glaube, daß dies für mich sehr wichtig war und daß ich deshalb auch besser einordnen konnte, was mit uns Deutschen nach dem Krieg geschehen ist.

Mein Vater ist Pfarrer und sehr literaturinteressiert. Durch ihn bin ich sehr früh an die russische Literatur herangeführt worden. In der Schule wurde ja damals nur ein bißchen Tolstoi gelesen, aber natürlich nichts Religiöses, ein bißchen Puschkin. Ansonsten nur solche, wie ich finde, furchtbaren Bücher wie »Wie der Stahl gehärtet wurde«. Ich konnte durch meinen Vater Gogol und Dostojewski kennenlernen und gewann so eine ganz andere Beziehung zur russischen Literatur, die es mir später ermöglicht hat, die moderne sowjetische Literatur besser zu verstehen.

Ich kann sagen, daß mein Interesse an Osteuropa ein Interesse war, das aus dem Gefühl einer historischen Mitschuld eines Nachgeborenen kam und gleichzeitig aus einer Neugier für die

Besonderheit der Kultur der osteuropäischen Länder. Das bezog sich sowohl auf Polen wie auf die Sowjetunion.

Ich mache einen Sprung. Den Schock von 1968 haben wir demokratischen Linken in der DDR nicht verkraftet. Wir haben dann aber, in den Jahren danach, alle Signale der politischen Emanzipation aus der sowjetischen Literatur und Publizistik aufgesaugt, weil wir wußten, daß die Veränderung des Sozialismus nur aus der Sowjetunion selber kommen könne, wenn sie Erfolg haben will. Insofern war Gorbatschow dann für uns eine nochmalige Befreiung. Daß unsere Parteiführung diese Signale nicht aufgenommen hat, ist eine historisch wahrscheinlich nicht wiedergutzumachende Schuld. Und ich muß mit Wut, Trauer und Scham sagen, daß die deutschen Kommunisten, die an der Führung waren, einen verborgenen und dann offenbaren Überlegenheitsgestus hatten. Man hatte so den Eindruck, als wenn die Deutschen wieder die Lehrmeister aller werden, sogar beim Sozialismus.

D. Granin: Und womit beschäftigen Sie sich gegenwärtig?

F. Schorlemmer: Ich bin ja in Wittenberg in einem Ort, der historisch verpflichtet. Und eine der mich sehr beschäftigenden Fragen ist, was geschehen muß, damit der Mensch zu einer Umkehr kommt. Die Thesen Martin Luthers begannen mit dem Satz: Tut Buße. Oder nach einer anderen Übersetzung: Kehrt um. Das Verhältnis zwischen der inneren Umkehr des Menschen und der Veränderung der Strukturen ist ein bleibendes Thema, denn Luther wollte die Verwandlung, die Erneuerung des einzelnen und dadurch die Erneuerung der Kirche, d.h. einer Institution, einer Struktur.

Und eine zweite Bemerkung zu Wittenberg: Im Jahre 1848 kam das Kommunistische Manifest heraus, in dem es um die Umwälzung der gesamten Lebensverhältnisse des Menschen ging. Und in diesem Jahr sprach Johann Hinrich Wichern in der Schloßkirche in Wittenberg von der Aufgabe, die Revolution der Barmherzigkeit zu erreichen. Er meinte, von der Barmherzigkeit des einzelnen her läßt sich die Gesellschaft verändern. Dieses Thema läßt mich eigentlich in der gegenwärtigen Weltsituation nicht los. Es ist kein historisches Interesse, sondern mehr ein Interesse, das sich auf die Zukunft richtet, aber dabei fragt, was uns die Geschichte zu sagen hat.

D. GRANIN: Das heißt, Sie sind evangelisch.

F. SCHORLEMMER: Ich bin Protestant.

D. GRANIN: Gibt es da einen Unterschied?

F. SCHORLEMMER: Ja. Der Protestant betont stärker das aktive Moment. Evangelisch ist insofern zutreffend, als es die Bindung des evangelischen Christen an das Evangelium und nicht an spätere kirchenamtliche Schriften bedeutet.

D. GRANIN: Ich denke, daß dieses Thema der Buße und Barmherzigkeit – ich verbinde beide Begriffe – jetzt vor allem mit unseren ehemals sozialistischen Ländern verknüpft ist. Für uns ist das Thema der Buße heute höchst aktuell. Sehr viele Menschen sind auf die eine oder andere Weise mitschuldig an dem, was geschehen ist. Aber niemand fühlt sich schuldig.

F. SCHORLEMMER: Dann kann auch keine Erneuerung kommen.

D. GRANIN: Das Paradoxe besteht darin, daß der Staat die ganze Verantwortung übernommen und die Menschen vom Gefühl der Schuld befreit hat.

F. SCHORLEMMER: Er befreit sie nicht, er entläßt sie aus der Schuld. Das ist eine faule Erledigung der Geschichte.

D. GRANIN: Das geschieht bei uns. Und ich sehe erst jetzt, daß dies in allen sozialistischen Ländern geschieht. Es heißt, alles sei ein Erfordernis der Zeit gewesen, sei im Namen des Aufbaus einer anderen Gesellschaft geschehen. Und die Menschen hätten im Namen der erhabenen Ziele ihre Pflicht getan. Die Untersuchungsrichter, Richter, Staatsanwälte, die Wächter in den Lagern, die Gefängniswärter, ja selbst die Denunzianten und Informanten – alle handelten im Namen erhabener Ziele. Auch die Menschen, die ihre Stimme abgaben, die geschwiegen haben und Kompromisse eingegangen sind – eigentlich die Mehrheit der Bevölkerung. Die einen können strafrechtlich belangt werden, andere nicht, sie haben sich aber moralisch schuldig gemacht. Es gibt jedoch keinerlei Reue oder Buße. Dennoch existiert ein gewisses Gespür für die Notwendigkeit von Barmherzigkeit, vielleicht aus einem unterbewußt vorhandenen Gefühl der eigenen Schuld.

In diesem Sinne sind Buße und Barmherzigkeit für mich miteinander verbunden. Das Problem von Reue, Buße und Sühne hat für uns heute große Bedeutung, weil sonst keinerlei ethische Läuterung der Menschen möglich ist. Die Menschen wollen sich nicht schuldig fühlen. Und niemand und nichts zwingt sie dazu. An allem ist das System schuld, der Sozialismus, der Personenkult usw. Warum sollte ich mich denn schuldig fühlen? Das ist ein altes Problem, es stand nach Kriegsende auch in Deutschland. Aber es wurde durch die Vielzahl von Prozessen gegen Nazis gemildert. Die Menschen verstanden, daß auch sie Verbrechen begangen hatten. Selbst wenn sie nicht verurteilt wurden, verglichen sie sich doch mit diesen Prozessen. Bei uns gibt es keine Prozesse, weder gegen jene, die die Repressionen durchgeführt haben, noch gegen jene, die sie unterstützt haben. Man führt dafür ethische Gründe an und meint, daß man auf Repressionen nicht mit neuen Repressionen antworten könne. Es scheint, als sei das richtig, aber ein Eingeständnis von Schuld geschieht dabei nicht. Das Gewissen der Menschen erwacht nicht.

F. Schorlemmer: So etwas Ähnliches läuft bei uns ab. Die Mehrheit der Menschen möchte gern ein paar Schuldige ausfindig machen. Die sollen an allem schuld gewesen sein. Das Volk fordert gewissermaßen den Kopf des Königs. Es ist ein Trauerspiel, wie das Volk der DDR mit dem Repräsentanten, dem es im Oktober zugejubelt hat, umgegangen ist. Ein Rachebedürfnis drückte sich hier aus und gleichzeitig eine Nachsichtigkeit, paradox ausgedrückt – eine Barmherzigkeit mit sich selbst. Kaum einer will schuld gewesen sein, immer waren es »die da oben«. Und schon wieder geben sich Menschen die schmierige Hand der gegenseitigen Ent-Schuldigung, wo sie sich eigentlich schämen müßten.

Ich möchte hierzu noch zwei Bemerkungen machen, die mir theologisch wichtig sind. Die eine ist: Die christlichen Kirchen haben bei all ihren Unterschieden in den Jahrhunderten versucht, Rituale zu finden, in denen Menschen ihre Schuld, in die sie täglich fallen, aussprechen können, um Vergebung bitten und ein Versprechen abgeben, nun als Erneuerte auch neu zu leben. Und ich habe den Eindruck, daß die Mehrheit des Volkes nicht weiß, wohin sie mit ihrer Schuld gehen soll. Wem gegenüber soll sie denn ausgedrückt werden? Was bringt es dem einzelnen, sie auszusprechen? Soll er etwas aufschreiben und in der Zeitung veröffentlichen? Sollen wir alle uns selber denunzieren, und dann wäre es gut?

Der Ausdruck der eigenen Mitschuld braucht erstens eine Adresse und zweitens jemanden, der sagt: Nun ist gut, nun geh und leb anders. Und solche Formen der Entschuldigung haben wir in einer atheistischen Gesellschaft nicht. Man könnte sich fragen, ob es nichtreligiöse Rituale dafür geben müßte, die einen quasireligiösen Reinigungseffekt haben.

Und die zweite Bemerkung: Ich denke, daß wir unterscheiden müßten zwischen einer Schuld, die strafrechtlich erreichbar ist, und einer Schuld, die strafrechtlich nicht erreichbar ist. Die Grenze zwischen beiden ist fließend. Ich nenne das unsere Schuldverstrickung – nolens volens.

Man brauchte in der Gesellschaft so etwas wie eine Solidarität der gemeinsamen Schuld und nicht der gegenseitigen Schuldzuweisung. In der christlichen Sprache heißt dies: Wir sind alle schuld und ermangeln, sagt der Apostel Paulus, alle des Ruhms. Es ist dann nicht mehr so, als wenn es Unschuldige und Schuldige gäbe, sondern alle sind schuld, und jetzt sprechen wir über die Schuld jedes einzelnen, aber nicht mehr in der Zweiteilung von Klägern und Angeklagten. Das letztere bleibt den Juristen vorbehalten.

Und damit hängt für mich noch eine andere Unterscheidung zusammen, die Sie vorhin ausgesprochen haben. Ich meine einerseits eine Schuld, die durch ein System gegeben ist, das den Menschen zu bestimmten Verhaltensweisen zwingt, indem es seine Schwächen ausnutzt. Und das zweite wäre dann die persönliche Schuld, aus der der einzelne sich nicht herausreden kann.

D. GRANIN: Mit dem System ist bei uns alles in Ordnung. Das System wurde von allen Seiten gerupft. Es steht schon ganz nackt da, voller blauer Flecke, und tut gerade seinen letzten Atemzug. Aber das System ist auch ein Phänomen des Massenbewußtseins. Alles, was geschah, waren Aktionen des Massenbewußtseins. Unsere gesamte Ideologie war auf das Massenbewußtsein ausgerichtet, schuf dieses zugleich und zerstörte dabei das persönliche, das individuelle Bewußtsein.

F. SCHORLEMMER: Individualität wurde vernichtet.

D. GRANIN: Das individuelle Bewußtsein hat aufgehört zu existieren. Es wurde natürlich von der Religion gestützt. Wenn der Mensch in das Reich Gottes eintritt, so wird dort seine persönliche Angelegenheit verhandelt, von der er aber zu Lebzeiten keine Ahnung hatte, denn er nahm sich als Persönlichkeit gar nicht wahr. Es gab immer nur »wir«. Daher stehen wir jetzt vor einem riesigen Defizit an individuellem Bewußtsein, das viel schwerer wiegt als das ökonomische Defizit. Beim Menschen ist einfach das Gefühl der persönlichen Verantwortung verkümmert.

F. SCHORLEMMER: Dies hängt ganz stark mit seinem Selbstvertrauen zusammen, damit, woher der einzelne Mensch sein Selbstvertrauen gewinnt. Wenn er es nur aus seiner gesellschaftlichen Leistung nimmt, dann hat der ein geringeres Selbstvertrauen, der nicht soviel leistet. Mit einem geminderten Selbstvertrauen hat er aber auch wieder weniger Kraft, das einzubringen, was er kann. Und deshalb halte ich es nicht nur theologisch, sondern auch anthropologisch für eine wichtige Grundaussage des Christentums, daß jeder Mensch vor aller seiner Leistung einen Wert hat, ein Geliebter, ein Gewürdigter ist. In der theologischen Sprache hat das Luther einmal so ausgedrückt – und dies steht in Wittenberg an einer Wand im Lutherhaus geschrieben: »Niemand lasse den Glauben daran fahren, daß Gott an ihm eine große Tat will.« Individualität und dieses Selbstvertrauen hängen ganz eng zusammen.

D. GRANIN: Ich möchte in diesem Zusammenhang folgendes verstehen: Im Westen wie auch bei uns hat es im letzten halben

Jahrhundert fast keine Heiligen gegeben – im Sinne eines allgemeinen ethischen Vorbilds. Wir können zwar Albert Schweitzer, Mutter Theresa oder Andrej Sacharow nennen, aber das ist außerordentlich wenig für die heutige Welt. Ich weiß nicht, wie die Theologie diese Situation bewertet, aber dies ist ein schreckliches ethisches Vakuum, denn es gibt niemanden, an dem man sich orientieren kann. Man darf nicht bloß Heilige aus der Vergangenheit haben.

F. SCHORLEMMER: Ich denke, daß es mehr große Menschen gibt, als wir wissen. Ich meine z.B., daß Solshenizyn in seiner »Krebsstation« einer Krankenschwester, die im Krankenhaus saubermacht, ein Denkmal gesetzt hat. Bei Solshenizyn heißt es dann – zweitausend Jahre Christentum und immer noch nichts begriffen. Und ich denke, überall dort sind Heilige, wo Menschen bereit sind, sich für andere zu bücken und nicht vor anderen.

In Südamerika gibt es viele, die sich für die Armen einsetzen, wie der Priester Leonardo Boff oder der brasilianische Erzbischof Helder Camara. Leonardo Boff hat große kirchenkritische Bücher aus der Sicht der Theologie des Volkes geschrieben. Aber ich denke auch, daß Vaclav Havel so eine Figur ist, ebenso der jetzige Präsident Ungarns Árpád Göncz.

D. GRANIN: Ein Präsident kann kein Heiliger sein.

F. SCHORLEMMER: Ich möchte auch keinen Heiligen, sondern Menschen, an denen sich andere Menschen orientieren können.

Offensichtlich suchen Menschen, vielleicht die Mehrheit des Volkes, Identifikationsfiguren, Personen, denen sie sich ganz anvertrauen können, von denen sie sagen – ja, die vertreten unsere Sache, die repräsentieren uns, die verzehren sich für uns. Und dann bilden sich Legenden. Alle unsere großen Identifikationsfiguren, sofern sie auch noch politisch wirksam geworden sind, wurden mit Legenden versehen. Gleichzeitig sehe ich, daß dasselbe Volk diesen Identifikationsfiguren, wenn etwas schiefgeht, alle Schuld zuweist. Dieser Mechanismus ist klassisch beschrieben im Verhältnis des Volkes Israel zu Mose und wiederholt sich in der Geschichte offensichtlich immer wieder. Und insofern haben es die Heiligen gut, weil sie nicht Politik machen.

D. Granin: Die Heiligen haben es gut, aber ihre Zahl reicht nicht aus. Ich möchte Ihre Aufmerksamkeit darauf lenken, welche ungeheure ethische Bedeutung für unser Volk Andrej Sacharow hatte. Menschen wie diese Sanitäterin, die Solshenizyn erdacht hat, gibt es sicherlich, aber sie sind unbekannt. Sie können kein Vorbild sein. Bei sich, im Krankenhaus, natürlich. Aber es gibt keine Menschen, die Vorbild für das ganze Volk sein können. Das ist ein Unglück. Ich weiß nicht, ob es bei Ihnen solche Figuren gibt. Aber wenn wir in siebzig Jahren nur diese Figur Sacharow hervorgebracht haben, so heißt das, daß der moralische Zustand schrecklich ist. Unter Stalin konnte man natürlich nicht zum Helden werden. Die Tragik der Situation bestand darin, daß sich der Held nicht konstituieren konnte.

F. Schorlemmer: Ich habe mich schon lange gewundert, daß Andrej Sacharow eine solche fast heilige Figur war. Ich erinnere mich, daß vor fünfzehn Jahren Lew Kopelew in einem Gespräch mit höchster Verehrung für Sacharow sprach. Und ich dachte immer, Lew Kopelew wäre auch so eine Figur. Warum braucht er noch jemand, den er verehrt?

D. Granin: Nein, das sind verschiedene Dimensionen und verschiedene Geschichten. Selbst im Vergleich zu Solshenizyn ist das etwas ganz anderes. Sacharow war ein Mensch, der alles hatte. Er war ein großer, genialer Wissenschaftler. Ich rede schon gar nicht davon, daß er auf alle Güter verzichtet hat, aber er hat seine Berufung geopfert. Das ist vielleicht der einzige Fall in der Geschichte, daß ein Mensch mit einem solchen Talent dieses opfert. Außerdem war er ein großer Sünder – er hat die Wasserstoffbombe geschaffen. Und er war sich dessen bewußt, er war der einzige, der sich in vollem Maße seiner Schuld bewußt war.

F. Schorlemmer: Ich verstehe das schon, nur wenn ich das Buch »Aufbewahren für alle Zeit« lese, das mich sehr beschäftigt hat, merke ich, wie jemand für seine Feinde eingetreten ist, also den Frieden schon mitten im Krieg vorbereitet hat. Das hat Lew Kopelew getan. Ich stimme Ihnen zu, daß die Dimensionen anders sind. Ich suche nach den vielen kleinen Heiligen und messe ihnen eine sehr große Bedeutung zu. Weil diese »Kleinen« die anderen »Kleinen« vielleicht auch besser ermutigen können, selber etwas zu tun, denn ein Sacharow kann nicht jeder werden.

Auch ich verehre Sacharow.

Im Jahre 1970, glaube ich, hat er eine kleine Schrift verfaßt, in der er auf die Gefährdung des ganzen Globus hinweist, seine Mitschuld an der Möglichkeit der Vernichtung der Welt eingesteht und dann die Aufmerksamkeit der Menschen auf die globalen Existenzgefährdungen richtet, nämlich auf die Zerstörung unserer Lebensgrundlagen und auf die Gefahr des sozialen Welt-Kollapses durch Unterernährung. Die besondere Aufgabe der großen Menschen sehe ich heute darin, daß sie nicht aufhören, der Menschheit und jedem einzelnen auch die unbequeme Wahrheit zu sagen. Dazu gehört Mut, denn diejenigen, die die Wahrheit sagen, werden abgelehnt, weil man die Wahrheit nicht hören will.

D. Granin: Ich fürchte, Sie haben mich mißverstanden, als ich von »verschiedenen Dimensionen« sprach. Ich meinte das nicht im Sinne des Bekanntheitsgrades oder seiner Position, sondern im Sinne jener seelischen Anstrengungen, jenes Maßes an Opferbereitschaft, die ihm seine Haltung abverlangte. Ich liebe Kopelew, seine Bücher wie seine Worte, aber das ist letztlich die Heldentat eines Schriftstellers. Die Literaturgeschichte kennt solche Heldentaten der Aufrichtigkeit und der Wahrheit. Bei Sacharow war das etwas anderes. Ich habe ihn gekannt. Wissen Sie, das war ein ganz besonderer Mensch – das war ein Messias. Auf dem Kongreß der Volksdeputierten pfiff man ihn aus und jagte ihn vom Rednerpult, als er über Afghanistan sprechen wollte. Und vorher hatte ihn ein Major einen Verräter genannt. In der Pause trafen wir uns. Ich fürchtete um ihn und schlug ihm vor, in mein nahe gelegenes Hotelzimmer zu gehen. Mir schien, dies alles müsse ihn schrecklich erschüttert haben. Eine solche fürchterliche Ungerechtigkeit könnte ja einen Herzinfarkt zur Folge haben. Er stand mit seiner Frau zusammen. Ich schlug ihm vor, mit mir zu kommen und sich auszuruhen. Sacharow lehnte ab und sagte, sie wollten etwas essen gehen. Und seine Frau sagte zu mir, ich sollte mir keine Sorgen machen, er nehme es sich nicht so zu Herzen. Da verstand ich, daß er all das gar nicht gehört hatte. Er wußte nur, daß man ihn am Sprechen gehindert hatte und daß er trotzdem reden mußte. Und da war irgendein Gefühl einer von oben eingegebenen Pflicht und Schuldigkeit. Wahrscheinlich hat Christus in gleicher Weise nicht unter dem Unverständnis der Menschen gelitten. Ihm war seine Vorbestimmung wichtig.

F. SCHORLEMMER: Wichtig ist mir auch, daß Sacharow nicht allein Rußland oder der Sowjetunion, sondern der ganzen Menschheit gehört hat. Er ist eine Symbolfigur des Weltgewissens geworden. Und wir haben alle Schuld an ihm, weil wir es einfach hingenommen haben, was mit ihm geschehen ist. Die poststalinistischen Ideologen aller sozialistischen Länder warfen öffentlich Schmutz auf ihn, und wir schwiegen. Die Jahre in Gorki waren sicher schlimm für ihn. Vielleicht hätten wir ihn noch länger gehabt, wenn dies nicht geschehen wäre.

D. GRANIN: Als ich vor kurzem aus der Bundesrepublik zurückkehrte, fragten mich alle: Na, wie steht's mit den Deutschen? Und ich antwortete, die Deutschen seien wie die Deutschen. Aber man ließ nicht locker und fragte weiter: Wie stehen sie denn zu uns? Ich versuchte zu antworten, und am Ende kam heraus, daß alle Deutschen, mit denen ich zusammengetroffen war, sehr freundliche, gute, gastfreundliche Menschen waren. Und mir kam der Gedanke, daß für mich der Nationalcharakter immer weniger sichtbar wird. Ich war in verschiedenen Ländern, aber es fällt mir schwer, das Nationale zu erfühlen. Zwar gibt es einen bestimmten Zustand des Volkes wie bei uns gegenwärtig. Alle sind aggressiv, mürrisch, sorgenvoll, nervös. Aber das ist nicht der Nationalcharakter, das ist ein Zustand, hervorgerufen durch eine Reihe von ökonomischen und politischen Gründen. Ich denke, daß man in der heutigen Welt den Nationalcharakter immer weniger spürt.

Dostojewski sagte, wenn es keinen Gott gibt, so ist alles erlaubt. Während der Blockade aber – und die meisten Leningrader waren Atheisten – haben sich die Menschen nicht entmenschlicht. Es gab welche, die sich alles nur Erdenkliche herausnahmen, aber die Mehrzahl erlaubte es sich nicht, sich selbst zu ent-menschlichen. Ich denke, daß es auch ohne Gott irgendwelche Verbote gibt. Vielleicht existiert Gott im Unterbewußtsein, vielleicht aber gibt es in diesem Sinne irgend etwas in uns, unabhängig von unserem Glauben, eine Art Altruismus, irgendein ethisches Gesetz, das jedem normalen Menschen angeboren ist.

F. Schorlemmer: Sie nehmen damit einen Gedanken von Sokrates auf. Daß der Mensch eigentlich eine moralische Instanz im Gewissen in sich hat und die höchste Aufgabe des Menschen ist, dies in sich wach werden zu lassen und nicht zu verdrängen oder zu überdecken. Also der sich über sich selbst klar werdende Mensch ist eigentlich erst Mensch. Diesen Gedanken hat Kant später aufgegriffen, als er gesagt hat: Gott ist das moralische Subjekt in mir. Kant ist sogar noch weitergegangen, indem er sagte, daß es zwei Dinge gäbe, über die er nicht aufhören könne zu staunen: »der bestirnte Himmel über mir und das moralische Gesetz in mir«. Es gibt für ihn einen doppelten Kosmos, einen Kosmos der Weltordnung, der dann seine Entsprechung in einem inneren Kosmos moralischer Verantwortungsfähigkeit im Menschen hat. Ich fände es schön, wenn das so wäre, wenn wir nicht miterleben würden, wie zwiegesichtig wir offenbar sind, Wesen gewissermaßen zwischen Engel und Teufel.

Das moralische Subjekt in mir ist keine Garantie, sondern eine Möglichkeit. Wenn Menschen in der Not solidarisch miteinander sind, statt gegeneinander ums Überleben zu kämpfen, dann sind das »Sternstunden der Menschheit«.

D. Granin: Wissen Sie, zwei Besonderheiten sind sehr interessant. Erstens haben sich jene häufiger gerettet, die anderen das Leben retteten. Und zweitens erinnern sich die Menschen an diese grauenvollen Jahre der Blockade, an diese Tode, an die Leichen, die Schüsse, die Fröste mit einer Art Ehrfurcht. Denn damals haben sie sich wie Menschen verhalten. Es ist seltsam, daß sie den Krieg und diese Jahre, da sie ihre Nächsten verloren, verfluchen und sich zugleich an sie wie an eine glückliche Zeit erinnern.

F. Schorlemmer: Daß Menschen mitten in dieser Verrohung zu solch einer Opferbereitschaft fähig geblieben sind, statt nur am eigenen Überleben interessiert zu sein, ist etwas Wunderbares.

Aufschlußreich ist auch, daß in Gesellschaften, in denen die Menschen relativ reich sind, mehr über das Geld geredet wird als in anderen. Die Menschen sind dazu häufig auch geiziger. Viele Westeuropäer haben uns gesagt, in den sozialistischen Ländern sei es unter ärmeren Bedingungen doch wärmer zugegangen. Ob dies für Leningrad gegenwärtig zutrifft, weiß ich nicht. Die Gesichter in der Metro und im Gemüseladen haben mich heute erschüttert. Sie wirkten verkrampft und bedrückt, ohne daß einer den anderen wahrnahm. Wenn man sich Jahrzehnte um das Tägliche so mühen muß und auch keine Aussicht auf Besserung hat, dann kann ich schon verstehen, daß sich das in die Gesichter eingräbt. Nur ein gemeinsames Ziel, eine gemeinsame Hoffnung könnte sie verbinden und zu alltäglichen menschlichen Gesten der Freundlichkeit beflügeln. Aber wo ist das Ziel im Juni 1990 in Leningrad? Wo ist der Weg?

D. Granin: Ja, das ist eine Frage. Genauso wie es auch eine Frage ist, ob denn wirklich von den vierzig Jahren sozialistischer Gesellschaft in Ostdeutschland nichts Gutes übriggeblieben ist. Und geschieht denn auch bei uns das gleiche, werden auch wir nichts bewahren können? Denn das Problem des gemeinsamen Zieles ist ein zweifelhaftes Problem. Wir hatten uns all die Jahre daran gewöhnt, daß wir eine bestimmte Idee vom Leben haben, die unbedingt perspektivisch, leuchtend und fortschrittlich ist. Und die der ganzen Welt den Weg weisen wird. Die Menschen in anderen Ländern aber, in der ganzen Welt, leben ohne diese Ideen, sie sind mit den einfachen menschlichen Werten befaßt. Die Frage ist, werden wir ohne eine Idee leben können? Brauchen wir denn dieses Ziel, von dem Sie sprechen? Ich denke, daß es einen allgemeinmenschlichen Weg gibt, den man einschlagen muß.

Die Geschichte hat ein Experiment durchgeführt: Sie hat zwei Deutschländer in Europa geschaffen und zwei Koreas in

Asien. Und schauen Sie, was aus diesen Ländern geworden ist. Ein sehr überzeugendes Experiment, wie ich meine.

F. SCHORLEMMER: Diese Konkurrenz war gar keine, weil zum Sozialismusexperiment gehört hätte, daß es sich wirklich als ein Experiment versteht, das immer wieder sich selber überprüft und eben nicht eine vorausgedachte Idee exekutiert. Robert Jungk hat einmal gesagt: Eine überlebensfähige Gesellschaft wäre eine Gesellschaft, in der eine Vielzahl sozialer Experimente miteinander konkurrieren kann und wo eine Lösung gesucht wird, die ökonomisch, sozial und moralisch die beste ist. Was wir aber in der DDR erlebt haben, war ein von oben gesteuerter Kampagnensozialismus, der schließlich zusammengebrochen ist, aus drei Gründen: Erstens wegen seiner völligen ökonomischen und wissenschaftlich-technischen Insuffizienz. Zweitens wegen einer ideologischen Wirklichkeitsallergie oder einer Realitätstrübung. Ich nenne das einen Verrat an den marxistischen Ideen, weil eine der Grundsäulen der Marxschen Philosophie ist, die Theorie jeweils an der Wirklichkeit zu überprüfen. Und der dritte Grund des Scheiterns ist, daß dieser Sozialismus die Plausibilität in der Bevölkerung vollständig verloren hatte und versuchte, diesen Plausibilitätsverlust mit Staatssicherheitsmitteln auszugleichen.

Ich halte das für eine Tragik, weil dieser praktizierte Antikommunismus durch die Kommunisten den Begriff des Sozialismus für längere Zeit diskreditiert hat. Und ich denke, um auf Ihre Grundfrage zurückzukommen, daß die einzelnen Völker, aber auch die ganze Menschheit nicht überleben können ohne eine Idee davon, was aus den Menschen werden soll. Der Kapitalismus hat eine einzige Idee und die heißt Profit. Und dies klappt ganz gut, aber es macht die Welt kaputt. Wachstum und Konsum sind seine Ideen. Ich gehöre zu denen, die sagen, der Sozialismus muß neu anfangen, aber nicht so, daß es wieder eine Avantgarde gibt, die weiß, wie die Menschen zu verändern sind, wohin sie zu verändern sind und wer sie verändert. Veränderung kann nur geschehen, wenn sich alle miteinander verändern und wenn wir darüber eine Verständigung erreichen.

In der DDR gab es vielleicht ein Volk, das eine Umgestaltung wollte, und es hatte keinen Gorbatschow. Und in der Sowjetunion kam Gorbatschow und mußte wieder eine Revolution von oben versuchen. Ich stelle mir vor, im Oktober 1987 wäre Gorbatschow durch die DDR gereist, von Rostock bis Suhl. Ich glaube, die Sicherheit hätte sich nicht um ihn zu sorgen brauchen, wohl aber um sich selbst. Sein Besuch hätte ein Umgestaltungsimpuls sein können, der durchaus in Richtung eines demokratischen Sozialismus gegangen wäre und uns einen allmählichen Weg der Umgestaltung auch der europäischen Verhältnisse ermöglicht hätte.

D. Granin: Schade, daß Sie nicht auf meine Frage geantwortet haben, ob denn wirklich nichts von der DDR übrigbleibt. Aber ich möchte folgendes sagen: Wir haben bei uns im Land in den siebziger Jahren sehr viel herumexperimentiert, haben auf die eine oder andere Weise versucht, die sozialistische Gesellschaft aufzubauen. Es ist nichts daraus geworden. Es gab die jugoslawische Variante, die ungarische, die bulgarische, auch die der DDR hatte ihre Eigenheiten. Es ist nichts daraus geworden. Vor kurzem hatte ich ein Gespräch mit Dubček. Er sprach über die tschechische Variante eines Sozialismus mit menschlichem Antlitz. Damals, 1968, hätte sie Erfolg haben können, aber heute, denke ich, hat sie sich erschöpft. Ich meine, bei allen nationalen Unterschieden gibt es einen Weg. Ihn hat Japan betreten, ihn beschreitet die Türkei. Die unterschiedlichsten Länder gehen den gleichen Weg, den des Zueinanderfindens, der Verbindung. Und das ist nach meiner Ansicht der hoffnungsvollste Weg. Auch die Vereinigung der Kirchen ist vielleicht ein längerer, aber unumgänglicher Vorgang. Damit es die Persönlichkeit, die Individualität gibt, darf es keinen Unterschied in der Idee geben. Jede Idee unterdrückt die Persönlichkeit. Das ist sicher sehr strittig, aber ich denke, es hat auch etwas für sich.

F. Schorlemmer: Ich glaube, dies ist eine der wichtigsten Fragen. Ich wäre froh, wenn ich jemand wüßte, der sie beantworten könnte. Was Sie eben sagten, ist ein erster Versuch, aber noch nicht die Antwort. Eine Menschheit, die sich nicht darüber einigen kann, was sie mit diesem Planeten machen will, und auch nicht darüber, wie sie dafür sorgen will, daß *alle* leben können und gleichzeitig *der Planet* überlebt, eine solche Menschheit ist in den nächsten fünfzig Jahren zum globalen Kollaps verurteilt. Und ich denke deshalb, daß die uns verbindende allgemeinste Idee sein sollte, daß wir Strukturen einer globalen Solidarität schaffen, die die allgemeinmenschlichen Werte mit den Werten, die die einzelnen Völker und Weltanschauungen haben, verknüpfen. Das Sozialismusexperiment, wie es »real existiert« hat, ist gescheitert. Wir müssen nun sehen, was wir aus diesem Scheitern zu lernen haben.

Ich will das an zwei Beispielen erläutern. Einmal am Eigentum: Ich glaube, daß die Menschen nur wirklich ein großes Interesse haben, zu arbeiten und die Mühsal von Verantwortung und Risiko auf sich zu nehmen, wenn sie auch selbständig über etwas verfügen können. Und diese Verfügungsgewalt materialisiert sich im Eigentum. Die sozialdemokratische Vorstellung, daß wir ein Eigentum schaffen müßten, das sich in die sozialen Interessen *aller* einbettet, ist richtig. Eigentum aber, das allen und damit keinem gehört, wird praktisch verschleudert. Ein zweiter Punkt ist die Eigeninitiative des Menschen: Er muß Freiraum für seine Initiative haben, für seine Kreativität. Und gleichzeitig brauchen wir eine gesellschaftlich vereinbarte Selbstbegrenzung. Wenn dies nicht gelingt, brauchen wir ökonomische Hebel, um diese Selbstbegrenzung zu unterstützen. Wenn der Fischfang immer effizienter wird, gibt es natürlich keine Fische mehr. Wenn die Fischer es nicht selber merken, müssen von der Gesellschaft Fangquoten festgelegt werden.

D. Granin: Ich sehe, daß das Leben im sozialistischen Deutschland für Friedrich Schorlemmer nicht umsonst gewesen ist.

F. Schorlemmer: Nein.

D. Granin: Die Vorzüge der Kirche und der Literatur müssen darin bestehen, daß sie sich nicht mit Politik beschäftigen.

F. Schorlemmer: Kirche hat sich immer mit den ewigen Fragen beschäftigt, aber auch immer versucht zu zeigen, wie die ewigen Fragen mit den zeitlichen Fragen zusammenhängen. Der Vorwurf der Marxisten war ja, daß die Fragen der Theologie eigentlich für das Leben ohne Belang sind. Mein Anliegen ist zu zeigen, wie die bedingten Fragen mit der Frage nach dem Unbedingten zusammenhängen.

D. Granin: Wenn ich in die Kirche gehe und dort Plakate sehe »Stimmt für Jelzin!«, dann werde ich dort nicht mehr hingehen.

F. Schorlemmer: Das ist richtig. Wir dürfen keine Vermischung zulassen, aber die Menschen erwarten, daß in der Kirche auch konkrete Fragen besprochen werden. Man kann sich seine Hände ganz sauber halten, indem man sich nicht in die konkreten politischen Gestaltungsfragen einmischt, sondern immer nur abgeklärt die Fragen nach dem Sinn des Lebens, nach der Herkunft der Normen, nach der inneren und äußeren Problematik des Menschen stellt.

Mich hat nicht zuletzt Bertolt Brecht geprägt, der gesagt hat, daß die Wahrheit immer konkret ist. In einem Gedicht schrieb er: »Bei den Hochgestellten / Gilt das Reden vom Essen als niedrig. / Das kommt: sie haben / Schon gegessen. … / Nachzudenken, woher sie kommen und / Wohin sie gehen, sind sie / An den schönen Abenden / Zu erschöpft.« Ich denke, daß wir eine Gesellschaft schaffen müssen, in der Menschen Zeit und Kraft haben, sich auch die »ewigen Fragen« zu stellen. Dazu müssen die sozialen und politischen Grundbedingungen geschaffen sein. Mit anderen Worten: Die sozialen und die bürgerlichen Menschenrechte müssen für alle in gleicher Weise erreicht sein. Für Jelzin in der Kirche Propaganda zu machen gehört nicht zu dieser Aufgabe.

D. Granin: Das ist richtig. Aber da die Wahrheit immer konkret ist, sage ich Ihnen, daß die Menschen bei uns jetzt Sodbrennen von der Politik haben. Man hat sie über. Wir sind zu sehr politisiert. Da verarmt das Leben der Menschen.

F. Schorlemmer: Ich stimme Ihnen zu. Wenn Menschen sich nur noch mit Politik beschäftigen, verarmen sie völlig. Fragen, die darüber hinausgehen, sind tatsächlich Fragen, die den Menschen Kraft geben. Sie helfen ihnen, den nötigen Abstand zum Aktuellen zu gewinnen, damit sie sich nicht auffressen lassen von dem Täglichen und zu ihrer Tiefe zurückfinden. Ich glaube auch, daß in diesem Sinne ein Streichquartett von Beethoven oder ein Bild von Modigliani oder eine Zeile von Pasternak etwas politisch Relevantes ist, weil dies den Menschen einfach menschlich macht, daß er sich begeistern kann, daß er staunen kann, dankbar sein kann für die Schönheit der Welt. Aber gleichzeitig sind wir heute in einer so bedrängten Situation, daß wir politisch gestaltend handeln müssen. Wir sind gewissermaßen in einen Strudel geraten, aus dem wir uns nicht heraushalten können.

D. GRANIN: Ja, ich verstehe, aber ich denke, daß die Menschen der Politik überdrüssig sind. Außerdem ist die Politik eine unmoralische Sache.

F. SCHORLEMMER: Ja, wer sich in politische Händel begibt, kommt ins Zwielicht, weil in der Politik der Kampf um Macht dazugehört. Auch demokratische Konkurrenz kann zu unmenschlichen Machtbedürfnissen führen. Freundschaften gehen auseinander, Menschen verraten sich gegenseitig. Wir erleben das auch bei unserer jungen Demokratie. Das zweite, vielleicht noch Schwierigere ist: Wer Politik macht, muß Kompromisse eingehen, die manchmal auch faul sind. Wer aber keine Politik macht, der kann in seinen Gedanken schön sauber bleiben, weil er praktisch nichts ausführen muß.

D. GRANIN: Die Extreme machen nicht das Leben aus.

F. SCHORLEMMER: Es gibt ein Hölderlin-Wort über die Deutschen und das Reich der Träume: Die Deutschen sind gedankenvoll und tatenarm. Und die Frage ist fürwahr, wie kommt der Gedanke zur Tat, so daß der Gedanke noch in der Tat erkennbar bleibt. Und da sind wir wieder bei dem Problem von vorhin, daß jemand, der handelt, notwendig schuldig wird. Es ist nur die Frage, wie groß seine Schuld ist. Und ob sie minimiert werden kann. Und wer nichts tut, wird auch schuldig, weil er nicht verhindert, was andere tun. Die Hitlerei hätten wir bei uns nicht gehabt, wenn mehr Menschen dies einfach nicht geduldet hätten. Auch für die Zeit der Herrschaft der SED kann ich sagen:

Viele haben »passiven Widerstand« geleistet, durch Schweigen und gehorsames, müdes Mitmachen.

D. Granin: Ich bin sehr lange und sehr eng mit der DDR verbunden. Ich habe dort viele Freunde. Als einer von jenen Schriftstellern, die übersetzt und gelesen wurden und die viele Verbindungen hatten, habe ich immer empfunden, daß wir – und ich sage bewußt »wir« – dort gegen einen dogmatischen und harten Stalinismus kämpfen. Und dieser Kampf hat mir sehr gefallen. Denn in diesem Kampf gab es viele hochherzige und mutige Taten von Menschen. Ich erinnere mich, wie meine Arbeiten, deren Erscheinen man nicht genehmigen wollte, verteidigt wurden. Das war so bei »Dem Gewitter entgegen«, beim »Bataillonskommandeur«, beim »Blockadebuch«, beim »Ur«. Es gab immer einen Kampf, in dem Menschen sich von ihrer guten Seite gezeigt haben. Und daher hegte ich sehr gute, warmherzige Gefühle.

Jetzt, da die Mauer in sich zusammengebrochen ist, da man frei alle Bücher drucken kann, da es keinerlei Verbote gibt, müßte man sich eigentlich freuen. Und dennoch kommt auch eine Art Trauer auf. Ich freue mich natürlich für die Menschen, die vielleicht besser, freier leben werden. Ich denke, daß es normal ist, wenn man sich vereinigen will. Ein Volk muß vereint sein. Aber es stellen sich mir doch einige Fragen. Wieder ist es die Frage, ob all die Jahre des Sozialismus nur Verlust gewesen sind. Oder gab es auch einen Gewinn? Und es stellt sich die Frage, was dieses Deutschland für uns Russen bedeuten wird. Bei uns besteht eine Unruhe, die fast schon Tradition hat. Denn mit Deutschland hatten wir bereits zweimal, im ersten und im zweiten Weltkrieg, zu tun. Beide Male war das für Rußland sehr schwer. Und dieser Krieg von 1941 ist noch nicht vergessen. Er hat einen zu hohen Preis gefordert. Wir hatten uns daran gewöhnt, daß das sozialistische Deutschland gleichsam in einer Reihe mit uns lebte. Jetzt, da es nicht mehr da sein wird, stehen wir von Angesicht zu Angesicht der BRD gegenüber, einem kapitalistischen Land. So wie wir es bereits erlebten. Das ist eine neue Situation.

Und noch einen wichtigen Umstand möchte ich nennen: Die neue Situation besteht darin, daß mit der DDR zugleich auch die sozialistische Idee gescheitert ist. Und zwar dort ebenso wie bei uns und in anderen sozialistischen Ländern. Daran, scheint's, ist nichts Schreckliches. Das ist eine Notwendigkeit der Geschichte, aber an die Stelle dieser sozialistischen Idee ist nichts anderes getreten. Die Welt hat sich daran gewöhnt, daß die sozialistische und die kapitalistische Ideologie koexistieren. Jetzt gibt es die sozialistische Ideologie nicht mehr, die Koexistenz ist gestört. Es besteht kein Gleichgewicht. Man kann befürchten, daß jetzt irgendeine reaktionäre Ideologie entsteht, der nichts widersteht.

F. SCHORLEMMER: Ich kann das nicht nur gut verstehen, ich habe ähnliche, sorgenvolle Gedanken, was unser Land anlangt. Man sprach 1933 in Deutschland von der nationalen Wiedergeburt. Glücklicherweise wird dieses Wort in Deutschland gegenwärtig nicht benutzt. Aber es würde mich nicht wundern, wenn es jemand aufbrächte und den Deutschen wieder ihre Stärke bewußtmachte. Insbesondere die Bürger der DDR haben vierzig Jahre lang ihre nationale Identität zurückstellen müssen. Die nationale Frage wurde einfach tabuisiert. Es ist in der Geschichte nie gut, wenn Fragen, die ein Volk hat, tabuisiert werden.

Jetzt stehen wir vor einigen schmerzlichen Wahrheiten, die man schon früher hätte erkennen können. Und die eine Wahrheit ist, daß die DDR-Deutschen in ihrer Mehrheit so sehr mit sich selbst und ihrer nationalen Vereinigung beschäftigt sind, daß sie gegenwärtig nicht offen genug sind für die sorgenvollen Fragen anderer Völker. Die Politiker haben die riesige Verantwortung, die Dynamik, die vom Volk ausgeht, nicht auszunutzen oder gar national zu emotionalisieren, sondern diese Frage zu rationalisieren und zu kanalisieren, sie in einen größeren Zusammenhang zu stellen. Die Politiker müssen den Menschen in beiden deutschen Staaten klarmachen, daß wir nicht allein auf der Welt sind und deshalb beim Vereinigungsprozeß sehr behutsam sein müssen.

Ich verstehe alle Argumente der sowjetischen Außenpolitik,

insbesondere das Argument von Außenminister Schewardnadse, daß wir die gegenwärtigen Entscheidungen vor unseren Enkeln rechtfertigen müssen. Westdeutsche Zeitungen nennen einen solchen Satz »pathetisch«. Ich halte ihn nicht für pathetisch, sondern angesichts unserer gemeinsamen Geschichte für notwendig. Und ich möchte ihn gern so verstehen, daß wir unsere Entscheidungen vor unseren deutschen Enkeln genauso verantworten müssen wie vor den Enkeln der Menschen in der Sowjetunion oder Polen.

Ich hoffe sehr, daß es uns in Deutschland gelingt, das Volk vor wieder aufkommenden nationalen Überlegenheitsgefühlen zu bewahren. Jedenfalls scheinen wir Deutschen eine Tendenz zu haben, unsere Größe dadurch zu demonstrieren, daß wir sie als kulturelle, wissenschaftliche, wirtschaftliche oder militärische Überlegenheit darstellen. Und dieses insbesondere gegenüber den Osteuropäern. Eine Lösung dieses Problems sähe ich darin, daß die Siegermächte des zweiten Weltkrieges zusammen mit den anderen europäischen Ländern die Deutschen in einer gesamteuropäischen Sicherheitspartnerschaft einbinden. Ich gehe sogar soweit zu sagen, daß die vier Siegermächte ihre völkerrechtlichen Vorbehaltsrechte, die in gewisser Weise Bändigungsinstrumente sind, nicht aufgeben sollten. Und von daher verstehe ich auch, daß manche meinen, Deutschland sollte in der NATO bleiben, nicht gegen die Sowjetunion, sondern um die Deutschen einzubinden.

D. Granin: Das denke ich auch.

F. Schorlemmer: Ich fürchte nicht, daß die Deutschen wieder die Sowjetunion überfallen könnten. Diese Zeiten sind vorbei. Aber ich fürchte, daß sie ihre wirtschaftliche Kraft politisch benutzen könnten und unser Verhältnis emotional wieder schlechter wird.

Ein anderes großes Problem ist, daß es uns nicht gelungen ist, in diesen vierzig Jahren eine wirkliche Freundschaft zwischen unseren Völkern zu entwickeln. Daran hat natürlich der zweite Weltkrieg schuld. Daran hat aber zugleich die weitgehende Isolation der 400000 Sowjetmenschen in der DDR einen Anteil.

Eine Rolle spielte auch das Mißtrauen der Russen gegenüber uns Deutschen, auch wenn es Kommunisten waren, und andererseits die verborgene Verachtung der Deutschen gegenüber den Russen. Die Deutsch-Sowjetische Freundschaft als Organisation war eine Verhinderungsorganisation. Ich halte es in der verbleibenden Zeit, in der Sowjetmenschen in der DDR sind, für eine ganz große Aufgabe, daß unsere Völker sich jetzt endlich füreinander öffnen. Und dabei spielen, um auf den Anfang unseres Gespräches zurückzukommen, natürlich Autoritäten wie Aitmatow, Granin, Rasputin und andere eine große Rolle. Denn sie haben besonders bei den Intellektuellen und einem größeren Leserkreis beträchtlichen Einfluß.

D. Granin: Sagen Sie bitte, welches Deutschland ist religiöser, das östliche oder das westliche?

F. Schorlemmer: Ich kann das nicht gut beurteilen. Ich denke, daß sich das nicht sehr viel nimmt und daß nur eine Minderheit in beiden Deutschländern in der Tiefe religiös ist. Aber dies ist doch eine sehr aktive Minderheit, wie sich bei Kirchentagen oder Akademietagungen zeigt. In den Kirchen sammelt sich ein geistiges Potential, das überparteilich ist und sich den wesentlichen Herausforderungen in unserer überlebensgefährdeten Welt stellt. Wir knüpfen dabei an christliche Traditionen und historische Erfahrungen an. Insofern ist das Christentum für die Deutschen ein wichtiger moralischer und politischer Katalysator. Die Kirchen werden das aber nur in dem Maße sein, wie sie auch eine religiöse Verinnerlichung des christlichen Gedankenguts erreichen und sich nicht vordergründig politisieren oder sich andererseits religiös von der Welt abheben.

D. Granin: Ich denke, daß es bei Ihnen wie bei uns gegenwärtig drei humanistische Kräfte gibt: die Kirche, die Kunst und die Ökologie.

F. Schorlemmer: Ja, ich bin der gleichen Meinung.

D. Granin: Der Kontakt zwischen den Kirchen ist heute eine recht schwierige Sache, denn unsere Kirche ist dogmatisch. Auch bei der Ökologie ist es kompliziert, Sie haben eine starke ökologische Bewegung, während sie sich bei uns erst formiert.

Es gibt aber die dritte Kraft – die Kunst. Die Kunst hat traditionelle Bindungen und vermag, religiös-ethische Probleme mit ökologisch-ethischen zu verknüpfen. Und ich denke, daß die Bindungen zwischen den Künsten unserer Länder heute eine große Bedeutung für die Bewahrung und Entwicklung der freundschaftlichen Beziehungen zwischen unseren Völkern haben.

Auch sind die ökologischen Fragen sehr eng mit ethischen Fragen verbunden. Es geht um ein neues Verhältnis zur Natur, das nicht so sehr ein Verhältnis ihrer vernünftigen Nutzung, sondern ihres Schutzes, einer Barmherzigkeit gegenüber der Natur sein muß.

F. Schorlemmer: Da sind wir uns ganz einig. Wir sind die letzte Generation in der Menschheitsgeschichte, in der sich entscheidet, ob es eine lebenswerte Welt gibt. Das magische Jahr ist das Jahr 2000 geworden. Es kommen wieder chiliastische Vorstellungen auf. Wir stehen vor der größten historischen Herausforderung, vor der eine Generation je gestanden hat – nämlich die irreversible Zerstörung der Lebensgrundlagen zu verhindern. Der ungesteuerte Kapitalismus ist jedenfalls dazu bisher nicht in der Lage gewesen, ebensowenig der völlig uneffektive Plansozialismus. Behutsam mit der Umwelt und mit uns selber umzugehen wird zu einer weltpolitischen Aufgabe. Jesus hat einmal gesagt: »Selig sind die Sanftmütigen, denn sie werden das Erdreich besitzen.« Ich verschärfe: Wenn wir nicht sanftmütig werden, wird niemand mehr das Erdreich besitzen. Ich könnte auch sagen: Bringen wir der Welt Barmherzigkeit entgegen.

D. Granin: Hier muß eine neue Ethik wirken. Und diese neue Ethik muß geschaffen und propagiert werden. Die Natur braucht uns genauso wie die Krähen, die Füchse, die Bären oder die Schmetterlinge. Kein bißchen mehr, vielleicht sogar weniger. Wir aber benehmen uns wie Okkupanten.

In der Schule lehrt man, wie groß und mächtig der menschliche Verstand ist, wie hervorragend wir mit der Natur fertig werden. Wie wir in ihre Geheimnisse eindringen. Aber nicht, welch ein Wunder die Natur ist, wie groß ihr Geheimnis ist, wie unerkennbar sie doch ist. Warum ist ein Schmetterling so schön? Das ist ein Geheimnis. Ein andächtiges Verhältnis zur Natur, ihrer Harmonie und Schönheit, das wird nicht gelehrt.

F. Schorlemmer: Das ist ein religiöses Verhältnis.

D. Granin: Gelehrt werden Dünkel und Überheblichkeit. Deshalb sage ich: Es muß eine neue Ethik geschaffen werden. Das gilt auch für die Kirche, die Religion. Ihr Mangel besteht darin, daß sie zu anthropozentristisch ist.

F. Schorlemmer: Ja.

D. Granin: In diesem Sinne war das Heidentum fortschrittlicher. Denn vor Gott sind alle Geschöpfe gleich. Die Religion aber hat den Menschen auf Kosten der Natur privilegiert. Wir haben es nicht geschafft, vom Heidentum sein Verhältnis zur Natur als einer Gottheit zu übernehmen.

F. Schorlemmer: Ich denke an die Weisheiten der Indianer und der indischen Religionen, wie die Menschen dort mit einem Baum umgehen, indem sie sich vor diesem Baum erst entschuldigen, bevor sie ihn abhacken. Das ist kein formales Ritual, sondern eine innere Haltung. Wenn wir eine solche Haltung gegenüber der Natur nicht wiedergewinnen, diese tiefe Ehrfurcht vor dem Leben, haben wir keine Chance mehr. Auch die christlichen Kirchen haben die animalischen Religionen verachtet. Sie haben vorwiegend eine personale, anthropozentristische Weltsicht gehabt. Obwohl die Bibel die Wunderwerke des Schöpfers preist und den Schöpfer wegen der Vielfalt seiner Schöpfungen lobt.

Ich stimme Ihnen auch zu, daß dieses Weltgefühl und diese Wahrnehmungsfähigkeit in den Schulen vermittelt werden muß, und möchte nur hinzufügen, wenn die Eltern das nicht zu Hause leben, ist die Schule und auch die Kirche auf einsamem Posten. Dazu muß sich aber unsere ganze Pädagogik verändern. Wir können dies nicht indoktrinieren und anlernen, sondern brauchen ein viel stärker erlebnisorientiertes Lernen, damit wir die Wirklichkeit umfassender wahr-nehmen, in ihrer Schönheit, Vielfalt, in ihrem Geheimnis und nicht nur im Sinne eines instrumentalen Erkennens.

Aus Staunen, Dankbarkeit und Freude kommt ein meditativer Zugang zur Wirklichkeit, eine Verhaltensweise gegenüber der nichtmenschlichen Welt, die von bloßem Herrschenwollen Abschied nimmt. Man könnte dieses Weltverhältnis auch ein religiöses nennen, wenn es aus einer Ehrfurcht kommt.

Ich bin Ihnen noch die Antwort auf eine ganz andere Frage schuldig: Was bleibt nach vierzig Jahren DDR? Ich kann dazu wenig sagen.

Was wir in die Vereinigung Deutschlands einbringen werden, ist eine nicht zu unterschätzende, aktive, geradlinige, intelligente Schicht linker Demokraten, die durch das Fegefeuer der zentralistisch-stalinistischen SED-Herrschaft gegangen ist. Die Spreu ist gegenwärtig vom Weizen getrennt, von denen, die wirklich sozialistisch denken, und denen, die es nur auf Macht und Karriere abgesehen hatten und die schlicht die Administratoren einer dumpfen Machtideologie waren. Und ich würde diese Schicht für nicht zu gering halten. Dieses System hat aber auch vielen Menschen vierzig Jahre lang geholfen, die aufklärerische und humanistische deutsche Tradition kennenzulernen und sich anzueignen. Man kann schon sagen, daß in der DDR in einer klassenübergreifenden Breite so etwas entstanden ist wie eine – vorsichtig gesagt – nicht ungebildete Nation. Der Zugang zur Literatur, Kunst, Musik war staatlich gestützt, und es gab keine traditionellen Schranken für diesen Zugang. Dies wird nicht ohne Folgen bleiben. Ich will dabei nicht vergessen, wie schlimm gleichzeitig die Zensur war.

Wir werden mitnehmen in die Zukunft so etwas wie ein soziales Gewissen. Das ist gegenwärtig pathologisch überdeckt durch die Frage nach der D-Mark. Aber es wird sich zeigen, ob wir nicht doch ein Gewissen entwickelt haben, das sich auf den Ärmeren richtet, im eigenen Land und in der Welt. Es bleibt für uns die Erfahrung, daß Arbeit nicht nur Streß war, um im Akkord etwas zu produzieren. Arbeit war auch ein kommunikativer Prozeß. Dabei haben wir Arbeitslosigkeit verdeckt, weil wir allen Menschen Arbeit gegeben und viele von ihnen aber eigentlich nur beschäftigt haben. Bei den kommenden Problemen mit der Arbeitslosigkeit werden wir darüber nachdenken müssen, ob es nicht besser ist, die Arbeit zu teilen, damit Menschen nicht völlig vereinsamen. Jeder hat das Recht, in gesellschaftlich nützlicher Arbeit so eingebunden zu sein, daß er auch bei der Arbeit noch ein Mensch ist. Er muß andere als Partner und nicht nur als Konkurrenten erleben können. Wir werden die Gewerkschaften neu aufbauen und dabei die modernen Fragestellungen im postindustriellen Zeitalter beantworten müssen.

Zu unseren Besonderheiten in der DDR gehört wohl auch noch, daß wir begriffen haben, daß eine Revision unserer Nachkriegsgrenzen für alle sehr gefährlich, ja tödlich sein könnte. Ich hoffe sehr, daß politische Vernunft aus historischer Verantwortung im zukünftigen Deutschland mehrheitsfähig bleibt.

D. Granin: Und beabsichtigen Sie nicht, unsere ungenügende Freundschaft mitzunehmen? Ich meine das ungestillte Bedürfnis einer echten Freundschaft.

F. Schorlemmer: Ja, das habe ich schon gesagt. Dieses echte Bedürfnis ist bei vielen Menschen vorhanden. Aber ich kenne auch viele, die so enttäuscht sind, daß sie eine echte Freundschaft jetzt nicht mehr für möglich halten.

D. Granin: Was Sie gesagt haben, ist sehr wichtig, denn man möchte natürlich nicht wie arme Verwandte in die Vereinigung gehen, ohne etwas mit sich zu nehmen. Sie haben etwas einzubringen.

F. Schorlemmer: Nennen möchte ich auch noch eine viel breitere Kenntnis der sowjetischen Literatur, die sich nicht in formalen Spielereien erschöpft, sondern immer relevante Fragen aufgegriffen hat und in einer großen künstlerischen Tradition steht. Auch wenn die Literatur in den letzten Jahren manchmal den langen Atem verloren hat und zur verdeckten Publizistik geworden ist. Aber man konnte in dieser Zeit mitunter nicht abwarten, bis ein Werk gereift war, weil die Probleme so dringlich waren und sind. Ich finde, daß man Aitmatows Buch »Die Richtstatt« nicht nur unter ästhetischen Gesichtspunkten betrachten kann. Das sind schon transästhetische Kategorien, um die es hier geht. Dieses Buch ist so wichtig, weil es den Menschen tief erschüttert, bis er merkt: Wenn wahr ist, was Aitmatow schreibt, dann muß ich mein Leben ändern. Im übrigen stimme ich den Kritikern nicht zu, die meinen, es würde großen literarischen Maßstäben nicht genügen.

Ich habe noch eine ganz konkrete Frage. In Wittenberg wurde im Jahre 1973 mit großem militärischem Pomp durch den »Kreisfürsten« der SED vor einem Friedhof sowjetischer Soldaten ein großes Panzermonument aufgestellt. Es kostete bei damaligen gestützten Preisen 380 000 M. Wir haben uns im Zusammenhang mit der Herbstrevolution in der DDR dafür eingesetzt, daß dieses Panzerdenkmal entfernt wird. Wir wollten gleichzeitig, daß an die Stelle dieses Panzermonuments ein Symbol des Friedens und der Befreiung kommt. Wir meinten, daß ein Panzer nicht auf einen Sockel gehört. Es entspricht nicht dem Neuen Denken, wenn ein T 34 drohend vor den Toren der Stadt steht und sein Rohr nach Westen richtet. Unsere sowjetischen Freunde, und ich sage das ohne Ironie, haben dies nicht verstanden. Sie haben das eher als Destruktion aufgefaßt. Der Panzer stand vor einem Friedhof und neben einer Kirche. Am Ostermontag 1990 haben wir diesen Panzer in einer Friedensliturgie »verabschiedet«. Dabei hat ein Amerikaner gesprochen, der sich wissenschaftlich mit Problemen der Konversion beschäftigt. Eine Russin, die mit einem Deutschen verheiratet ist, las Jewtuschenkos Gedicht »Meinst du, die Russen wollen Krieg?«. Leider war es nicht möglich, Vertreter der Sowjetarmee an dieser Liturgie zu beteiligen. Welche Empfindungen haben Sie, wenn wir Deutschen einen solchen T 34 vom Sockel holen?

D. Granin: Das ist eine schwere Frage, um so mehr, da ich selber Panzerfahrer war. Einerseits meine ich, daß es riskant ist, die Geschichte zu korrigieren. Als die Frage stand, Wyschinski aus der Kremlmauer zu entfernen, war ich dagegen. Ich denke, auch wenn er ein Verbrecher war, soll er dort bleiben. Andererseits finde ich es richtig, daß die Stalindenkmäler beseitigt wurden. Ein Panzer ist aber kein Denkmal aus der Stalinzeit. Das ist ein Denkmal für jene Streitkräfte, die gegen den Faschismus gekämpft haben, für Menschen, die umgekommen sind. Das sind Hunderttausende unserer Soldaten, die im Kampf gegen den Faschismus umgekommen sind und der Erinnerung und der Dankbarkeit würdig sind. Beseitigt man diese Denkmäler in Form von Panzern oder anderen Dingen, was bleibt dann? Was bleibt von der Erinnerung an Hunderttausende Soldaten, die umgekommen sind?

F. SCHORLEMMER: Der Friedhof bleibt und soll gepflegt werden.

D. GRANIN: Ein Friedhof ist keine Erinnerung.

F. SCHORLEMMER: Aber er ist eine Erinnerung an das furchtbare Leid.

D. GRANIN: Ich verstehe, daß ein Panzer vielleicht nicht das glücklichste Monument ist. Es fällt mir schwer, hierzu etwas zu sagen. Vielleicht könnte man anstelle des Panzers etwas anderes hinstellen.

F. SCHORLEMMER: Wir suchen danach.

D. GRANIN: Wenn man beispielsweise im Treptower Park das Ehrenmal beseitigen sollte, fände ich das tatsächlich ungerecht. Einen Panzer zu beseitigen, das hat in gewisser Weise seine Berechtigung. Aber es ist natürlich schade, wenn nichts bleibt außer den Gräbern.

F. SCHORLEMMER: Es gibt noch eine große Schale, an der zu Gedenktagen Kränze niedergelegt werden. Uns ging es auch nicht darum, daß es ein sowjetischer Panzer war, sondern daß es ein *Panzer* war und daß wir den Frieden nicht mehr mit Panzern schützen und erhalten können, sondern nur noch mit Vertrauensbildung und Abrüstung.

D. GRANIN: Das verstehe ich alles.

F. SCHORLEMMER: Dabei komme ich noch einmal auf das Umweltproblem: In der DDR gibt es erstens viel zu viele Panzer. Zweitens sind sie häufig schrottreif. Drittens zerstören sie unablässig Wälder und Felder, Wege und Auen. Das machen die deutschen Jaguar-Panzer und die amerikanischen, britischen und französischen in der Bundesrepublik genauso. Für uns war diese Aktion nicht gegen die Sowjetunion gerichtet. Sie war Ausdruck eines nötigen neuen Denkens, das von der Trauer über die umgekommenen Menschen ausgeht. Ich stimme Ihnen zu, daß wir keinesfalls die Erinnerung auslöschen dürfen, aber Symbole finden müssen, die Erinnerung vertiefen. Wir Deutschen brauchen Symbole, in denen wir unsere Niederlage symbolisieren können, statt daß wir die Symbole unserer Siege aus der Vergangenheit erhalten. Ich meine Symbole der Niederlage im Sinne einer historischen Scham über das, was wir Deutschen angerichtet haben.

D. GRANIN: Die Frage ist doch, ob es Denkmäler gibt, die nicht geglückt sind.

F. SCHORLEMMER: Ja, die meisten sind nicht geglückt, weil alle Völker nur die Symbole ihrer Siege aufstellen.

D. GRANIN: Aber das kann man nicht herausstreichen. Das ist Geschichte. Das Denkmal für Friedrich II. hatte man beseitigt, dann wieder aufgestellt.

F. SCHORLEMMER: Ja, ich denke, wir haben die Quadriga, den Friedrich, den wir den Großen nennen, und die Siegessäule. Wir brauchen aber auch Erinnerungssymbole für unser Versagen, für unbeschreibliche Verbrechen.

D. GRANIN: Bei uns wird gegenwärtig darüber diskutiert, ob das Hauptgebäude des KGB in der Lubjanka abgerissen werden soll.

F. SCHORLEMMER: Vielleicht sollte man ihm eine andere Funktion geben.

D. GRANIN: Es gibt Überlegungen, dort ein Museum für die Opfer des Stalinismus einzurichten. Andererseits ist es doch interessant, daß erst die abgerissene Bastille zu einem Symbol wurde. Hätte man sie stehenlassen, wäre es vielleicht gar nicht dazu gekommen. Es ist ja überhaupt die Frage, wie man mit Geschichte umgeht. Wenn man mich fragt, so bin ich auch dafür, die Kurilen oder Königsberg zurückzugeben. Denn wir haben keinen Eroberungskrieg geführt. Es ging uns nicht darum, Territorien zu erobern. Wir haben einen Befreiungskrieg geführt.

F. SCHORLEMMER: Ich denke, daß man diesen Gedanken als einen moralischen sicher haben kann, als einen politischen aber sofort wieder verwerfen sollte. Und zwar aus zwei Gründen. Erstens: Eine Rückgabe der Kurilen ist die eine Sache. Was Europa betrifft, meine ich, sind die Dinge viel komplizierter. Wenn die Deutschen beispielsweise Schlesien zurückverlangten oder andere europäische Grenzen in Frage gestellt würden, könnte das katastrophale Folgen haben. Wer alles will dann noch etwas revidieren? Und zweitens: Was sollte mit den Russen geschehen, die heute in Königsberg leben? Man kann sie doch nicht einfach aussiedeln. Es bestünde auch die Gefahr, daß erneut ein Verdrängungswettbewerb zwischen Russen und Deutschen einsetzt. Und wieder würden sich Deutsche einbilden, *alles* besser machen zu können als ihre östlichen Nachbarn.

Ein verrücktes Volk

Aufsatz vom 30. Mai 1990

Endlich kann die gewohnte Hatz wieder beginnen, die Hatz auf die Intellektuellen, diese Schlaumeier, die sich nur immer in gemachte Nester und dann so pfiffig an die Spitze des Volkes gesetzt haben.

Aber dieses Volk ist so dumm nicht. Es hat die Winkelzüge dieser Intellektuellen durchschaut, und einige Intellektuelle haben ihm beim Durchschauen geholfen.

Und nun zeigt das Volk, was es kann, wenn es Geschichte macht. Es wird dumpf, was da auf uns zukommt und ratifiziert wird, weil es nur noch Handlungszwänge gibt. Und die Mehrheit, die skeptisch ist, schaut zu und ruft etwas weinerlich: »Der Zug ist längst abgefahren.« Die den Zug unter Volldampf halten behaupten, dies sei ja nur im Interesse aller Insassen. Und diese hätten sie dazu aufgefordert. Wer da etwa noch wagt, eine Volksaussprache über eine gemeinsame deutsche Verfassung anzustreben, wird mit dem kalten Hinweis abgespeist: »Dieses Plebiszit hat bereits am 18. März stattgefunden.«

Mit dem 18. März hat eine pervertierte Form der Demokratie begonnen, wenn es denn soweit kommen sollte, daß wir mit diesem Tage unsere Stimme abgegeben haben an unsere Repräsentanten, die nun in einer Zweidrittelmehrheit schon alles wissen, was für uns gut sein mag.

Die Zweiteilung der kleinen Teilnation ist wieder da, auch das zahlenmäßige Verhältnis zwischen denen, die Macht haben, und denen, die an der Macht kratzen. Aber diesmal ist alles so schön »demokratisch« legitimiert. Alle die, die sich in den letzten

40 Jahren im Reden unter Schwierigkeiten geübt haben, reden jetzt auch noch anders als die, die all die Jahre geschwiegen haben. Aber die Schweiger von gestern haben heute die lautstarke Mehrheit. Viele von ihnen sind es schließlich gewohnt, das Parlament nicht als Diskussionsforum zu nutzen, wo nach differenziertem Austausch der Argumente die sachentsprechendste Lösung gesucht, gefunden und mehrheitlich ermittelt wird. Mit der Abstimmungshand wird kurzerhand vom Tisch gewischt, was andere gedacht haben. Einige von ihnen können sich jetzt endlich einmal rächen und die zum Schweigen bringen, unter deren Führung sie 40 Jahre lang ihre Blockschmiere gemacht haben. Und der Bohley-Verteidiger Gysi muß für Mielke herhalten. Hier exekutieren Mehrheiten alles, was gegen die eigenen Vorlagen spricht. Wenn schon die PDS etwas sagt, muß es ja falsch sein oder irgendeine tückische Finte, die aus der leninschen Strategie-Taktik-Kiste kommt. Wenn der Gegner es sagt, muß es falsch sein. Dieses Spiel kennen wir aus 40 Jahren DDR, jetzt nur öffentlich und durch Wahlen legitimiert. Es geht um die Macht, und es muß den anderen gezeigt werden, was es heißt, wenn man die Macht hat.

In der DDR rächt sich schon binnen Wochen, daß wir eine Kopie der Parteiendemokratie der Bundesrepublik haben (die anfängliche Unbeholfenheit hatte durchaus noch etwas Sympathisches) und sogar das Parteienspektrum des Westens kopieren, wobei die SPD-Ost insgesamt ein rechter Flügel am linken Korpus ist – wie 1919. Geschichte holt uns ein.

Dabei hatte doch das Volk nach der 40jährigen Herrschaft einer machtanmaßenden Partei mit ihrer ganzen Niveaulosigkeit, ihrem lächerlichen, aber gefährlichen Wahrheitsanspruch und der ganzen, nun offenbarten kleinlichen Korruption gezeigt, wie sprachfähig es ist, und zwar schichtenübergreifend. Dieses Volk war aus den Nischen gekrochen gekommen, hunderttausendfach, erlebte, wie die Angst einfach abfiel, die Lust am Risiko zunahm, wie aus Schweigenden Redende, aus Zuschauenden Handelnde, aus Kriechenden Gehende wurden.

Im Dezember 1989, als in Rumänien so brutal geschossen

wurde, spürten wir, wie es hätte auch gehen können – und vor ein paar Tagen grinste ein Stasigeneral seine Sätze in die Fernsehkamera: »Die 85000 gut ausgebildeten und motivierten Stasileute hätten ausgereicht, um das Volk gewaltsam in Schach zu halten.« (Wir wissen wahrlich, wem wir entgangen sind.)

Der Aufbruch in eine andere DDR schien für Tage möglich. Eine linke demokratische Alternative nahm für kurze Zeit Konturen an. Die Programme aller neuen Gruppierungen vor dem Dezember sprachen eine Sprache, die die Worte »links« und »demokratisch« miteinander zum Leuchten zu bringen schien. Aber als die SED die Flucht nach vorn antrat und einfach die Mauer öffnete, war alles zunichte geworden. Das Ausmaß der Zerrüttung des Landes ließ das Vertrauen in die Gestaltung eines eigenen Gemeinwesens auf den Nullpunkt sinken, und die nationale Sehnsucht wurde schließlich zur nationalen Lockung – als ein Wohlstandsangebot, das unter bestimmten politischen Bedingungen erfüllt werden kann. Und nun kommen sie auch schon, die Barone und die Prinzen von Anhalt und die aus dem Hause Hohenzollern, vermessen hier ihnen genommenes Land, bieten den sprichwörtlich dummen Bauern das harte Geld an und lachen sich ins gewinnträchtige Fäustchen.

Die DDR-Deutschen werden schnell »richtige« Deutsche durch die Selbstaufgabe alles dessen, was 40 Jahre gewesen ist, und durch Schnelleinpassung in die Bundesrepublik. Für ein paar Jahre werden wir Analphabeten, einige werden das Rennen wieder machen, die anderen müssen sehen, wo sie bleiben. Die Mehrheit sieht die Bundesrepublik als die Realutopie und will sich auf kein neues eigenes Experiment einlassen.

Das gegenwärtige Kaufverhalten beim Preissturz, der wie ein Blutsturz unserer Wirtschaft wirkt, trägt pathologische Züge. Das Emblem wird gerupft, alles, was noch etwas wert ist, wie Wertloses verschleudert, gehortet, wenn auch nicht gebraucht; es ist Teil der Selbstwertverschleuderung.

Wir sind dabei, mit großer Mehrheit die eine Fremdbestimmung durch die Ideologie durch die andere Fremdbestimmung einzutauschen. Der Segen der Demokratie soll nicht nur möglichst schnell in den Segen der Ökonomie eingehen, sondern konsumorientierte ökonomische Effizienz wird zum übergeordneten Wert der Demokratie. Das erste scheint die freie Konsumtion zu sein, nicht die freie Kommunikation, oder man könnte sagen, es geht um die freie Kommunikation auf der Grundlage freier Konsumtion. Die Revolutionäre wollten tiefer ansetzen und Demokratie wagen im Selbstversuch. Solange die Revolution nicht gewonnen war, durften einige Wortführer im Scheinwerferlicht ihre Visionen vortragen, aus der Kritik am Bestehenden entwickeln. Sie bekamen brausenden Beifall und wähnten sich in der Einheit mit dem Volk.

Als der Sieg errungen war, kamen sie aus dem Schutz der Dunkelheit ins Licht und wiederholten immer nur ihre Parolen. Das Volk sagte nun in kurzen Transparentsätzen, worauf es ihm ganz schnell ankam, und ließ die Einredenden nicht mehr zu Worte kommen. Und das Fernsehen war immer dabei. Es hatte eine nicht zu überschätzende Wirkung, weil die Ereignisse fernsehgerecht und ganz nach dem Geschmack des Mediums waren. Das Freiheitsdrama wurde als Fortsetzungsserie geboten mit allen Zutaten erfolgreicher Fernsehdramaturgie. Schließlich haben nach den Worten des ZDF-Intendanten Dieter Stolte die DDR-Bürger ihre Sprache nicht zuletzt mit Hilfe des westdeutschen Fernsehens wiedergefunden.

Herzlichen Dank möchte ich dafür sagen.

Was in der DDR geschieht, ist eine Dürrenmattsche Komödie im Original. Die kleinen Oppositionsgruppen und Dissidenten, die jahrelang mit einigem persönlichen Einsatz die wichtigen Probleme (Ökologisierung, Demokratisierung, Entmilitarisierung, Solidarisierung) angemahnt hatten, wurden durch die Wahlen marginalisiert.

Die CDU wurde nach der Schnellreinigung von neuen nationalkonservativen Kräften aufgefrischt und hat nun nach einer behenden Schulderklärung keine Blockvergangenheit mehr, während der Partei, der sie so treu angehangen hat, nicht das Recht zugesprochen wird, sich wandeln zu dürfen. Als ob die SED die Verfassungsänderung von 1974, die Verschärfung des politischen Strafrechts 1979 und die Chinaerklärung von 1989 allein gemacht hätte. Der Demokratische Aufbruch verleugnete seinen Ansatz, stellte sich in den Wind nationaler Euphorie, zerbrach und verleiht als Splitterpartei der CDU einen gewissen Unbedenklichkeitsstempel. Die SPD sucht nach ihrer Wahlschlappe die Verantwortung als Machtbeteiligung wahrzunehmen, schluckte dabei »die Kröte DSU«, vergaß heute, was sie gestern noch lautstark gesagt hatte. Sie schluckte die Kröte, obgleich gerade die DSU-CDU mit den demagogischen PDSPD-Parolen dem Volk Angst eingejagt hatte vor einem neuen roten Experiment. Schlimmer noch, die SPD verhinderte durch die Beschaffung einer Zweidrittelmehrheit für die Koalition, daß der Weg in die deutsche Einheit mit Hilfe von Artikel 146 *und* Artikel 23 des Grundgesetzes gleitend vonstatten gehen konnte. So ist die große Koalition ein Teil der Selbstaufgabe der DDR-Deutschen geworden, die zu einem in Bonn hergestellten Staatsvertragsentwurf noch einige kleinere Veränderungen einbringen konnten und für alles, was nun geschieht, dankbar sein dürfen. Keine Experimente, heißt die Parole, als ob dieser Schnellanschluß nicht das größte Experiment sei. Die SPD-Basis in der DDR muß es nun Oskar Lafontaine überlassen, ihre Interessen zu vertreten und sich die Schelte der gesamten Presse der Bundesrepublik einzuholen. Die DDR-SPD trägt den Staatsvertrag mit als ein unausweichliches Übel, also trägt sie praktisch die Selbstübergabe der Konkursmasse der DDR samt ihren Bürgern an die BRD mit. Einerseits spricht diese Regierung regierungsamtlich von der Angstmache. Andererseits bereitet Minister Diestel die Polizei auf einen heißen Herbst vor, und der Wirtschaftsminister, der noch vor einigen Wochen von nur 200000 Arbeitslosen sprach, malt auch die Vision eines heißen Herbstes an die Wand. Er wird wahrscheinlich recht haben, aber wie wird es ausgehen?

Es ist wohl nicht zu bezweifeln, daß es in der DDR längerfristig wirtschaftlich bergauf geht, aber was wird bis dahin sozialpolitisch und sozialpsychologisch geschehen? Wird es ökologisch erst einmal noch schlimmer, weil wir weiter »auf Teufel komm raus« produzieren müssen, weil wir nicht zulassen können, daß die Betriebe alle bankrott machen? Wie werden wir selbstwertschwachen DDR-Deutschen der Arroganz der Überlegenen begegnen? Werden wir lauter dumme Bauern sein, denen die schlauen, rechtsberatenen, betuchten Herren dann das Land abkaufen? Schließlich sind wir Analphabeten, wenn es darum geht, von heute auf morgen das gesamte Recht der Bundesrepublik zu übernehmen. Wir haben keine Steuerberater, keine Juristen und keine Psychotherapeuten. Wir werden überbalbiert nach Strich und Faden, und man sagt uns: »Ihr solltet dankbar sein, das geht alles vorüber.« Schon werden die Bauplätze für Ladenketten besichtigt, schon bietet der Prinz von Sachsen-Anhalt Millionen für ein Waldgrundstück am See, schon kommt ein Baron und vermißt die wunderschöne Gegend für riesige Golfplätze. Wenn nach 40 Jahren die alten Eigentümer alle wiederkommen, werden wir Fremdlinge im eigenen Land, ja wir werden zu Kulis der alten Herren, nachdem wir die rote Clique losgeworden sind. So werden wir den Weltkrieg zum zweiten Mal allein verlieren.

Wenn ich mir in einer Schrittfolge die Entwicklung klarmache, komme ich zu folgenden Sätzen:

Der Sozialismus in der DDR war Ideologie im Sinne falschen Bewußtseins mit einer Praxis, die ideologisch interpretiert und entsprechend verändert wurde.

Auch unter dieser Ideologie gab es Ansätze für eine sozialistische Praxis, die aber ständig unter dem Diktat der Machtfrage einer Partei, die sich dem demokratischen Diskurs verweigerte, konterkariert wurde. Diese Partei hat den Sozialismus in Deutschland für die nächsten Jahre auf dem Gewissen. Sie war nicht in der Lage, das überschüssige Bewußtsein von links unten zu nützen. Sie kriminalisierte es und schuf untergründig rechtes Bewußtsein. Die Quittung müssen nun alle zahlen, weil das Volk es leid ist, erneut mit einer hehren Zukunftsvorstellung konfrontiert zu werden. So werden wieder die kritischen demokratischen Linken als die neuen (Ver-)Führer mit Erziehungsanspruch für die Massen denunziert.

Die kurze Phase der Selbstbestimmung war eine Insel der Seligen, solange die Revolution noch nicht entschieden war. Die Angst ließ differenziertes Reden zu. Als die Angst weg war, wurde es grob. Der Aufruf »Für unser Land« und der 10-Punkte-Plan markierten exakt die Scheidelinie. Die Phase der Selbstbestimmung legte auch viel frei von einem intellektuellen demokratischen Potential im Volk der DDR. Es drückte sich öffentlich mit hohem politischem Niveau aus, bis der Pöbel das Sagen bekam.

Was gegenwärtig passiert, ist pathologisch. Wenn wir aber erst das harte Geld haben und die Existenznöte vorüber sind, werden wir nachdenken können – es sei denn, das soziale Problem wird so groß, daß es zu vereinfachten und damit radikalen politischen Polarisierungen kommt. Die demokratische Linke hat eine Schlappe hinzunehmen, weil die Plausibilität für linke Gedanken durch Kommunisten verspielt wurde. Die demokratische Linke steht wieder vor der Aufgabe, ihre Haarspaltereien aufzugeben, sich dem großen Diskurs zu stellen und sich kompromißbereit zu einigen, um nicht die Mitgestaltung der Politik zu verlieren, bloß weil es wieder um die »reine Lehre« geht.

… und den Kindern werden die Zähne stumpf

Aufsatz vom 31. Mai 1990

Im verrotteten Renaissance-Hinterhof der einstmals prächtigen Malerwerkstatt Lucas Cranachs in Wittenberg finden wir im Leitzordner eines deutschen Kontoristen ein Deckblatt, verschimmelt und halb zerrissen, auf dem in kunstvoller Schrift ein denkwürdiger Satz steht: »Jedes Volk hat das Recht, sich sein Leben auf dieser Erde sicherzustellen.« Adolf Hitler, 30. 1. 1939.

Mit diesen harmlos klingenden Worten im Ohr treten wir auf den Markt, wo im Jahre 1933 die SA – im Auftrage des Reichskanzlers – dem in Wittenberg gekürten Reichsbischof die Ehre gegeben hatte, und in unser Blickfeld tritt die am 18. März 1990 so erfolgreiche Losung: »Wir sind ein Volk«. Gleich daneben auf einem Aufsteller: »Für ein starkes Deutschland«.

Geschichte und Gegenwart treffen aufeinander. Eine christliche Partei stellt das Nationale wieder in den Mittelpunkt. Deutschland wird zum Inhalt, ein starkes Deutschland zur Sehnsucht. Die kleine Republik, die als realsozialistisch firmierte, ist in jeder Weise gescheitert und hat mit sich eine große, eine internationale Idee hinabgerissen. Sie soll – das ist nun der Mehrheitswille – schnell, ganz schnell verschwinden, auch aus der Erinnerung, wie überhaupt Erinnerung an Vorangegangenes keinesfalls populär ist. Würde Erinnerung zugelassen, würden alle Sätze nicht mehr so harmlos klingen.

Nur: Kann ein Pole oder Tscheche, ein Franzose oder Niederländer den Wahl-Wunsch nach einem »starken Deutschland« auch ohne Erinnerung lesen? Was verbirgt sich hinter dem

»Recht«, sich »sein Leben sicherzustellen«? Auch das Recht zum Rechtsbruch, wie sich bald zeigte …

»Wir sind *ein* Volk.« Zunächst ist unbestreitbar, daß der Einigungswunsch der DDR-Deutschen gegenwärtig vorrangig wirtschaftlich bestimmt ist. Es ist in der Tat ein DM-Nationalismus, ein Schnellankoppelungswunsch eines Wirtschaftskörpers, der »an den Tropf« muß.

Die Enttäuschung der Vorkämpfer und zeitweiligen Wortführer der gewaltfreien Selbstbefreiung von einem Ideologiesystem ist groß, weil sie zunächst eine eigenständige »ansehnliche« Republik angestrebt hatten und eben nicht eine Kopie der Bundesrepublik. Sie suchten ein mehr basisdemokratisches, sozialökologisch, blöckeübergreifend, gesamteuropäisch und weltsolidarisch orientiertes Staatsgebilde zu entwickeln – als einen gleichberechtigten Partner einer deutschen Konföderation. Die Frage der deutschen Einheit trat zurück hinter der Frage nach europäischer Einigung.

Die Erfahrungen der letzten fünfundvierzig Jahre, die Hypotheken auch aus den dreizehn Jahren davor, sollten mit allen ihren Niederlagen, Desillusionierungen, Aufbrüchen und Abbrüchen integriert bleiben. Identität kommt auch aus gemeinsamer Leidenserfahrung und dem Eingeständnis gemeinsamen Versagens. Schließlich wurden die wunderbaren emanzipatorischen Erlebnisse und Ergebnisse vom Herbst 1989 zum Keim eines neuen Selbstbewußtseins, ja Bausteine einer lange vermißten deutschen demokratischen Identität in diesem Jaltagebilde zwischen Elbe und Oder, Rügen und Vogtland.

Gleichzeitig entdeckten sich auch die alten deutschen Kleinstaaten, Länder und Landstriche wieder – die »Bezirke« erwiesen sich nach siebenunddreißig Jahren von heute auf morgen als politische Kunstgebilde eines gescheiterten zentralistisch-stalinistischen Systems. Trotz aller Nachkriegsmigration und -assimilation wurden Landesgeschichte und Lokalkolorit zum endlich wieder ausdrückbaren Zugehörigkeitsgefühl, zum deutschen »Heimatbewußtsein« mit allem dazugehörigen Klein-Klein. Plötzlich entbrennt der Streit über Landes-, Haupt- und

Nebenstädte, historische Rechte und Grenzziehungen, als ob es nichts Wichtigeres gäbe in dieser ökologischen Giftküche, diesem moralisch und ökonomisch verrotteten Land. Statt dessen treten nun alte Rivalitäten schnell offen zutage. (Schon übermalen Berliner ihr I am Autokennzeichen zu einem T, wenn sie nach Thüringen oder Sachsen fahren. Eine rotschwarze Linie verläuft mitten durch die »DDR« und verheißt nichts Gutes.) Und welcher Zündstoff liegt längerfristig in (Rest-)Pommern, Brandenburg, Schlesien? Was wird, wenn jemand das entfacht?

Es ist jedenfalls nicht verwunderlich, daß die Polen die Existenz der DDR schätzen. Solange es eine DDR zwischen Polen und »Deutschland« gab, konnten die Polen beruhigt sein. Der Stimmungsumschwung in Polen – bei den Bürgern! – ist unverkennbar. Denn das in jeder Hinsicht »starke Deutschland« neben einem sehr schwachen Polen lehrt die Polen – zu Recht oder zu Unrecht – das Fürchten. Geschichte holt uns ein und erfordert von uns nicht nur eine besondere Sensibilität, sondern auch praktisch-politische Voraus-Sicht aus Rück-Sicht. (In Polen ist nicht vergessen, welche symbolischen Orte zur Auswahl standen, Streitpunkte bis zuletzt waren, bevor der bundesdeutsche Kanzler sich mit dem polnischen Ministerpräsidenten schließlich in Kreisau traf.)

Eine eigenständige DDR als ein Brückenland zwischen Ost und West konnte auch Garant dafür sein, daß es keine Revisionspolitik gibt, weil sie an der Endgültigkeit der Ostgrenze nichts deuteln läßt.

Dagegen ist nun zu fürchten, daß die Grenze zwischen Polen und dem vereinigten Deutschland zunächst nicht durchlässiger wird, sondern daß so etwas wie eine »ökonomische Mauer« an der Oder-Neiße-Linie entsteht.

Alle politischen Kräfte in der DDR, die dem deutschen Einigungsprozeß einen längeren Atem gewünscht hätten, verstehen es als ihre Verantwortung vor der europäischen Geschichte, die deutsche Einheit nur in dem Maße zu forcieren, wie die Schaffung stabiler europäischer Rahmenbedingungen damit Schritt halten kann. So heißt es in der Präambel des Verfassungsentwurfs, verfaßt von Christa Wolf, der Autorin des Gegenwarts-Erinnerungs-Buches »Kindheitsmuster«: »... eingedenk der Verantwortung aller Deutschen für ihre Geschichte und deren Folgen, gewillt, als friedliche, gleichberechtigte Partner in der Gemeinschaft der Völker zu leben, am Einigungsprozeß Europas beteiligt, in dessen Verlauf auch das deutsche Volk seine staatliche Einheit schaffen wird.«

Insgesamt liegt der Extrakt unseres eigenständig entwickelten Demokratieversuches im Verfassungsentwurf des Runden Tisches vor. Sofort nach seiner Vorlage wurde er zum Dokument einer Niederlage der Minderheit emanzipatorischer Kräfte, die auch nach der verlorenen Wahl das wahnwitzig wirkende Selbstbewußtsein aufbrachten, nun noch etwas Eigenes in die deutsche Demokratiegeschichte einzubringen, wo doch der Anschlußzug schon unter Volldampf stand.

Die Mehrheit einer eiligen Einheit wischte den Entwurf mit der Abstimmungshand vom Diskussionstisch. Er wurde nicht einmal für wert befunden, in einem Ausschuß besprochen zu werden. Die Selbstenteignung der friedlichen Revolution in der DDR, beginnend nach dem 9. November, zwanzig Tage später durch den Zehn-Punkte-Plan aufgegriffen, ratifiziert durch die Wahl am 18. März, fand damit ihren Kulminationspunkt. Der Staatsvertrag bestätigte diese Vor-Entscheidung nur noch. Eine breite west-östliche Volksentscheidsinitiative für eine neue gesamtdeutsche Verfassung könnte auch den Verfassungsentwurf wieder aus dem politischen Sarg holen.

In der DDR bleibt den meisten Menschen gar keine Zeit zu trauern, weil alle Kraft zur Anpassung an das Wirtschafts- und Rechtssystem der Bundesrepublik gebraucht wird. Wieder passen wir uns an. Unser Selbstwert wird sich messen an unserem Marktwert. Vierzig Jahre Minder-Wertigkeit soll die nun für alle (halb) verfügbare »harte Mark« aufheben, wenn es denn gelingt, uns unter die Arme zu greifen, ehe wir uns die Beine brechen.

Aus der politischen Revolution ist nicht nur vollends eine ökonomische geworden, sondern es ist zutage getreten, daß der Bevölkerungsmehrheit die ökonomische die wichtigere ist und daß das Land weiter heruntergewirtschaftet ist, als es alle Kritiker vorausgesagt hatten. Aber der ökonomische Umsturz wird durch seine überstürzte Form seine noch unkalkulierbaren Opfer kosten, ehe er seine Früchte für die Menschen tragen kann. Das Verhalten der empörten Massen ist noch unberechenbar. Die Straße hat ihre Kraft erprobt. Nun könnte sie irrational werden. Dem milden politischen Herbst von 1989 könnte ein heißer ökonomischer Herbst 1990 folgen, wenn nicht noch wirksame Übergangs- und Schutzmaßnahmen für die DDR-Betriebe gefunden und vereinbart werden.

Radikalisierungen sind jedenfalls nicht auszuschließen, nicht zuletzt durch die wiedererwachten Rechten und durch bitter enttäuschte Linke, die beide die Unzufriedenheit zu Lasten der Demokratie benutzen können.

Im Vereinigungsprozeß beginnt das deutsche Demokratieexperiment wieder neu. Die bislang so stabile bundesdeutsche Demokratie wird in dem Maße stabil bleiben, wie die Einigungskosten gemeinsam getragen und von allen Deutschen akzeptiert werden. Viel wird davon abhängen, ob die ehemaligen DDR-Deutschen sich weiterhin als minderwertig erfahren und vom Stärkeren weiterhin als Bittsteller behandelt werden. (Den fleißigen Westdeutschen ist ihr Wohlstand nicht in den Schoß gefallen – die weniger fleißig gewordenen Ostdeutschen haben vierzig Jahre lang die Zeche allein zahlen müssen, nur weil sie zufällig weiter östlich wohnten.) Oder sollte dies eine Lehre für die anderen europäischen Völker sein: Wenn die starken und reichen Deutschen schon mit den schwachen und armen Deutschen so umgehen – wie werden sie es mit anderen schwachen und armen Völkern tun, wenn sie erst einmal wieder gemeinsam »ganz stark« sind?

Was erst in hundert Jahren stattfinden sollte, ist in wenigen Monaten gekommen. Die offene deutsche Frage wird im historischen Eilschritt beantwortet. Noch haben wir die einmalige historische Chance, sie nicht so zu beantworten, daß andere europäische Länder sich bedrohliche Fragen stellen.

Chancen und Risiken, Innen- und Außenaspekte der deutschen Einigung überschneiden sich. Daß aus dem Schoß dieses großen mitteleuropäischen Landes nicht wieder Unheil kommt, das dürfen die Kinder des künftigen Europa erwarten.

Ich verstehe nicht nur die Angst der anderen Völker vor uns; ich teile sie. Was im Schoß der Deutschen schlummert, kann immer wieder zum Ausbruch kommen. Am 4. Oktober 1989 fuhr ich mit einem Dienstreisepaß in die Bundesrepublik, mit einem Kloß im Magen, weil Freunde mir dringend geraten hatten, jetzt nicht wegzureisen. Die Lage in unserem Land war so explosiv, daß sie fürchteten, ich könnte an der Grenze einfach zum Verschwinden gebracht werden. Außerdem war mein Platz an dem mit Angst-Spannung erwarteten 7. Oktober 1989 zu Hause! Ich aber wollte mich normal verhalten, und doch traf ich Vorkehrungen für das mögliche Verschwinden in Untersuchungsgefängnissen der Stasi. (Im Frühjahr 1989 war ich schon zweimal den »Organen« ausgeliefert gewesen.)

Die nächtliche Zugstrecke säumten an Straßen und Bahnübergängen Tausende Menschen mit Kerzen in der Hand. Ich fragte verwundert meine Mitreisenden, was dies bedeuten solle. Eisiges Schweigen. Bis mir einer knapp zuflüsterte: »Heute nacht kommen doch die nächsten Züge aus Prag – in die BRD.« Stündlich liefen neue Meldungen über die Agenturen, zu welcher Zeit die Züge in Hof zu erwarten seien. Aber sie kamen nicht durch die DDR durch, weil Menschenmassen davon abgehalten werden mußten, auf diesen Zug zu springen. Um ein Uhr nachts hielt unser Zug in Plauen. Auf dem Bahnhof standen einige tausend Menschen. Alle Ausgänge waren gesäumt von Bereitschaftspolizisten, Armee und Bahnpolizisten, ausgerüstet mit Gummiknüppeln, breitbeinig an den Enden der Bahnsteige aufgestellt. Im Hintergrund mit scharf gemachten Hunden. Ein Gefühlsgemisch aus Wut, Empörung, Scham, Entsetzen, Ohnmacht und Trauer überkam mich, als die vorwiegend jüngeren Männer auf dem Bahnhof schwarzrotgoldene Fahnen schwenkten, die rechte Hand zur Faust ballten, in den nächtlichen Himmel reckten und tausendfach schrien:

»Deutschland, Deutschland, Deutschland!« Eine Fußballspielparole wurde zur nationalen Orgie. Einzelne stimmten »Deutschland, Deutschland über alles« an, kamen aber mit dem Vers ebensowenig zu Ende wie die vielen Hundert, die dann die dritte Strophe »Einigkeit und Recht und Freiheit« ansangen. Dann wieder drohende Stille. Als sich einzelne Uniformierte zeigten, wurden sie mit einem feindlichen Pfeifkonzert bedacht. Diese übten sich in solcher Zurückhaltung, wie ich dies von Polizisten in der DDR noch nie habe erleben können. Offensichtlich hatten sie die Order, das Faß nicht zum Überlaufen zu bringen und jede Gegengewalt zu vermeiden. Der große Festtag der vierzigsten Wiederkehr der Staatsgründung stand bevor. Bis dahin sollte Ruhe sein. Danach würde »es sehr, sehr hart« werden, hatte mir noch vormittags einer aus dem Zirkel der Wissenden vertraulich-drohend versichert.

Die im Zuge saßen und dem aus den Fenstern zuschauten, waren ganz still. Sie hatten etwas zu verlieren – den Paß für eine ordnungsgemäß genehmigte Reise. Wie viele von ihnen dachten und fühlten aber genauso wie die dort draußen auf dem Bahnhof? Ich bekam erstmalig eine »nationale Gänsehaut«, und ich hatte ein schlechtes Gewissen, daß ich zu denen gehörte, die reisten, und gleichzeitig zu denen, die jetzt schwiegen. Ich fürchte, man hätte mich gelyncht, wenn ich unter die Brüllenden gegangen wäre als einer, der einen Paß »in die Freiheit« in der Tasche hat. Ich stand kopfschüttelnd am Fenster, schaute meine Mitreisenden an und suchte mit meinen Augen jemand, der mich verstand, und traf auf strikte Abweisung jeglicher mimischer Gedankenäußerung.

Als unser Zug sich dann in Bewegung setzte, sah ich noch einmal die Schatten der schwarzen Bahnhofspolizisten mit den Schatten ihrer scharf gemachten Hunde im Umkreis des Bahnhofs und in den hinteren Treppenaufgängen. Was würde in dieser Nacht noch geschehen, wenn die Züge aus Prag diesen Bahnhof passierten?

Welche aggressive nationale Kraft Massen bekommen, die ihre Macht auf der Straße erst einmal entdeckt haben, konnte man dann später besonders im Süden der DDR erleben, als die Parolen vom »Deutschland, einig Vaterland« (ausgerechnet aus der doch so ungeliebten Becher-Hymne) die Atmosphäre bestimmten.

Es ist ein Zufall und doch auch ein Symbol, daß zeitgleich am 29. November 1989 – zwanzig Tage nach der Maueröffnung, dem millionenfachen Erlebnisschock und dem nachfolgenden nationalen Rausch – der Aufruf »Für unser Land« und der besagte Zehn-Punkte-Plan des Bundeskanzlers in der Presse erschienen. Flankiert wurden diese beiden »Zukunftspläne« im »Neuen Deutschland« durch Berichte über Korruptionsaffären führender SED-Funktionäre, die Verschleuderung von Solidaritätsgeldern für das Monster-Pfingsttreffen der FDJ 1989 einerseits und die Einladung zum ersten Runden Tisch für den 7. Dezember andererseits. In der SED-Zeitung konnten die Bürger sehen, welch schäbige Clique dieses Land zu den Höhen der Geschichte hatte führen wollen. Die Tabuisierung der deutschen Frage rächte sich bitter. Die Polarisierung der DDR begann zwischen denen, die angesichts des Desasters des real existierenden Sozialismus keinesfalls ein erneutes sozialistisches Experiment wollten, und denen, die eine doch eigenständige Deutsche Demokratische Republik entwickeln wollten – als eine sozialistische Alternative, die diesen Namen wirklich verdient. Letztere wollten mit ihrem Aufruf einen Ausverkauf verhindern, der längst geschehen war. Ihr undialektisches Entweder-Oder erinnerte an die Zeiten der vierzigjährigen DDR-Geschichte und trieb einen Keil zwischen die, die sich in der Opposition gegen das SED-Regime so einig gewesen waren.

Die Demonstrationen veränderten sich in Stil und Inhalt. In den Vordergrund traten diejenigen, die eine schnelle Auflösung der DDR und eine schnelle »Wiedervereinigung« suchten. Im Zehn-Punkte-Plan sahen sie eine realistische Perspektive für ein Land, das ökonomisch, ökologisch und politisch nicht die Kraft haben würde, sich wirklich zu erneuern. »Warum etwas Neues suchen, wenn es schon etwas gibt, was funktioniert?« fragten viele. Die anderen wollten aus historischer Rücksicht und nach vierzig Jahren getrennter Entwicklung eine »sanfte Zweistaatlichkeit«.

Auf den Demonstrationen begann ein unversöhnliches Für und Wider, symbolisiert durch Fahnen mit oder ohne Emblem. Differenzierendes Reden hörte auf. Die Sprecher des einst so gefeierten Neuen Forum konnten ihre Sätze nicht mehr vollenden. Parolen begannen zu dominieren. Das Fernsehen verstärkte – ungewollt? – Stimmungen durch Herausheben einzelner Transparente. Quasi religiösen Charakter nahm die von einem politisierenden Pfarrer später aufgenommene nationale Parole an: »Gott segne unseren Bundeskanzler Helmut Kohl, den Garanten der deutschen Einheit.« Die in den Rathausforen und öffentlichen Sitzungen leidenschaftlich geführten Auseinandersetzungen über die politische Ausfüllung der friedlich gewonnenen Revolution als einem Beispiel gelungener politischer Emanzipation wurden jäh abgebrochen, als klar wurde, daß eine Mehrheit nicht mehr bereit war, ein eigenes demokratisches Experiment zu wagen. Die nationale Eigendynamik als schnelles Vereinigungsbegehren aus der DDR schränkte steuerndes politisches Handeln einerseits ein und wurde andererseits in der Allianz für Deutschland verstärkt und wahltaktisch geschickt eingesetzt. Aus dem Zusammenwachsen wurde mehr und mehr ein Zusammenwuchern.

Ich betrachte es als eine gravierende historische Fehlentscheidung, daß die Konservativen und Liberalen in der Bundesrepublik die nationalen Einheitssehnsüchte sich politisch zunutze machten, anstatt den Bürgern in der DDR deutlich zu zeigen, welche Schwierigkeiten sich auf diesem Wege auftun würden und welche Schritte im wohlverstandenen Eigeninteresse der Bürger in der DDR und in der Bundesrepublik (wie im Interesse der anderen Europäer) zu gehen sind. Dies schließt keineswegs eine gesamtdeutsche Perspektive aus, wohl aber die Aufgabe der Politiker, politische Stimmungen im Volk nicht kurzfristig zu Stimmen zu machen, sondern auch in mittel- und längerfristiger Verantwortung vor der Geschichte zu handeln. Was zusammengehört, soll wohl auch zusammenwachsen. Aber dieses

Wachsen wäre ein natürlicher Prozeß. Was aber jetzt geschieht, kommt eher einem eiligen Zusammennageln gleich. Wenn die konservativen Politiker in Ost und West sagen, sie hätten keine Alternative gehabt und das Tempo der Entwicklung sei im wesentlichen vom Volk der DDR bestimmt worden, so ist dies nicht ganz von der Hand zu weisen. Allerdings haben diese Politiker aber nichts dazu getan, dem nationalen Einheitsrausch der Massen einen Realitätssinn zurückzugeben.

Was gegenwärtig in der DDR geschieht, trägt Züge politischer Pathologie. Dieselben Leute, die die schnelle Einheit gewählt und gedroht haben, daß sie zur D-Mark kommen würden, wenn die D-Mark nicht schnell zu ihnen käme, haben jetzt besondere Existenzangst, weil sie in Massen arbeitslos werden. Nun werden sie sich bald gegen diejenigen richten, die sie selber gewählt haben. Politiker werden nicht von der Schuld freizusprechen sein, daß sie dem Volkswillen wider besseres Wissen einfach nachgekommen sind. Wenn bundesrepublikanische Wirtschaft sich bei der Vereinigung weniger in der DDR durch Investitionen engagiert, sondern die DDR lediglich als Absatzland nutzt, wird es zu neuen ökonomischen und dann zu erheblichen sozialpolitischen Problemen kommen. Die werden aber von allen Deutschen zu tragen sein. Sind die Bundesbürger dazu bereit?

Eine »Weimar-Stimmung« ist nicht auszuschließen, in der sich rechte und linke Kräfte bei den Schuldzuweisungen gegenüberstehen werden. Noch immer ist eine Verlangsamung des Einigungsprozesses im Interesse einer größeren Stabilität möglich, wenn sich die politisch bestimmenden Kräfte in Ost und West darauf einigen könnten, mit Hilfe des Artikels 146 die Vereinigung aufgrund des Artikels 23 so vorzunehmen, daß eine gründliche Volksdiskussion über die zukünftige Verfassung eines geeinten Deutschland möglich wird. Unbestritten bleibt dabei, daß das Grundgesetz der Bundesrepublik Deutschland der Leitfaden sein sollte, an dem sich diese Verfassungsdiskussion orientiert. Die wirtschaftliche Hilfe der Bundesrepublik müßte sich auf eine Hilfe zur Selbsthilfe der DDR konzentrieren, statt die fast in jeder Hinsicht marode Wirtschaft der DDR in einen plötzlichen Konkurrenzkampf mit einer der modernsten und effektivsten Volkswirtschaften zu werfen. Neben den ökonomischen sind hier weitreichende sozialpsychologische Folgen zu erwarten, die sich plötzlich gefährlich auswirken können.

Wer dies im Mai 1990 öffentlich vertritt, holt sich leicht den Vorwurf des intellektuellen Miesmachers und vertrauenzersetzenden Schwarzsehers ein. Mit vielen anderen zusammen fühle ich mich aber eher in der Situation dessen, der allzugern unrecht hätte und durch die Warnungen dazu beitragen möchte, daß nicht eintritt, was eintreten könnte – wenn nicht nötige flankierende ökonomische und politische Maßnahmen bei der behutsamen Angleichung der beiden Länder und ihrer vierzigjährigen getrennten Entwicklung erfolgen.

Wenn wir Deutschen nur noch mit uns selbst beschäftigt sind, bekommen die anderen Völker mit uns ein Problem, denn diese deutsche Selbstbeschäftigung trägt die Gefahr in sich, daß die Erinnerung an unsere Geschichte verdrängt wird. Verbrechensaufrechnung beginnt die Auseinandersetzung mit der eigenen Schuld zu überdecken. Jedes bekanntwerdende stalinistische Verbrechen führt bei immer mehr Deutschen dazu, die eigenen Verbrechen zu relativieren. Ich fürchte gar, daß es nicht ausgeschlossen ist, daß die nächste Generation den Überfall auf die Sowjetunion als eine Notwehr gegen den stalinistischen Bolschewismus versteht. Wir kommen im Verhältnis der Völker nur voran, wenn wir das frühe Diktum von Bertolt Brecht aus dem Gedicht »Deutschland« hören: »Mögen andere von ihrer Schande sprechen, ich spreche von der meinen.«

Und wenn Elie Wiesel als einer der überlebenden Juden sagt: »Wir können euch vergeben, wenn ihr nicht vergeßt«, dann finden wir miteinander eine gemeinsame Zukunft. So bleibt die Erinnerungsarbeit für uns Deutsche eine zentrale politische und nicht nur moralische Aufgabe. Daß dies uns Deutschen offenbar besonders schwerfällt, wird mir angesichts der Verdrängung der vierzig Jahre DDR besonders deutlich. Wieder soll eine »Schnellwäsche« alles erledigen.

Wir Deutschen werden lange mit dem Makel unserer tiefen inneren Zerrissenheit leben müssen: Ein Volk der Dichter und Denker – und ein Volk der Richter und Henker. Wer jetzt »Deutschland« sagt und aufhört, dabei Auschwitz mitzudenken, begibt sich in die Gefahr, die historische Verantwortungsperspektive zu verlieren. Wir Deutschen in Ost und West sind in einer Verantwortungsgemeinschaft besonders gegenüber der Sicherheit der Völker Osteuropas. Andererseits wäre niemandem gedient, wenn wir uns nur immerfort schämen würden. Die Bundesrepublik hat ihr Reifezeugnis in Sachen Demokratie schon abgelegt. Wenn man bedenkt, wie sie die Millionen Flüchtlinge aus dem Osten und der DDR integriert hat, wie relativ ausländerfreundlich sie geworden ist und wie sie mit den Erschütterungen von seiten der Neonazis und der RAF fertig geworden ist.

Andererseits, und damit komme ich auf meine Eingangsgedanken zu diesem zerrissenen und durch seine Stärke gefährdeten und gefährdenden Volk zurück, braucht dieses neue Deutschland dringend die europäische Integration. Ich kann nur hoffen, daß auch die vier Mächte ihre noch immer bestehenden Rechte nicht unbedacht aufgeben. Ich sehe es als wohlverstandenes europäisches und deutsches Interesse an, daß die internationalen »Bändigungsinstrumente« für die Deutschen nicht aufgegeben werden, die die freie Selbstbestimmung der Deutschen ebenso ermöglichen, wie sie die unbehelligte Entwicklung aller Nachbarn in den Grenzen von 1990 auf Dauer garantieren müssen.

Als Theologe füge ich an, was unsere Synode am 17. März 1990 beschlossen hat:

»Die beiden Teile Deutschlands wachsen zusammen. Mit ihnen soll auch Europa zusammenwachsen. In dieser Situation wollen wir Christen in Deutschland unser friedenspolitisches Engagement auf neue Weise bewähren. Wir müssen diese

Veränderungen in Europa als Chance zu radikaler Abrüstung und zur Entwicklung neuer Sicherheitskonzepte begreifen. Wir brauchen den Mut zu einseitigen Abrüstungsschritten, drastischen Truppenreduzierungen, radikaler Kürzung der Militärausgaben und zum Stopp sinnloser Neuentwicklungen von Angriffswaffen wie des ›Jäger 90‹.

Nicht die Einordnung der Teile Deutschlands in bestehende Blöcke, sondern die Überwindung der Militärblöcke ist heute die Aufgabe. Zu deren Lösung beizutragen, sind wir als Deutsche in besonderer Weise verpflichtet. Dazu müssen wir bereit sein, uns einbinden zu lassen in ein gesamteuropäisches Sicherheitssystem, das im Rahmen des KSZE-Prozesses möglichst bald entwickelt werden muß. Bestehende Grenzen dürfen nicht in Frage gestellt werden, aber sie sollen ihre trennende Bedeutung mehr und mehr verlieren. Je schneller und radikaler diese Aufgaben gelöst werden, um so früher haben wir Mittel frei für die dringenden Aufgaben im Bereich von Ökologie und weltweiter Gerechtigkeit.«

Wir Deutschen haben die Geschichte unserer Väter und Vorväter mit zu verantworten. Aber wir tragen jetzt Verantwortung nicht vor unseren Vätern, sondern vor unseren Kindern, und die Kinder, für die wir Verantwortung tragen, sind die Kinder dieser Erde, nicht allein die Kinder dieses Volkes.

Der Prophet Jeremia schreibt: »Zu derselben Zeit wird man nicht mehr sagen: ›Die Väter haben saure Trauben gegessen, und den Kindern sind die Zähne stumpf geworden.‹«

Ideologiebestimmt. Selbstbestimmt. Geldbestimmt

Ausschnitt aus einem Vortrag, gehalten an der Volksuni Berlin am 3. Juni 1990

Ich habe mich geirrt, und ich weiß nicht, ob ich mich darüber freuen soll. Vor einem Jahr habe ich hier in Berlin zusammen mit anderen über deutsche Grenzen nachgedacht und mich gegen eine Mauer-sofort-Abriß-Rhetorik gewandt. Ich hatte nicht gedacht – aber auch nicht gewünscht! –, daß die Mauer auf diese Weise wegkäme. Ich habe gesagt: »Die Bedingungen, die bei uns in der DDR zur Errichtung der Mauer geführt haben, sind noch nicht beseitigt. Sie müssen bei uns und von uns so geändert werden, daß die Bürger sich aus Freiheit bei uns beheimaten und Flucht- und Destabilisierungsangst überwunden wird. Als ein mündiger Bürger, der am Aufbau eines demokratischen Sozialismus mitwirken möchte, meine ich, daß ein anderer Umgang mit Macht und eine andere Legitimation von Macht unabdingbar und unaufschiebbar geworden sind.« Noch vor einem Jahr hatte ich bei diesen Sätzen einen trockenen Mund.

»Das Wohlstandsgefälle zwischen der Bundesrepublik und der DDR hat zu einem Selbstwertgefälle geführt. In der Optik vieler Menschen bei uns und in der Bundesrepublik tritt dabei allzu leicht zurück, was die DDR in diesen 40 Jahren unter erschwerten Bedingungen geleistet hat. Wer aber erlebt, wie weit wir technisch, ökonomisch, auch ökologisch zurück sind, wer erlebt, wie wir als DDR-Deutsche in Osteuropa zu spüren bekommen, welche Deutschen gefragt sind und wie unser Land in vielen Bereichen zum Hinter- und Abfalland der Bundesrepublik wird, wer erlebt, wie die Bundesdeutschen die Semperoper besetzen, wer erlebt, wie viele Menschen dies Land verlassen, dem geht es an das Selbstwertgefühl. Ich denke, es ist längerfristig gefährlich, wenn so viele Menschen ein verletztes Selbstwertgefühl haben. Die deutsche Frage muß kritisch bearbeitet werden, ehe sie eruptiv über uns kommt, wie es anderswo gegenwärtig schon geschieht. Der großdeutsche Traum, denke ich, ist ausgeträumt und sollte ausgeträumt bleiben.« So weit am 6. Juni 1989.

Rainer Kirsch hat 1971 ein Gedicht geschrieben, das uns Jahre hindurch wichtig war, weil es in Brechtscher Tradition im Indikativ einen Imperativ versteckt.

AUFSCHUB

Damit wir später reden können, schweigen wir.
Wir lehren unsere Kinder schweigen, damit
Sie später reden können.
Und unsere Kinder lehren ihre Kinder schweigen.
Wir schweigen und lernen alles,
Dann sterben wir.
Auch unsere Kinder sterben. Dann
Sterben deren Kinder, nachdem
Sie unsere Urenkel alles gelehrt haben,
Auch das Schweigen. Damit sie
Eines Tages reden können.
Jetzt, sagen wir, ist nicht die Zeit zu reden.
Das lehren wir unsere Kinder.
Sie ihre Kinder
Die ihre.
Einmal, denken wir, muß doch die Zeit kommen.

Jetzt ist sie gekommen, aber was kommt aus den Mündern derer, die so lange geschwiegen haben?

Ideologiebestimmt, also fremdbestimmt, waren wir, wenn nach Marx Ideologie falsches Bewußtsein ist. Daß ich jetzt noch einmal zurückblicke, geschieht nicht aus Lust an Leichenfledderei, sondern um klarzumachen, daß die sogenannten Kommunisten in der DDR praktisch das Geschäft des Antikommunismus betrieben haben. Gysi spricht von einer reaktionären Politik der SED. Schon 1978 mahnten Franz Fühmann und Günter Kunert in der DDR eine Art Wirklichkeitsallergie an. In der Scholastik – das hat man ja in der Theologie auch erleben können – wurde immer nur weiter vervollkommnet. Und die Macht wurde, mit Axens Worten, wie der Augapfel gehütet. Es wirkte wie eine Ironie, daß Herr Axen in den entscheidenden Tagen in Moskau zur Augenoperation war...

»Jenes System wird schließlich und letzten Endes den Sieg davontragen, das den wissenschaftlich-technischen Fortschritt für alle Mitglieder der Gesellschaft in sozialen Fortschritt umzuwandeln vermag«, schrieb noch am 30. 8. 1989 Prof. Tiedke im ND. »Dazu ist die sozialistische Gesellschaft schon heute in der Lage, und sie wird gerade auf diesem Feld ihre Überlegenheit immer nachhaltiger unter Beweis stellen.« Zum Lachen ist mir nicht zumute.

Aber nun wuchs in der SED auch eine Gruppe von Leuten – viele von ihnen sind heute in der PDS, und in der DDR ist es schon nicht ungefährlich zu sagen, daß man mit solchen Leuten Kontakt hat –, die waren nicht nur von einer Ideologie bestimmt, sondern hatten wirklich eine Überzeugung. Unter dieser Ideologie gab es auch Ansätze einer sozialistischen Praxis, und es wäre schade, wenn wir das alles verlören. Wir verlören auch uns selbst und diese unsere Geschichte.

Selbstbestimmt: Das Volk trat aus den Nischen hinter dem Fernseher hervor und ging auf die Straße. Wenn die Jugend das Land verläßt, dann ist es ein tiefes Symbol für ein Ausbluten. Wer soll denn später, wenn wir alt sind, für uns dasein? Wer behandelt uns, wenn wir krank werden? Die Verzweiflung über das Weggehen vieler führte dazu, daß die Menschen Mut gewannen. In dieser Zeit hat das Volk, das entmündigte, gezeigt, wie sprachfähig es war und wie die Angst abfiel, die Lust am Risiko zunahm, wie aus Schweigenden Redende, wie aus Zuschauenden Handelnde, wie aus Kriechenden Gehende wurden.

Drei Faktoren haben diesen Aufbruch in eine andere DDR zunichte gemacht, denke ich. Erstens die überhastete Grenzöffnung, die plötzliche Erfahrung des Kontrasts, die uns ablenkte von uns selbst und aus Freigelassenen Losgelassene machte.

Zweitens führte das Ausmaß der Zerrüttung zu einem tiefen Selbstzweifel, ob wir das allein schaffen würden.

Drittens war da die nationale Sehnsucht, nun auch richtige Deutsche zu sein, die so riechen wie sie und einen Hotelplatz in Prag kriegen. Das richtige Geld zu haben, das ist schon was. Die nationale Sehnsucht wurde zur nationalen Lockung als Wohlstandsangebot. Wir klären nun nicht mehr unsere Probleme, sondern streifen alles ab und werden richtige Deutsche durch die Selbstaufgabe dieser Geschichte, die nun eine Fußnote der Geschichte wurde, durch Schnelleinpassung in die Bundesrepublik. Das verheerende ökonomische, ökologische, geistige Erbe weckte Überforderungsgefühle, verdichtete sich zum »Nie wieder Sozialismus« und zum Anschlußbegehren an das, was es schon gab und was klappt. Warum das Fahrrad noch einmal erfinden?... Die BRD also als Realutopie. Alle in der DDR sind jetzt überfordert, viele machen deshalb bei dem Aufbau unserer Demokratie nicht mit, weil sie fürchten, verantwortlich gemacht zu werden, wenn sie die Karre, die im Dreck steckt, anfassen.

Die Mehrheit in der DDR verhält sich wie ein schreiender Säugling, der von der bösen Mutter Staat verlassen wurde und jetzt nach der neuen Säugemutter Staat ruft, die alles schnell gutmachen soll. Und sie hat es im Wahlkampf auch versprochen, wenn nur der Säugling die richtigen Worte lallt. Das sind, denke ich, infantile Sehnsüchte. Aber ich will das niemandem zum Vorwurf machen, so sind wir gemacht worden in diesem Land. Der Staat ist für alles verantwortlich. Wenn es gutgeht, danken wir, und wenn es nicht gutgeht, dann meckern wir.

Der Aufruf »Für unser Land« war der letzte, gescheiterte Versuch, eine andere DDR, eine sozialdemokratische Alternative, aufzubauen. Für mich war es eigentlich im Herbst der schlimmste Tag, als eine Arbeiterin aus Wolfen anrief und kaum sprechen konnte, weil sie so enttäuscht war, daß ich mit unterschrieben hatte. Denn der Kampfgruppenkommandeur, der ihnen noch vor dem 7. Oktober gesagt hatte, die Macht der Arbeiterklasse werde die Reaktionäre schon niedermachen, derselbe kam nun mit dem Aufruf und seiner Unterschrift und zeigte den Frauen der Brigade triumphierend: na, schaut mal, wer alles unterschrieben hat. Da war's vorbei, da dachten sie, die wollen wieder mit Krenz und einem geläuterten Kampfgruppenkommandeur ein Sozialismusexperiment anfangen.

Dies war, glaube ich, der letzte Tag für die DDR. Alles weitere lag in der Hand Helmut Kohls, dieses gutgenährten Kanzlers. Die Dresdener Begegnung am 19. 12. machte schon klar, wie ein starker Deutscher einem schwachen begegnet.

Geldbestimmt sind wir nun. Das Emblem wird gerupft und alles, was noch etwas wert ist, wird wie Wertloses verschleudert. Es ist bitter, aber es ist noch nicht aussichtslos. Die Rechte kann allerdings unbesorgt sein: Die Linke streitet sich munter weiter. Ich hatte Beklemmung, bevor ich hierher fuhr, fürchtete, es wird vielleicht nur ein öffentliches Wundenlecken, was ich hier mache. Doch wir kommen nur weiter, wenn wir uns zumuten, klar und schonungslos zu sehen, was ist. Die kurze Phase der Selbstbestimmung war wie »eine Insel der Seligen«, solange die Revolution noch nicht entschieden war. Wäre sie länger im Unentschiedenen geblieben, wären wir vielleicht zur Besinnung gekommen. Die Phase der Selbstbestimmung legte viel frei bei uns, auch viel an geistigem und demokratischem Potential im Volk der DDR.

Am Schluß ein Lied zur Niederlage von Peter Ensikat:

Auferstanden aus Ruinen und
    dem Wohlstand zugewandt,
Lasset uns jetzt mitverdienen,
deutsche Hand wäscht deutsche Hand.

Laßt uns brüderlich verteilen
Deutschland-Ost an
  Deutschland-West!
Laßt sie um die Beute keilen.
In den Mond – wie eh und je –
sieht der dumme Rest,
sieht der dumme Rest.

Einen klaren Blick behalten

Reflexionen zu Günter Grass'
»Deutscher Lastenausgleich. Wider das dumpfe Einheitsgebot«
vom 8. Juni 1990

Es gehört zur Ironie der Geschichte, daß Günter Grass seine Reden und Gespräche in der DDR erst zu einer Zeit veröffentlichen kann, da sie sich auflöst. Was hatte die hirnrissigen Parteioberen dazu gebracht, ausgerechnet diesen unbestechlichen Linken aus der publizistischen Szene der DDR auszugrenzen, wo er doch immer gezeigt hat, daß er als kritischer Linker ein an- und aufregender Gesprächspartner war, der versuchte, die unpopulären Wahrheiten so zu sagen, daß der Spaß an der Sprache auch und gerade in schwierigen und strittigen Zusammenhängen nicht verlorenging. Und nun rächt sich bitter, was früher versäumt wurde. Für solches linkes, in europäischer Perspektive liegendes Denken ist jetzt kaum noch Raum, weil die Politbürokratie der DDR den offenen linken demokratischen Diskurs weitestgehend verhinderte und das Volk nun in seiner Mehrheit nach rechts abdriftet, weil es von »links« genug hat. (Daß dies nicht linkes, sondern zentralistisch-dogmatisches Denken und Verhalten war, wird in Grass' *Thesen zum demokratischen Sozialismus* von 1974 offengelegt, vgl. S. 52ff.)

Ich kann nur resümieren: Das Geschäft des Antikommunismus haben Kommunisten selber immer noch am wirksamsten betrieben. Dies nenne ich tragisch, und dies hängt auch zusammen mit dem Umgang mit Grass in der DDR.

Ich bin nicht so naiv zu glauben, es wäre alles anders gekommen, wenn wir nur Grass rechtzeitig gedruckt hätten; aber der Umgang mit Grass – und mit der Sozialdemokratie – ist ein Symptom für den inneren und äußeren Verfall einer pervertierten Idee. Grass' Danziger Trilogie hätte uns in diesem Land sicher auch helfen können, die Geschichte der Deutschen so aufzuarbeiten, daß wir nicht »die Faschisten« für alles verantwortlich machen, sondern daß alle Deutschen, wenn sie »deutsch« sagen, auch immer »Auschwitz« mitdenken müssen. Und wir Deutschen müssen uns an Auschwitz erinnern, statt nur von den anderen, den Opfern, daran erinnert zu werden. Elie Wiesel hat dies in den treffenden Satz gebracht: »Wenn Ihr Deutschen nicht vergeßt, dann können wir vergeben.«

Günter Grass muß man nicht nur lesen, man muß ihn nicht nur über Medien sehen, man muß ihn persönlich erlebt haben, um zu sehen, welch liebenswürdiger und sensibler Mann sich hinter diesem scharfzüngigen Schnauzer verbirgt. Er hatte uns Achtundsechziger gestützt, die wir von einem Sozialismus mit menschlichem Angesicht (dies ist ohnehin eine merkwürdige Tautologie, denn was kein menschliches Angesicht hat, kann doch auch kein Sozialismus sein) nicht nur träumten, sondern seine ersten Konturen in Prag sahen, hat unserer Enttäuschung und unserem Widerstand Sprache gegeben. Er ließ sich, obwohl später parteipolitisch gebunden, nie im Denken parteipolitisch binden und bewahrte immer die »Tapferkeit vor dem Freund« (Ingeborg Bachmann). Er ließ sich keine Konzession von der DDR-Politbürokratie abringen, genausowenig wie er bereit war, rechten Strömungen in der SPD nachzugeben.

All seinen Gesprächen, Interviews, Reden sieht man heute noch an, wie der Versuch aussehen könnte, Politik, Intellektualität und Moral zusammenzubringen. Grass spricht nicht aus der überlegenen Pose des Besserwissenden, sondern er möchte den Diskurs herausfordern und ihn so führen, daß man bei aller Scharfsinnigkeit bei der Sache bleiben kann. Nun lese ich Günter Grass als einen, der die Polen und die Deutschen, die Danziger und die Kaschuben von innen her verstehen kann und daraus ein politisches Konzept macht. Er ist in der nationalen Frage nicht parteilich. So kann er auch nationalistische Tendenzen in Polen benennen, ohne daß er antipolnisch gescholten werden kann. Er kann dies aber nur, weil er einen klaren Blick für die

Gefahr der deutschnationalen Geschichtsklitterung behalten hat und immer wieder zur Sprache bringt.

Mir fällt es schwer, zu diesem Band etwas zu sagen, weil ich kaum etwas finde, wo ich Widerspruch anmelden müßte. Schon der Titel deutet etwas Solidarisches an. Grass weiß, daß es um einen *Lastenausgleich* geht für das Erbe, das wir nach 1945 eben nicht gemeinsam haben tragen müssen. Er versteht wohl auch die Hunderttausenden, ja Millionen DDR-Bürger, die nun etwas von dem lang verweigerten Kuchen eines insgesamt angenehmen und gesicherten Lebens, in einer anerkannten Stellung in der Weltgemeinschaft haben wollen – und dies möglichst bald.

Für mich trägt das, was in der DDR gegenwärtig massenpsychologisch geschieht, pathologische Züge. Politik, die endlich was bewegen kann, kommt plötzlich in destabilisierende Handlungszwänge, die auch von Stimmungen auf den Straßen gemacht wurden. Für differenzierendes Reden gab es weder Raum noch Zeit. Massen drohten, durch Völkerwanderung von Ost nach West den Osten zu entvölkern, und drohen nun, in Ost und West soziale Destabilisierungen zu produzieren. Wie wird sich das politisch auswirken, heute und morgen? Fragen werden als Angstmache denunziert. Brennspiegelartig kommt in Grass' Rede auf dem Westberliner Parteitag im Dezember 1989 (vgl. S. 7ff.) alles zur Sprache, was uns bewegt hat und noch bewegen wird. Vorzuheben sind aus der Sicht eines DDR-Bürgers dabei drei Dinge: Das erste ist, daß wir tunlichst darauf verzichten sollten, von »Wiedervereinigung« zu sprechen, weil Wiedervereinigung suggeriert, wir würden doch das Reich wieder zusammenbringen. Die DDR und die Bundesrepublik waren als solche nie vereinigt, insofern können sie auch nicht wiedervereinigt werden.

Das zweite ist die Fairneß eines Partners, der stärker ist, aber weiß, daß diese Stärke nicht sein Verdienst allein ist, sondern auch historischer Zufall. Diese Fairneß lädt zu gleichberechtigter Partnerschaft ein und nicht zu einem Hochmut, der etwa aus den Sätzen des Bundeskanzlers am 10. November 1989 in Berlin sprach: »Ich bin am Ziel meiner Politik.« Als ob die Revolution der DDR durch Helmut Kohl persönlich gemacht wurde. (Man wird wohl sagen können, daß dieser Bundeskanzler ein historisches Lehrstück dafür geliefert hat, wie man eine gelungene Revolution nachträglich mit allen Mitteln der Massenmedien und der Massensuggestion plus Verführung einfach einkauft, indem man die Erschöpften, die vierzigjährig Erschöpften, aus einem Gemisch von Drohung und Verlockung sich an seine große Brust zieht. Und nicht zu verschweigen ist auch, daß die Politiker der Allianz im Vorwahlfeld eiligst nach Bonn reisten und am Tisch des Bundeskanzlers sich diktieren ließen, wie sie sich zu verhalten hätten. Und er war es, der die »Allianz für Deutschland« schmiedete und durch die Splittergruppe DA der blockverschmierten CDU ein Feigenblättchen verlieh.) Grass schärft das Lernen »von unseren Landsleuten« ein (S. 8). Was wir aber gemäß dem Staatsvertrag wirklich erleben ist, daß wir wie Analphabeten sind und alles neu lernen müssen, indem wir eine Schnellkopie der Bundesrepublik werden. Grass ist es auch, der den Hochmut der westdeutschen Politiker entlarvt, auf ihre Skandale verweist. Er legt den Finger auf die »fleischgewordene« Selbstherrlichkeit, die so herrlich hilft beim eigenen Verdrängen.

Und das dritte ist, daß Grass auf eine »Bringeschuld« hinweist, weil wir DDR-Deutschen eben nicht schuld daran sind, daß wir die Hauptlast des von uns allen Deutschen verlorenen Eroberungskrieges zu tragen hatten. Und wir sind eben nicht eine Konkursmasse, sondern 16 Millionen Menschen. (Durch unsere gegenwärtige innere und äußere Schwäche sind wir gar nicht in der Lage, als selbstbewußte Partner aufzutreten. Sowie es etwa den DDR-Deutschen einfällt, »Forderungen« zu stellen, werden sie darauf hingewiesen, daß sie doch »dankbar« sein müßten, daß sie die härteste Währung der Welt geschenkt bekämen. So werden wir bald das Armenhaus der Nation. Welche Folgen dies sozialpsychologisch und politisch längerfristig haben wird, muß man abwarten.) Grass wird konkret und argumentiert nicht nur moralisch, sondern durchaus finanzökonomisch, wenn er die jetzt endlich mögliche Kürzung des Militäretats – nach Wegfall des Feindbildes und des Feindes – anmahnt. Es ist tragisch zu nennen, daß das Volk der DDR in seiner Mehrheit nicht mehr bereit und in der Lage schien, die eigenen Geschicke auch fernerhin in die Hand zu nehmen, wo die Bürger doch die Geschicke des Landes im Oktober/November 1989 endlich in die eigenen Hände genommen, dabei alles gewagt und gewaltfrei zu Ende zu führen vermocht hatten. Die sich ihrer selbst bewußt werdende zweite deutsche Republik wunderte sich über sich selbst – und die ganze Welt staunte, daß die geduckten DDR-Deutschen nach einer so langen Schweigezeit, nach 4 Millionen Übersiedler-Verlusten in diesen 40 Jahren und nach Demokratieabstinenz seit 1933 ein solches demokratisches Engagement zeigten, dabei schnell Formen der Selbstorganisation entwickelten und das Chaos zu verhindern vermochten. An keiner Stelle ging die Aggression so weit, daß es zum offenen Gewaltausbruch gekommen wäre. Angesichts der vielen angestauten Probleme und Tabus, auch des Hasses, gehört dies nach wie vor zu den großen Ereignissen und Erlebnissen dieser jüngsten deutschen Geschichte. Aber das ist nun schon Geschichte.

Auch Günter Grass würdigt dies, aber nicht als einer, der von oben herab aus Gönner- oder Vaterpose den »Heranwachsenden« lobt, sondern aus der Haltung wirklichen Respekts. Grass weiß, wie erschöpft wir nun sind und wie eingeschränkt die Entscheidungsmöglichkeit schon längst war – angesichts des fortgesetzten Ausverkaufs unserer materiellen und geistigen Güter durch die rigide Parteiführung. Er entdeckt in den deutsch-deutschen Entwicklungen geradezu eine große demokratische Chance, wenn Ostdeutsche und Westdeutsche nun gemeinsam eine große Verfassungsdiskussion beginnen, sich Zeit lassen für den breiten Diskurs und die neue Verfassung so formulieren können, daß sie den Herausforderungen am Beginn des neuen Jahrtausends entspricht. Auch wenn es verständlich sein mag, daß die Bürger der DDR nun endlich auch etwas abbekommen wollen vom großen Wohlstandskuchen (und dies nicht mehr in der Form eines lieben Pakets von Freunden oder

Tanten – wohl dem, der solche hatte! –, sondern als selber erarbeiteten Wohlstand), so ist es doch beängstigend, wie die Probleme, die uns weltweit und in unserem Lande überfallen werden, nun fast völlig vergessen scheinen. »Das Ozonloch wird durch die Annäherung der Deutschen nicht kleiner.« (S. 17)

Grass sieht viele deutsch-deutsche Parallelen, so wie sie Peter Bender in seinen *Anmerkungen zu einer gemeinsamen Geschichte zweier getrennter Staaten* (1989) ausführlich entfaltet hat. Wenn es auf einem Transparent in der DDR hieß: »Sägt die Bonzen ab, schützt die Bäume!«, dann weiß Grass, daß Bonzen eben nicht nur Parteibonzen sind.

Schon 1974 spricht Grass in seinen *Thesen über den demokratischen Sozialismus* (S. 52ff.) sozialdemokratische Wahrheiten aus, die ihre Schärfe heute unter anderem dadurch gewinnen, daß er das leninistisch-stalinistische System keiner Reform für fähig hält. Dies muß der wackere, aber inkonsequente Reformer Gorbatschow gegenwärtig erleben, wo der alte Apparat der Partei nahezu alles in den Sand laufen läßt, was Gorbatschow als demokratische Umgestaltung des Sozialismus versucht. Das Volk der Sowjetunion glaubt nicht mehr an Reformen und verweigert jedes Engagement, und der Apparat ist an einer Reform nicht interessiert. 70 Jahre Deformation werden nicht in wenigen Jahren überwunden werden können. So sehr ich den Thesen über die Kriterien eines demokratischen Sozialismus zustimme, ist es in der DDR gegenwärtig nicht angeraten, den Begriff »Sozialismus« zu gebrauchen. Er ist in der Geschichte der DDR so gründlich diskreditiert worden, daß man vielen Menschen mit diesem Wort nur noch Angst einjagt, statt sie zu motivieren, eine solidarischere, gerechtere, ökologisch verträglichere und partizipatorische Gesellschaft aufzubauen. Nach unseren Erfahrungen scheint es angemessen, nur diesen bescheidenen Komparativ zu benutzen. Ich halte es gegenwärtig für angemessen, unser gesellschaftliches Ziel als »soziale Demokratie mit ökologischer Verträglichkeit« zu bezeichnen. Allerdings bleibt der demokratische Sozialismus ein historisches Langzeitprogramm, das nie abgegolten ist, immer wieder verspielt wird und immer wieder als ein Menschheitsexperiment aufbricht. Freiheit und soziale Gerechtigkeit dürfen nicht immer wieder nur neu zusammengedacht werden, sie müssen auch immer wieder neu praktikable Strukturen suchen.

Grass läßt sich nicht durch die selbstzerfleischende Diskussion der SPD über das SED-SPD-Papier von 1987 davon abbringen, dieses Papier als einen Markstein anzusehen. Grass hatte wohl Freunde genug in der DDR, um zu wissen, wie gerade dieses Papier eine solche gesellschaftliche Dynamik aus sich heraus setzte, daß die SED-Führung schon wenige Wochen danach eine den Kern des Papiers annullierende Interpretation brachte. Von diesem Tage im Oktober 1987 an war klar, daß mit der Parteiführung unter Honecker überhaupt keine Fortentwicklung des Sozialismus möglich war. Immer wieder ist man versucht, historische Was-wäre-wenn-Spiele anzustellen, und doch will ich es hier noch einmal tun: Das gemeinsame Papier von Ende August 1987 und der darauf folgende Besuch des Staatsratsvorsitzenden in der BRD schienen einen Reformweg zu weisen. (Man könnte übrigens auch hier Fotos finden, wie der Bundeskanzler den Staatsratsvorsitzenden begrüßte und aufwertete, und daraus eine Komplizenschaft konstruieren, wie dies ein CDU-DSU-Plakat werbewirksam im DDR-Wahlkampf suggerierte: Lafontaine und Honecker stehen winkend zusammen, darunter steht: »Was zusammengehört, das wächst zusammen.«) Und schließlich gab es im September 1987 den ersten praktischen Dialogversuch zwischen offizieller Friedensbewegung in der DDR und den friedensbewegten Basisgruppen. Die Menschenrechts- und Ökogruppen schlossen sich dem an. Der Olof-Palme-Friedensmarsch vereinte Menschen aus allen Anrainerländern des angestrebten 300 km breiten atomwaffenfreien Korridors – auch solche DDR-Bürger durften reisen, die bisher nicht im Traum damit hatten rechnen können, je eine Ausreise genehmigt zu bekommen. Die Märsche bekamen eine friedlich-kraftvolle Dynamik. Es regten sich Hoffnungen auf eine demokratische Umgestaltung in der DDR. Wie wir allerdings 1989 in vollem Ausmaß erfuhren, waren diese fröhlichen

Märsche und ernsten blöckeübergreifenden Gespräche schon Teil des kriminellen Strategiekonzepts des Mielke-Ministeriums, um genauer herauszufinden, wie groß das Potential der Opposition wohl sei, wer dazugehöre, wer als Rädelsführer zu gelten habe. Gerade sie wurden in den darauffolgenden Jahren noch intensiver überwacht. Die Stasi startete ihren letzten großen Einschüchterungs- und Diffamierungsfeldzug. Sie verursachte wesentlich das Ende des Systems, das sie sichern sollte.

Es ist historisch bedeutungsträchtiger Zufall, wenn wir 1989 des 200. Jahrestages der Französischen Revolution, des 500. Geburtstages Thomas Müntzers und schließlich des 50. Jahrestages des Kriegsausbruchs gedachten. Bei allen Daten wurde Geschichte für Gegenwart politisch-praktisch bedeutungsvoll. Was in Frankreich als Jubelfeier inszeniert wurde, geschah in ganz Osteuropa. Hatte Thomas Müntzer in seiner *Hochverursachten Schutzrede* gesagt: »Die Herren machen das selber, daß ihnen der arme Mann feind wird. Die Ursache des Aufruhrs wollen sie nicht wegtun, wie kann es die Länge gut werden? So ich das sage, muß ich aufrührerisch sein, wohlan!«, so »müntzerte« es in der DDR in diesem Tagungsjahr wie noch nie. Tagungen waren geplant – ein Umsturz kam. Und schließlich bleibt der 50. Gedenktag an den Kriegsausbruch ein Anlaß, die gemeinsame deutsche Schuld an den Polen auszugleichen – was daran je auszugleichen noch möglich scheint –, und die Scham, die bleibt, nicht zu vergessen. Bei einer deutsch-deutschen Vereinigung besteht die akute Gefahr, daß eine »friedliche Rückgewinnung« geschieht mit dem international verbrieften »Recht auf Heimat« (S. 29). Es ist vor der Vereinigung von den Deutschen verbindlich zu erklären, daß sie auf eine neue, so oder so geartete Rückgewinnung der Gebiete verzichten, daß sie an einem europäischen Sicherheitssystem mitarbeiten, das nicht wieder Grenzen revidiert, Menschen vertreibt oder Territorien mit ökonomischer Übermacht erhandelt, das vielmehr Grenzen überwindet. Im Interesse einer wirklich »gemeinsamen Sicherheit« liegt auch eine ökosoziale und ökonomische Partnerschaft neben der militärpolitischen. Der aus Danzig, jetzt Gdańsk, vertriebene Grass hat sich die moralische Berechtigung erworben, die Polen zu fragen, ob sie gut daran tun, geschichtliche Entwicklungen zu mißachten und zum Beispiel deutsches Land zu urpolnischem zu erklären, wo doch alles viel komplizierter ist und die historischen Zeitläufe keine nachträglichen Rechtfertigungen schaffen können – je nach Herrschaftsverhältnissen. Auch hier ist Grass ein Ferment für eine nötige und mögliche Verständigung mit den Polen. Dies muß schließlich auch dazu führen, daß nicht aus bloßer Achtung vor den Opfern deutscher Großmannssucht die ganze historische Wahrheit verschwiegen wird.

Vor 25 Jahren hielt Grass eine Wahlkampfrede zur Frage des Patrioten Ernst Moritz Arndt *Was ist des Deutschen Vaterland*. Für viele, die der Schmerz der Vertreibung noch persönlich traf, mag es hart gewesen sein, wenn Grass hier formulierte: »Wir haben diese Provinzen (Schlesien, Hinterpommern und Ostpreußen) vertan, verspielt, eine Welt herausfordernd, verloren.« (S. 111) Wer ist dieses »wir«? Wir als eine Verantwortungsgemeinschaft aller Deutschen, die weitere Folgelasten jetzt auch miteinander tragen müssen. Die Bundesrepublik hat es insgesamt erstaunlich gut geschafft, die Millionen Flüchtlinge aus dem Osten so zu integrieren, daß sie in der Bundesrepublik wirklich beheimatet wurden. Der Revanchismus gewann bisher keine Kraft, die akut gefährlich wurde. Grass kam zu der skurril wirkenden Idee, statt aus »Kaliningrad« wieder »Königsberg« zu machen und etwa mit Deutschen zu besiedeln, doch in der Bundesrepublik zur Förderung des kulturellen und sprachlichen Erbes und zum Zusammenhalt der Vertriebenen neue Städte zu bauen, die dann Neukönigsberg, Neuallenstein, Neubreslau heißen könnten – so wie einst die nach Amerika Ausgewanderten solche »New-Städte« gründeten. All diese Fragen würden bei der Vereinigung der deutschen Staaten möglicherweise akut, falls sich nun auch die vertriebenen DDR-Deutschen aus dem deutschen Osten den Vertriebenenverbänden anschließen, antipolnische Gefühle offen aufleben, lang Unterdrücktes eruptiv herauskommt und die radikaleren Kräfte in den gemäßigten

Vertriebenenverbänden die Oberhand gewönnen. Jedenfalls sind wohl die anderen Völker aus historischer Erfahrung stets sensibler für das, was im »deutschen Schoß« stecken kann, als die Deutschen selbst. Es geht nicht um selbstdenunziatorische Unkenrufe, sondern um die rechtzeitige Abwehr von Gefahren durch die Herausbildung politischer Strukturen, die den osteuropäischen Völkern Sicherheiten schaffen, statt alte Ängste zu beleben.

Günter Grass ist ein deutscher Sozialdemokrat, der nicht vergessen hat, daß Sozialdemokraten nicht national sind und doch Patrioten sein können. Vielleicht sollte man uns Europäern angesichts des Erwachsens neuer Nationalismen mit den dazugehörigen gegenseitigen Aversionen zurufen: »Patrioten aller Länder! Vereinigt Euch!«

Der Erfolg des KSZE-Prozesses ist eine europäische Realutopie, für die die Deutschen durch »Lastenausgleich« einen erheblichen Beitrag leisten können. Es ist noch nicht zu spät, auch wenn die deutsch-deutsche Eile wieder genug Anlaß zu europäischer Skepsis gibt.

Wir sollten uns jetzt nicht aus den Augen verlieren

Gespräch mit Angelika Griebner und Thomas Otto am 26. Juni 1990

Über dieses Wochenende wird man in der deutschen Geschichte noch eine ganze Weile reden – der 1. Juli als Datum der Währungsunion. Die Tage dieser Republik sind gezählt. Welche Gedanken bewegen Sie heute?

Wir haben uns selber um die Chance gebracht, wirklich die Deutsche Demokratische Republik zu werden, die versucht, einen anderen Weg zu beschreiten, der drei Kriterien genügt, die für das neue Jahrtausend hätten wichtig sein können. Das erste Kriterium wäre, Demokratie mit sozialer Gerechtigkeit zu verbinden oder Demokratie sogar von der sozialen Gerechtigkeit her zu verstehen. Zum zweiten sollte diese Republik sich nicht auf sich selber beschränken, sondern sich weiten auf die eine Welt, für die wir Mitverantwortung haben als Teil der Nordhälfte. Das, was wir immer internationale Solidarität genannt haben, auch praktisch politisch zu bewahren und im Bewußtsein der Menschen zu verankern. Dies ist schmählich verraten worden, zum Beispiel dadurch, daß Solidaritätsgelder für das FDJ-Pfingsttreffen mißbraucht wurden. Außerdem hätte diese deutsche Republik ihre Brückenfunktion nach Osten entfalten können, nämlich zu den Polen und zur Sowjetunion hin. Auch dies ist durch Institutionen, die die SED geschaffen hat, zum Beispiel die DSF, mehr verhindert als ermöglicht worden. Und das dritte ist, daß wir mit dem theoretisch-kritischen Besteck, das uns Karl Marx hinterlassen hat, auch gerüstet gewesen wären gegen einen räuberischen Umgang mit der Natur, daß wir also gewissermaßen die Ausbeutung des Menschen durch den Menschen gleichzeitig mit der Ausbeutung der Natur durch den Menschen hätten beseitigen können. Marx hat schon sehr früh erkannt, daß wir den räuberischen Umgang mit der Natur nicht fortsetzen dürfen. Das war etwas prophetisch wie vieles andere bei Marx auch, aber man darf Gedanken nie zur Ideologie machen. Und das hat diese Partei im Leninschen Gefolge – nicht im Stalinschen nur – getan und damit einer Hoffnung der Welt, die der Sozialismus eigentlich ist, großen Schaden zugefügt.

Halten Sie dieses »Besteck« jetzt generell für unbrauchbar?

Nein, ich werde es weiterhin benutzen, aber nicht ideologisch. Nur ist es schade, daß der Mißbrauch so viele Menschen davon abhält, es wieder in die Hand zu nehmen. Zu ihrem eigenen Schaden. Aber manchmal wird man erst durch Schaden klug. Und wir sind durch Schaden erst einmal unklug geworden. Jetzt müssen wir wieder klug werden. Verstehen Sie die Dialektik?

Die Vereinigung möge sich in Würde vollziehen, mahnten viele. Gerade das aber ist zu vermissen, macht Ihnen das nichts aus?

Natürlich macht mir das etwas aus. Ich bin doch hier aufgewachsen und bin auch bewußt hiergeblieben. Und halte das für ein gravierendes Risiko, auf das wir zugehen. Ich habe den Eindruck, daß die potenten und reichen Westdeutschen uns wie chirurgische Patienten behandeln, sagen, wir schneiden euch mal die Beine ab, wollen mal sehen, wie ihr dann gehen könnt. Wir wissen, daß es ein Experiment ist und daß es historisch neu ist, aber wollen mal gucken, wie ihr gehen könnt. Wichtig daran ist, daß es nicht ihre eigenen Beine sind, es sind unsere.

Ich bin aus historischer Rücksicht (wenn man das Wort mal auseinanderschreibt, weiß man erst den Sinn) dafür, daß Deutschland nie wieder die stärkste Macht in Mitteleuropa wird, und insofern hatte ich mehr an eine europäische Konföderation gedacht, in der auch die Deutschen konföderative Strukturen entwickeln, die das Nationale nicht für so wichtig erachten, wie es gegenwärtig ist. Aber nun ist es so geworden. Ich kann mir das auch erklären. Weil die DDR-Deutschen in diesem Land keine wirkliche Identität entwickeln konnten, haben sie im Nationalen die Zukunftsidee gesehen, in der Mehrheit jedenfalls. Ich gehöre nicht zu der Mehrheit.

Um auf ein Bild von Ihnen zurückzukommen – Jesus' ausgestreckte durchbohrte Hände in einer Zeit der Fäuste: Bricht diese Zeit nun an?

Das weiß ich noch nicht, es hängt viel davon ab, wieviel Selbstbewußtsein und Selbstvertrauen wir haben. Wieviel Selbstachtung haben die Menschen denn bei uns? Ich hoffe immer, daß ich Leute finde, die mit mir zusammen in den Laden gehen und gucken, was ist bei uns produziert worden, oder die in die Buchhandlung gehen und nach unseren Schriftstellern fragen oder die bei den Wahlen nach Menschen gucken, die aus unserem Lande stammen. Das halte ich für eine Frage des Selbstvertrauens und der Selbstachtung der Menschen hier, und dafür möchte ich eigentlich eintreten. Ich sehe nur, daß sehr viele sich blenden lassen, und hoffentlich werden sie dann nicht blind. Ich denke schon, daß wir längerfristig in die gemeinsame deutsche Republik, die ich mir als einen Bund deutscher Länder vorstelle, mehr einzubringen haben, als wir jetzt sehen. Also zum Beispiel Sie und mich. Wir sind anders als die Bundesrepublikaner. Nur habe ich mir darüber nie Illusionen gemacht, daß die DDR-Bürger in ihrer Mehrheit allabendlich Republikflucht begangen haben und zufrieden gelebt haben in einer Alltagsexistenz, in der sie etwas anderes gesagt und gelebt haben als am Abend in ihrer Wohnung. Aber es gibt auch Menschen, die in dieser Situation nicht zufrieden waren. Mit denen zusammen möchte ich für eine soziale Demokratie im Bund deutscher Länder eintreten, für eine soziale Demokratie, die sich in globaler Solidarität versteht und nicht in nationaler Verengung. Und da sehe ich viele Freunde und Mitstreiter aus verschiedenen Lagern, auch aus der ehemaligen SED, der jetzigen PDS. Der Klärungsprozeß unter uns muß noch mit großen Schmerzen vollzogen werden. Aber wir sollten uns nicht aus den Augen verlieren, wir, die in diesem Land geblieben sind.

Sie haben einmal gesagt, an die Stelle der Unberechenbarkeit der Macht sei die Unberechenbarkeit der Massen getreten. Letzteres trifft immer noch zu, ersteres schon wieder. Oder wie wirken zum Beispiel die Volkskammersitzungen auf Sie?

Ja, ich sehe, daß in der Volkskammer die alten Gesetze offenbar wieder funktionieren, daß die Volkskammer sich nicht als eine Versammlung von Menschen versteht, die nach Austausch der Argumente die richtigen herausschält und dann abstimmt, sondern ich habe den Eindruck, sie kommen mit einer bestimmten Meinung herein und hören gar nicht mehr zu, was die anderen sagen. Und dann stimmen sie ab, wie sie sich das vorher vorgenommen haben. Damit ist die Volkskammer mißbraucht als ein bloßes Macht- und Abstimmungsinstrument und nicht mehr das Gremium, in dem die Wahrheitsfindung institutionalisiert wird.

Mich wundert das nicht, was die CDU anbelangt, sie ist ja 40 Jahre lang gewöhnt gewesen, einfach die Hand zu heben. Die Disziplinierung hat hier schon lange stattgefunden, und ich bin nur etwas irritiert, daß die SPD viele Dinge so nachvollzieht, weil ich in dieser Partei bin. Aber ich sehe, daß diese Partei doch in sich Pluralität entwickelt und demokratische Verhaltensweisen zuläßt. Ich hoffe, es bleibt so. Und hoffe auch, daß wir mit der Erfahrung des Herbstes '89 in die neue deutsche Republik eingehen und daß die Impulse, die von den Bürgerbewegungen ausgegangen sind, für die gemeinsame deutsche Republik weiter von Bedeutung sein werden. Mit anderen zusammen – nicht nur mit DDR-Deutschen, sondern auch Bundesdeutschen – möchte ich mich dafür stark machen, daß wir uns eine gemeinsame deutsche Verfassung erarbeiten und dabei das ganze Volk einbeziehen. Das erste ist für mich nicht die Frage, ob wir das erreichen werden, sondern ob das nötig ist. Denn viele lassen sich zu schnell dadurch lähmen, daß sie schon vorher wissen, daß sich etwas nicht erreichen läßt. Ich frage zuerst einmal, was ist nötig, und dann frage ich, was ist möglich. Wenn ich andersherum gefragt hätte, hätte ich gar nicht in diesem Land leben können.

Noch einmal zu den Impulsen vom Herbst, weil damals eine große Hoffnung geboren wurde. Sehen Sie diese Hoffnung jetzt mit der Art und Weise des Anschlusses nicht als begraben an?

Nein, allerdings ist die Revolution erfolgreich gekauft worden.

War es wirklich eine Revolution?

Ja, es ist eine Selbstbefreiung des Volkes gewesen, die natürlich nicht denkbar war ohne die Polen und die Ungarn und überhaupt nicht denkbar ohne den Politiker, der auf der Höhe der Zeit war und geblieben ist, Michail Gorbatschow. Es war eine wirkliche Revolution, sie ist schließlich aber gekauft worden, und zwar weil das Volk sich in seiner Mehrheit auch hat kaufen lassen, das ist gar keine Frage.

Aber hier im Land ist im Herbst soviel aufgebrochen, das läßt sich nicht so schnell vergessen machen. Was jetzt schon Historie ist, wird wieder Geschichte werden. Denn was vergangen ist, ist nicht vergangen, sondern birgt die Kraft der Veränderung in sich. Nur müssen wir jetzt sehen, daß wir in guter Verfassung die neue Verfassung erreichen, damit uns das Trauma von Weimar nicht übermannt. Die sozialen Spannungen dürfen nicht zu einer Rechts-Links-Polarisierung führen. Das müssen wir dringend vermeiden. Und zweitens dürfen wir nicht in die Verengungen und Verhärtungen einer bloßen Parteiendemokratie kommen, in denen Parteien meinen, alle vier oder fünf Jahre fragen sie das Volk mal, und ansonsten machen sie, was sie wollen. Und wenn die Volkskammer eine solche Bannmeile um sich herum zieht, als wäre dieses Volk im Herbst gewalttätig gewesen, frage ich mich, was denken sie eigentlich von diesem Volk, von diesen Studenten. Also ich wüßte nicht, ob ich es als Abgeordneter in der Volkskammer aushielte, wenn ich sehen müßte, daß eine Bannmeile zwischen mir und dem Volk aufgerichtet wird. Aber das müssen die Abgeordneten für sich entscheiden.

Ich denke, daß die schwierigste Frage der Zukunft sein wird, wie wir die Parteiendemokratie mit der Spontanität der Bürgerbewegungen verbinden, die viel unmittelbarer auf konkrete und regionale Probleme reagieren und parlamentarisch umsetzen können.

Wie real sind denn überhaupt noch die Möglichkeiten des Bürgers, außerhalb von Kommunen einzugreifen, um etwas zu bewirken, zu verändern?

Wir müssen uns jetzt dringend mit den radikalen Demokraten in der Bundesrepublik verbünden. Nichts ist schlimmer, als zu früh aufzugeben. Man darf nicht schon in die Knie gehen, wenn ein Gegner zum Faustschlag ausholt. Und ich denke zum Beispiel, daß die Diskussion über eine neue Verfassung nun unbedingt geführt werden muß. Etwa über die Frage, wie wir mit der Teilung der Arbeit umgehen. Es geht nicht, daß die einen Arbeit haben und die anderen keine. Wie wir den Schutz der Umwelt als ein Verfassungsgebot einbeziehen, wie wir uns nicht nur verantwortlich fühlen für die Deutschen, sondern für alle, die im Geltungsbereich der neuen Verfassung leben. Wir sollten nicht einen ethnisch begründeten Geltungsbereich anstreben, sondern einen sogenannten Verfassungspatriotismus. Dann wäre auch zu klären, wie wir uns in der Wehrfrage verhalten und wie weit wir Deutschen als Verfassungsgebot die Friedenspflicht konkret festschreiben. Ob wir den Begriff der Sicherheitspartnerschaft mit aufnehmen, deutsche Politik nur noch in europäischer Perspektive verstehen. Wie wir den Schutz der Alten und Schwachen besser festlegen können, wie die Gleichberechtigung der Frau gewährleistet wird ... Wir haben eine großartige Chance, weil sich nämlich bundesrepublikanische Verfassung und Grundgesetz als Provisorium begreifen und freie Selbstbestimmung fordern. Man muß jetzt definieren, was freie Selbstbestimmung heißt. Das kann nicht heißen, daß in der Schublade von Herrn Schäuble das Entsprechende schon liegt und dann vielleicht der Artikel 146 im Handstreich oder im Staatsstreich gestrichen wird. Das gilt es zu verhindern. Und es muß unsere gemeinsame Sache sein.

Wir sollten unser Vaterland lieben, aber nicht im Unterschied und im Abstand zu anderen, sagten Sie in einem Interview. Was ist denn Vaterland für Sie?

Ja, manche sagen lieber Mutterland. Es ist das Land meiner Muttersprache, es ist das Land von Brahms und Brecht und von Bach und von Brandt. Ich denke, es ist ein so reiches, vielfältiges Land, und ich liebe es. Die Grenzen interessieren mich nicht, wenn sie überwindbar sind. Ansonsten bin ich Norddeutscher.

Haben Sie noch einen Traum?

Oh, viele Träume. Zum Beispiel daß diejenigen, die sich im Herbst gefunden haben, sich nicht ganz verlieren in der deutschen Demokratie.

Ich gehöre nicht zu denen, die das aufgeben werden. Wenn ich keinen Traum hätte, hätte ich gar keine Kraft mehr.

Wen oder was achten, wen oder was verachten Sie?

Ach, wen ich verachte, das ist nicht mein Thema. Ich achte Leute, die sich ihr Leben lang dafür aufzehren, die Verständigung zwischen Menschen zu organisieren. Menschen wie Martin Luther King, die auch in schwierigen Situationen nicht aufgeben. Die um Versöhnung ringen, wo Menschen sich verhärtet haben. Das ist auch meine Aufgabe als Pfarrer und als Christ.

Alles zu tun aus der Verantwortung vor der nächsten Generation

Gespräch mit Lothar Petzold am 2. Juli 1990

Am heutigen ersten Wochentag mit der offiziell (inoffiziell schon Jahrzehnte) gültigen D-Mark-Währung in der DDR frage ich Sie: Sehen Sie in diesem Datum, auf das hin mit heißer Nadel der Staatsvertrag genäht wurde, bereits den Tag der deutschen Einheit? Wo fühlen Sie sich als Täter und wo als Opfer in diesem raschen Prozeß, der womöglich – um mit Heiner Müller zu reden – von kurzfristiger basisdemokratischer Alternative zu einer von der Deutschen Bank unterhaltenen Demokratie in der DDR führt?

Mit dem heutigen Tage wird zuallererst der DM-Nationalismus perfekt und in ein patriotisches Kleid gefaßt; ich fürchte, daß aus diesen Anfängen auch wieder Nationalismus hervorkriechen könnte, wenn angesichts der zu erwartenden hohen Arbeitslosigkeit die Ausländer stören. Ist erst der Anpassungsschock überwunden und das Wirtschaftswunder DDR beginnt, dann könnte die wirtschaftliche Großmacht Deutschland politisch übergewichtig werden. Gegenwärtig ist der Stapellauf in die Marktwirtschaft gewagt worden, obwohl das Schiff noch ein Gerippe und die Besatzung noch nicht auf die stürmische See vorbereitet ist. Die alte Zweiteilung beginnt wieder: in jene, die Zuversicht predigen, und andere, die als Angstmacher denunziert werden, weil sie sagen, was ist. Ich habe an diesem 2. Juli zwiespältige Gefühle: weil vielleicht jeder Dritte in diesem Land arbeitslos wird (die offizielle Sprache schönt schon wieder, sie spricht von »freisetzen«), ohne daß wir Auffanginstrumentarien und Umschulungskonzepte haben. Mir tut es um jeden einzelnen leid – vor allem um die, die über 50 sind oder allein leben und mehrere Kinder haben, auch um solche, die in der Bürokratie gearbeitet und nichts gelernt haben. Was wird Hunderttausenden Menschen sozial und psychologisch zugemutet! Einer der effektivsten und modernsten Industriestaaten wird von heute auf morgen mit einer zentralistischen Mißwirtschaft konfrontiert – dies kann nur zum Absturz von mindestens der Hälfte unserer Betriebe führen. Längerfristig wird dies aufzufangen sein, doch wie viele werden daran zerbrechen? Ich möchte das nicht mitverantworten.

Ich fühle mich hier gegenwärtig völlig als Opfer dieses aufstrebenden Markensymbols, dessen Moral allein das Geld ist – schon gestern wurde ich Opfer: Während Hunderte Bürger am Sonntagmorgen um 9 Uhr an den Werbeständen der Deutschen Bank unter gefälliger Musikuntermalung standen, ging ich zum Gottesdienst, um über Barmherzigkeit zu predigen. Als wir aus dem Gottesdienst kamen, lagen auf den Gepäckträgern unserer Fahrräder Werbematerialien der Deutschen Bank.

Nicht nur gegen den erstarrten Apparat unseres Staates und das Funktionärunwesen sind Sie schon lange vor der Wende als Kritiker und Oppositioneller angetreten, auch gegenüber dem, das Sie als nicht stimmig, als unrecht empfanden innerhalb Ihrer eigenen Arbeits- und Lebensbereiche. Ich erinnere Sie an die Kämpfe um eine Reform an der Martin-Luther-Universität Halle–Wittenberg, an denen Sie in den sechziger Jahren als Student beteiligt waren, oder an Synoden Ihrer Landeskirche und an die Bundessynoden, in denen Sie kritisch für ein jeweils Besseres fochten.

Was ist für Sie das Bessere, für das es sich lohnt zu fechten, für das Sie notfalls in Opposition gehen? Bitte beschreiben Sie die von Ihnen erkannten Werte in Visionen, die – wie Walter Jens sagt – blitzartig erhellen, was Menschlichkeit ist.

Ich schwanke hin und her zwischen Traum und Alptraum. Ein Traum, über den ich in den letzten Monaten intensiver nachdachte, ist der von Deutschland. Ich stelle mir ein vielfältiges, bundesstaatliches, friedliches, ökologisch verantwortlich handelndes Subjekt vor, das aus vielen eigenständigen Subjekten besteht und nicht zentralistisch-nationalistisch Machtansprüche verkörpert. Das Plakat eines Freundes im Wahlkampf forderte: 1, 2, 3 – viele Deutschlands. Ich erträume ein Deutschland, das ein Ferment ist für die Ost-West-Verständigung. Das übrige Europa darf erwarten, daß wir Deutschen nach zwei furchtbaren Kriegen ein friedenstiftendes Land im Herzen des Kontinents werden. Angesichts des beidseitigen Feindbildverlustes und des völligen Verschwindens der Plausibilität für das Militär (wie viele Wälder würden frei von Truppen und der Himmel frei von Tieffliegern) halte ich das für realistisch, wenn wir die Chance wirklich ergreifen. Das hieße für mich praktisch: nicht deutsche, sondern europäische Ungeduld bei der Einigung. Und das verlangt, Osteuropa nicht zum Armenhaus Europas verkommen zu lassen.

Die ökologische Dramatik läßt uns gar keine andere Wahl, als aus Überlebensvernunft Kooperation zu suchen – aber da fangen schon wieder meine Alpträume an, wenn ich sehe, wie wir gegenwärtig nach Wohlstand gieren.

Der Schriftsteller Kurt Bartsch schrieb vor Jahrzehnten hier in der DDR das Gedicht »Sozialistischer Biedermeier«, in dem es heißt: »Brüder, seht, die rote Fahne hängt bei uns zur Küche raus. Außen Sonne, innen Sahne – nun sieht Marx wie Moritz aus.« Bartsch zielte mit diesem Gedicht auf Verbesserung des Sozialismus – das bekam ihm schlecht. Bei welchen Gelegenheiten erlebten Sie auch solche Tragik: bessern zu wollen und dafür als Feind abgestempelt zu werden?

Fast immer! Dramatisch geschah das 1968, als ich in der Tschechoslowakei war und sah, wie begeistert das Volk einen Sozialismus mit menschlichem Gesicht aufbauen wollte und eine einmalige Identität zwischen Partei und Volk da war. Seit ich mich auch für die Ideen des Prager Frühlings eingesetzt hatte (aktiv seit Januar 1967: Ich lud den Philosophen Milan Machoveč nach Halle zu einem Vortrag über das Thema »Die Bergpredigt und der Marxismus« ein), galt ich als besonders gefährlicher Staatsfeind. Dies wirkte sich sogar auf meine Frau aus, die nach dem Studium zunächst keine Ausbildungsstelle bekam.

Erst am Ende ihrer Ausbildung erfuhr sie, daß dies mit meinen Aktivitäten 1968 zu tun hätte und aktenkundig gemacht worden war – in IHRER Akte! Bedingung ihrer Anstellung war, daß sie sich jeglicher kirchlichen Propaganda enthalten müsse – als ob meine Frau als Ärztin je so etwas vorgehabt hätte.

Noch im August 1989 hielt man meine Tochter für eine von mir vorgeschickte Staatsfeindin und wollte ihr den Prozeß machen. Schon 1959 hatte ich selber ähnliches erlebt – ich riet ihr nun, dieses jämmerliche Land zu verlassen. 30 Jahre vergeblicher Kampf um Menschenrechte? Dann kam der Oktober. Er hätte auch schlimm ausgehen können. In Wittenberg hatte man über mich verbreitet, ich wolle die Kommunisten mit Gewalt vertreiben und sei ein Agent der CIA. Alle Grundorganisationen des Kreises wurden über die Machenschaften des »Übeltäters im Pfaffenrock« informiert, um die geplanten Maßnahmen nach dem 7. Oktober gegen mich vorzubereiten. Wer von diesen Genossen hätte protestiert, wenn wir in die geplanten Lager in Thüringen geschafft worden wären? Der 1. Sekretär der SED-Kreisleitung hat sich bei einer unserer Demonstrationen im November auf dem Wittenberger Marktplatz öffentlich entschuldigt. Ich habe seine Entschuldigung angenommen. Aber die Vergiftung, die diese Partei 40 Jahre lang bewirkt hat, ist bis in das Grundwasser unserer Seele gedrungen. Auch mit dieser Altlast werden wir noch lange zu leben haben.

Sie erstreben soziale Gerechtigkeit in Freiheit. Deckte für Sie die Formel der Eisenacher Bundessynode »Kirche im Sozialismus« diese Werte ab – oder war für Sie dieses Wort nur Ortsbeschreibung?

Es war zunächst Ortsbeschreibung, sie bedeutete: Wir nehmen die Herausforderung in dieser Gesellschaft an, wollen unter den gegebenen Bedingungen Gottes Wort hören und die Menschen in ihrer politischen Situation aufsuchen. Die Formel bedeutete aber noch mehr: Kirche gibt es nie, so wie es Sozialismus auch nie gibt. Beides sind offene Größen, die nach der Verwirklichung ihrer eigenen Ansprüche streben. Insofern wollten wir eine verbesserliche Kirche in einem verbesserlichen Sozialismus sein (ein Wort von Propst Heino Falcke, 1972). Es ging mir als Pfarrer dabei immer um die Verbindung von sozialer Gerechtigkeit mit der Wahrung der Menschenrechte. Insofern stand ich immer in *kritischer* Solidarität zu Zielen und Wegen dieser Gesellschaft, die unter Führung einer machtanmaßenden Staatspartei den Sozialismus mehr und mehr verriet, die Menschen demütigte und entwürdigte und sie durch eine Mauer mit Todesstreifen zu beschützen vorgab. Aber ich war nie ein Gegner sozialer und demokratischer Ideen in ihrer unauflöslichen Verbindung. Christentum ist sozial und demokratisch, oder es ist keins.

Ist nach Ihrer Sicht die Evangelische Kirche in der DDR während der letzten 40 Jahre zu angepaßt gegenüber der Staatsführung gewesen, hat sie – wie Altbischof Krusche, Magdeburg, sagte – die Feindesliebe übertrieben? Oder waren nur durch die ständigen Verhandlungen einer »jesuanischen Kirche« – so Walter Jens – mit einem pervertierten, ins Gegenteil seiner ursprünglichen Intention verkehrten Sozialismus Erleichterungen für Menschen in der DDR zu erreichen?

Die Kirche befand sich immer auf einer Gratwanderung zwischen prinzipieller Gegnerschaft und interessenbezogener Anpassung. Ich bin Christ in einer Landeskirche, in der ich mich sehr wohl gefühlt habe, weil die Repräsentanten dieser Kirche, ihre Pröbste und Bischöfe zumal, geführt durch eine sehr wache und kritische Synode, die Herausforderungen aus meiner Sicht verstanden haben – und doch sind wir auch nicht ohne Schuld. Es gab daneben Anbiederungen, die mir auch Ekelgefühle gemacht haben. Ich erinnere mich insbesondere an die Haltung des Chefs des Diakonischen Werkes in der DDR Dr. Ernst Petzold auf der Bundessynode. Ähnlich geht es mir ans Körperliche, wenn ich den Wandel manches CDU-Christen beobachte, der sich jetzt nicht genugtun kann, die Partei zu treten, in deren Block er 40 Jahre lang seine Schmiere gemacht hat. Jetzt bin ich ein roter Pfarrer und bin's froh drum. Daran ist zu merken, daß es mir mit der Feindesliebe manchmal sehr schwer wird. Andererseits beeindruckt es mich, wie manche, die damals auf der anderen Seite standen, sich wirklich gewandelt haben. Im Predigttext des 1. Juli 1990 heißt es: Wenn sich der Gottlose bekehrt und Gerechtigkeit übt, so soll an seine Übertretungen, die er begangen hat, nicht mehr gedacht werden. Meinst du, daß ich Gefallen habe am Tode des Gottlosen? spricht der Herr.

Sie sind Pfarrer und Politiker. Doch anders als manche Ihrer Kollegen, die in die aktive Politik gingen, Staatsfrauen und Staatsmänner wurden, blieben Sie Dozent im Wittenberger Predigerseminar. Wenn Sie Ihre Leute der SPD-Fraktion agieren sehen, möchten Sie dann nicht doch Ihren Posten in Wittenberg verlassen und für Ihre politischen Ideale in der Volkskammer kämpfen – oder sind Sie so wie die »Wittenbergische Nachtigall« Martin Luther, die am besten aus dem Winkel singt?

Wittenberg ist nicht der Winkel, aber auch nicht der Nabel der Welt. Ich beneide meine Amtsbrüder in der Politik wahrlich nicht. Ich genieße das Privileg, über der Bibel zu sitzen und nicht über kiloweisen Gesetzesvorlagen. Pfarrer sollten nur vorübergehend, stellvertretend politische Aufgaben übernehmen. Außerdem fürchte ich, daß mancher in seiner neuen Aufgabe überfordert ist und es selber nicht mehr merkt. Manchmal juckt es mich schon, in Berlin einzugreifen, aber dann rufe ich mir zu: Friedrich, nimm dich nicht so wichtig! Die Entscheidung für diese Koalition halte ich nach wie vor für ganz falsch. Das Profil meiner Partei wird kaum noch erkennbar, auch wenn Walter Romberg und Gesine Hildebrandt sich tapfer für sozialdemokratische Ideen schlagen und auch unangenehme Wahrheiten aussprechen – so sind sie doch mitverantwortlich für die Sturzgeburt der deutschen Einheit nach Artikel 23. Obwohl wir immer gesagt haben, daß wir Artikel 146 erfüllen müssen.

Ist es möglicherweise Ihr leidenschaftliches Sendungsbewußtsein innerhalb Ihrer Kirche, das Sie hindert, Staatsmann zu werden? Anders gefragt: Hindert Sie die Überzeugung als Theologe, daß Kirche und Theologie so wenig politikfähig sind, bisher Politiker mit der Bergpre-

digt Jesu nicht zu regieren vermochten und derjenige schuldig wird an seiner Überzeugung, der zuviel Abstriche machen muß?

Wer handelt, macht sich die Hände schmutzig und bedarf der Vergebung, um wieder neu anfangen zu können. Die Bergpredigt wird von uns nie politisch ratifiziert werden können, und gleichzeitig sind ihre ethischen Prinzipien zur Überlebensbedingung der Menschheit geworden. Diese Erkenntnis verdanke ich einem Vortrag, den Carl Friedrich von Weizsäcker 1963 bei der Verleihung des Friedenspreises des Deutschen Buchhandels hielt. Das ist 27 Jahre her. Es bleibt unsere Aufgabe, Utopie und Realität miteinander zu vermitteln, damit die Realität nicht utopielos und die Utopie nicht realitätsfern wird. Zwischen diesen Polen vollzieht sich Politik, anders wird sie zum bloßen Praktizismus oder zum ideologisch verklärten Verbrechen.

So bleibt zu warnen vor zu sicherem Sendungsbewußtsein, wie dieses der bisherige Staatssozialismus in der DDR zeigte. Wie politikfähig empfinden Sie Ihre eigne Weltanschauung?

Für die hartgesottenen Realpolitiker bin ich ein Spinner. Manche nennen mich einen liebenswürdigen, manche einen demagogischen Spinner. Ich fühle mich in der Tradition vieler Spinner, in deren Schatten ich stehe. Daß meine und meiner Freunde Ideen nicht bloße Gedankengebäude bleiben müssen, hat uns die Erfahrung des Herbstes 1989 gezeigt. Diese Erfahrungen haben Langzeit- und Tiefenwirkung, auch wenn sie von gegenwärtiger nationaler Konsumlawine überschüttet erscheinen. Entweder gelingt es uns mittelfristig, eine überlebensverträgliche, friedensverträgliche, sozialverträgliche, partizipatorische (Welt-) Gesellschaft aufzubauen, oder wir werden in absehbarer Zeit zugrunde gehen. Ich könnte es auch anders sagen: Entweder unsere Utopie findet den Weg in die Wirklichkeit – lokal und global –, oder wir schaffen uns gewaltsam oder schleichend selbst ab. Das Ozonloch ist mehr als ein Symbol dafür.

Sie sind von vielen Christen, aber auch von vielen Marxisten in der DDR geachtet. Halten Sie marxistische Denker und deren Partei hier in unserem Lande für erneuerungsfähig – und die Evangelische Kirche künftig für auch so wach und alternativ, wie sie oft in den letzten 40 Jahren war?

Sehen Sie einen Lerngewinn aus der Zeit des Dialogs zwischen Christen und Marxisten, der zu erhalten wäre?

Der Dialog kann erst jetzt wirklich beginnen. Er wurde 40 Jahre lang verweigert unter dem Wahrheitsmonopol einer Partei, das nicht dem kritischen Denken des Karl Marx entsprach, sondern aus einer leninistischen Kaderpartei stammte. Ich halte es geradezu für tragisch, daß der nötige und gewiß fruchtbare Dialog zu einer Zeit möglich wird, in der er kaum noch praktische Auswirkung hat. Das Volk in seiner Mehrheit lehnt Marxisten auch dort ab, wo sie recht haben. Es gehört schon Mut dazu, sich öffentlich in einen Dialog mit Mitgliedern der PDS zu begeben. Das geistige Potential in dieser Partei ist nicht zu unterschätzen, genausowenig wie die Erblast dieser Partei, die sie noch lange in ihrer demokratischen Erneuerung tragen muß. Die Art, wie viele jetzt mit der PDS umgehen, halte ich für verständlich, aber aus meinem Demokratieverständnis für unwürdig.

Ich jedenfalls möchte nicht das wiederholen, was man uns in diesen 40 Jahren angetan hat – die prinzipielle Ausgrenzung Andersdenkender. Andererseits ist Vorsicht angesagt, solange sich diese Partei nicht von Lenin verabschiedet, z. B. von seinem Freund-Feind-Denken oder dem Stufenplan der Geschichte mit der historischen Mission einer selbsternannten Avantgarde. Ich achte dabei solche Menschen wie Michail Gorbatschow, Hans Modrow, Alexander Dubček.

Welche Gefahr empfinden Sie als die größte, die uns Deutsche aus West und Ost in neue große Schuld verstricken könnte? Haben Sie Ängste, wissend, daß Sie selbst in ähnliche Prozesse verstrickt sind und das Gute, was Sie tun wollen – wie der Apostel Paulus sagt – zwar denken, aber nicht genug tun?

Ich habe Angst vor neuen Überlegenheitsgefühlen dieser Großnation vor allem gegenüber den Menschen in Osteuropa.

Ich habe insbesondere Sorgen, daß in der DDR die Ausländerfeindlichkeit, die immer tabuisiert wurde, jetzt noch stärker aufbricht, als in den letzten Wochen sichtbar wurde. Nationalismen schaukeln sich immer gegenseitig auf. Ich wünsche jetzt nicht, daß die Deutschen Fußballweltmeiser werden, genausowenig wie ich es den Engländern »gönne«, am liebsten wäre es mir gewesen, wenn die Menschen aus dem gebeutelten afrikanischen Kontinent diese »weiße Trophäe« gewonnen hätten.

Verstrickt bin ich selbst, weil ich Deutscher bin und somit Nachkomme der den Holocaust verursachenden Nation. Auch deshalb, weil ich nicht die Art und Weise und die Sprache gefunden habe, mein Volk von innen her zu befrieden. Erst wenn wir eine deutsche Identität aufbauen, die sich nicht in der Überhebung gegenüber anderen zeigt, werden wir Frieden finden. Hölderlin sagte über uns: Wir sind gedankenvoll und tatenarm. Ich bescheide mich manchmal schon, wenn ich den richtigen Gedanken endlich gefunden habe. Das ist das Elend der Intellektuellen.

Nach anfänglicher Euphorie in der Wende kommt bei vielen Menschen Lustlosigkeit und Lethargie auf, enttäuscht über ein fast nur verbundesdeutschtes Ostgebiet, das oft schon als »ehemalige DDR« bezeichnet, bereits verworfen oder verschachert wird und soziale Opfer fordert.

Was setzen Sie dem entgegen, das Sie vor Lustlosigkeit und Lethargie bewahren kann?

Ich habe 30 Jahre lang mit einem System in Hader gelegen und mich nicht durch die irritieren lassen, die sagten, es hätte ja doch alles keinen Zweck. Wie sollte ich mich jetzt einer Lethargie überlassen, wo die Geschichte in Bewegung gekommen ist und Einflußmöglichkeiten wie nie zuvor gegeben sind? Die Politiker kommen mir manchmal vor wie Gejagte von den Stimmungen des Volkes, um ihre Stimmen zu gewinnen. Da ist die einredende Stimme mäßigender Vernunft dringlicher als je zuvor. Auch wenn sie gegenwärtig alles andere als massenwirksam ist. Die Verantwortung vor der nächsten Generation gebietet es, alles zu tun, daß die Weichen jetzt nicht vorschnell gestellt werden.

Ich versuche, diejenigen wieder mitzureißen und zu sammeln, die nur noch traurig und vereinzelt abgefahrenen Zügen nachmeditieren. Die sachliche Hoffnung meines Glaubens gewährt mir die Geduld, die zur bändigenden Kraft meiner Ungeduld wird.

Herr Schorlemmer, ich danke Ihnen für dieses Gespräch.

Europa bleibt vorerst zweigeteilt

Aufsatz vom 15. Juli 1990

I

In seiner ersten großen Rede, der Rede vor dem französischen Parlament im Oktober 1985, nahm Michail Gorbatschow die Idee vom europäischen Haus auf. Die damaligen Reaktionen in Westeuropa waren immer noch bestimmt von einem abgrundtiefen Mißtrauen gegenüber sowjetischer Politik. Diese Rede wurde als reine Rhetorik abgetan. Wie üblich wurde auch diese Rede im vollen Wortlaut im »Neuen Deutschland« abgedruckt, ohne daß die Funktionäre sie lasen. Sie erwarteten ja überhaupt keine neuen Gedanken mehr und meinten im voraus zu wissen, was der Generalsekretär sagen würde. »Aus dem Osten nichts Neues!« war die Devise, sowohl im Osten als auch im Westen. Diese Rede aber war umwerfend, und wer sie nach fünf Jahren wieder liest, wird sehen, daß Gorbatschow seiner Konzeption treu geblieben ist. Er wußte die großen Fragen der Menschheit zu verbinden mit den Fragen des europäischen Hauses. Aus einer neuen Bedrohungsanalyse heraus versuchte er auch eine neue Politik zu machen. Diese neuen Bedrohungsanalyse ging davon aus, daß die wirkliche Bedrohung nicht der ideologisch-militärische Konflikt zwischen Ost und West sei, sondern eine Zauberlehrlingssituation, in der die hochgerüsteten Länder die Waffen, die sie geschaffen haben, nicht mehr loszuwerden vermögen. Die elementare Bedrohung werde erkennbar am traurigen Zustand unserer Seen, Wälder, Flüsse, ja unserer Atemluft. Schließlich werde der Weltbestand bedroht durch den sich zuspitzenden Konflikt zwischen der Nord- und der Südhälfte der Welt.

Es gehörte zu dieser Zeit nicht viel Prophetie und Intelligenz dazu, dies zu sehen, wohl aber Mut, es als Politiker auszusprechen und daraus eine neue Politik zu machen. Rückblickend muß man sagen, daß der Westen seine skeptische Haltung behielt und die ausgestreckte Hand nicht ergriff.

Die Idee des europäischen Hauses wurde indes von vielen aufgenommen und interpretiert, von manchen verworfen, weil sie die Dritte Welt von vornherein ausschloß. Inzwischen ist die Entwicklung so rasant vorangeschritten, daß man vom gemeinsamen europäischen Haus schon deshalb nicht mehr sprechen kann, weil der Ostflügel in sich zusammengebrochen ist und der Westen immer noch überlegt, wieweit er sich am Wiederaufbau des Ostflügels beteiligen soll und welche Chancen für diesen Wiederaufbau bestehen. Die Möglichkeit, ein planwirtschaftliches System unter Leitung einer Allmachtspartei zu reformieren, muß man inzwischen ausschließen. Nur dort, wo diese Partei völlig auf ihren Anspruch verzichtet hat, die Gesellschaft zu führen, ist es zu wirklich demokratischen Reformen gekommen. Aber dort wurde auch bis ins einzelne die Katastrophe erkennbar, die ein zentralistisch-planwirtschaftliches System – jedenfalls was die ökonomische Effizienz anbelangt – hinterlassen hat. Die ökologische Verschleißwirtschaft kam ebenso hinzu wie der Verlust der Innovationsfähigkeit.

II

Noch im Sommer 1989 habe ich versucht, das Bild vom europäischen Haus aufzunehmen. Ich will daran trotz der großen Veränderungen noch einmal anknüpfen:

»Das Bild vom europäischen Haus inspiriert zu immer neuen Bildern zwischen Realität und Utopie. Ein Haus, das nicht durch ideelle oder materielle Barrieren innendrin und nach außen gekennzeichnet ist, sondern durch offene Türen nach innen und außen lockt ...

Ein Haus mit Mietern, die wissen, daß sie aufeinander angewiesen sind, aber auch unabhängig, gleichberechtigt, gleichverpflichtet. Mit Mietern, die offen streiten lernen und nicht mit kleinkariertem Tratsch einander verletzen noch durch öffentliche Rhetorik die Überlegenheit über den Nachbarn behaupten. Ein Haus, in dem die Mieter nicht einander ihre Erfolge neiden, sondern daran teilhaben lassen. Die Hausordnung regelt die nötige Distanz wie die verträgliche Nähe zueinander, und sie garantiert individuelle Gestaltungsmöglichkeiten ebenso, wie es für alle geltende, gemeinsam verabredete Normen gibt.

Zur kulturellen Einrichtung gehört auch die Streit-Kultur. Eine Konfliktkommission wird nötig sein zur Regelung von unvermeidlichen Streitigkeiten – von der Raumverteilung über Mietpreis bis zur Lärmbelästigung. Auch über die nötigen Rekonstruktionsmaßnahmen am Ost- und am Westgiebel mag es Streit geben. Die Konfliktkommission wird dafür sorgen müssen, daß die Institution der Groß-Kriege nicht wieder eingeführt wird, und auch der zermürbende Klein-Krieg wird aufhören müssen, weil er die Quelle der Eskalation ist. Es ist kein Privathaus, auch kein Mietshaus in der Hand einer finanzkräftigen Gruppe noch eine Zwangskommune. Es ist das gemeinsame Haus, das Individualität fördert und Gemeinschaft ermöglicht.

Die Hausleitung kann sich nicht selbst ernennen, sich von der Geschichte dazu berufen fühlen; sie muß von der Mehrheit durch Wahl legitimiert und auch abwählbar sein. Der Minderheitenschutz wird ebenso gewährleistet sein wie Opposition nicht bloß zugelassen, sondern als kritisches Korrektiv geradezu erwünscht ist. Wer nicht an der Sonnenseite wohnt, wer nicht viel einzubringen hatte, wem ein Unglück zustößt, der darf Solidarität und geregelte Unterstützung erwarten. Es wird keine Gleichmacherei geben, aber jeder wird über dem materiellen und geistigen Minimum leben können. Schließlich geht es darum, daß das Haus eine anständige Entwässerung erhält, weder Energie verschleudert noch Schmutz in die Luft geschleudert wird.

Es ist eine Arbeitsteilung zu vereinbaren, aber niemand darf zum Kuli gemacht werden.

Dieses Haus wird sich nicht am eigenen Wohlergehen erfreuen können, wenn zwei Drittel der Welt-Häuser samt ihren Einwohnern verkommen. Das europäische Haus ist weder eine Imponiervilla *für* noch eine Schutzburg *gegen* die übrige Welt, sondern ein Haus im Weltendorf mit besonderer Verpflichtung, weil es einmal das koloniale Herrenhaus war und seinen Reichtum auch zu Lasten der Armenhäuser vermehrt hat und weiter vermehrt ...«

III

Der 1. August 1975 markiert den Abschluß der Nachkriegsära und den Beginn einer Neuordnung, die 1989 ihren dramatischen Kulminationspunkt erreicht und die geordnete Entwicklung zu einer Sicherheitspartnerschaft in Europa vorerst durchbrochen hat. Die Konferenz-Diplomatie wurde von der Ungeduld des Volkes überholt, aber die Ungeduld kann nun nicht die rationale und vor den nächsten Generationen zu verantwortende Politik ersetzen. In einzelnen Ländern, zumal vor Wahlen (wie jetzt in Deutschland), betätigen sich Politiker im wesentlichen als Wünschelrutenläufer und nicht als Menschen mit Augenmaß für die Entwicklung in mittelfristiger Perspektive. Einerseits wurde die Ungeduld des Volkes wirklich berücksichtigt, und andererseits wurde sie geradezu verstärkt. Die deutsche Eile bei der Vereinigung droht das Konzept einer wohlüberlegten europäischen Ordnung, die über die Jahrtausendwende hin Bestand hat, zu verhindern, weil das gesamte Interesse der Europäer sich jetzt auf die Deutschen richtet, wie man sie am besten mittelfristig einbinden und langfristig bändigen kann.

Es ist durchaus offen, was sich die Deutschen ausdenken, wenn sie erst einmal eine europäische Übermacht im Herzen Europas geworden sind. Welche Dynamik in diesem Volke steckt, mußten die europäischen Nachbarn in den letzten

150 Jahren schon öfter erleben. Es war schließlich ein Wunder, wie sich das geduckte Volk in der DDR im Herbst 1989 von einer übermächtigen Staatsmaschinerie löste, die Angst überwand, das »sozialistische System« hinter sich ließ und flugs »nach Deutschland« lief ... Als Lösungs- und Zukunftswort fiel der Masse der Menschen nichts anderes als »Deutschland« ein, wobei einzelne Parteien sich nicht scheuten, auf ihre Plakate genau dies als Programm zu setzen: »Für ein starkes Deutschland«.

Man mag einwenden, daß in ganz Europa die Nationalismen wieder hochkommen; aber der deutsche Nationalismus hat eben eine andere Vorgeschichte, an die sich die anderen Völker in besonderer Weise erinnern. Schließlich sind diese zwölf unseligen Jahre von den Deutschen wohl noch nicht hinreichend aufgearbeitet worden, obgleich die Verletzungen (vierzigjährige Teilung, Besatzungszeit und der Verlust eines Drittels des Territoriums des »Reiches«) von einer Mehrheit angenommen scheinen. Es bleibt offen, ob sich die expansionistischen Sehnsüchte reaktivieren lassen. Jedenfalls müßte alle künftige deutsche Innenpolitik gleichzeitig Außenpolitik sein. Das europäische Konzept müßte die deutsche Einigung so organisieren, daß jede expansive Möglichkeit ausgeschlossen bleibt. Ist Deutschland (wirtschaftlich und damit politisch) schon wieder so stark, daß die europäischen Nachbarn ihre Ängste nicht mehr auszusprechen wagen, um die Deutschen nicht zu reizen? Jedenfalls verlangen die Polen vor der deutschen Souveränität einen bindenden Grenz-Staatsvertrag, und der britische Industrieminister sagt, was er wirklich denkt, ganz undiplomatisch, und bekommt Schelte von allen anderen. Wie viele denken ähnlich?

IV

Der deutsch-deutsche Einigungsprozeß bewirkt insbesondere, daß Deutschland seine ganze Kraft auf Ostdeutschland konzentriert, um es wirtschaftlich wieder hochzubringen. Dabei tritt in den Hintergrund, welche immensen ökonomischen Aufbauleistungen in ganz Osteuropa nötig wären. Diese überfordern natürlich die deutsche Wirtschaftskraft und verlangen Hilfe aller entwickelten Industrienationen. Die Erfahrungen mit Investitionen in Polen haben aber die Westeuropäer und Amerikaner davon abgehalten, nun noch einmal Mittel in eine marode Wirtschaft zu stecken, die dort hoffnungslos versacken – ähnlich wie in Ländern der Dritten Welt. Es wäre also ein völlig neues Konzept der Wirtschaftshilfe zur Selbsthilfe nötig. Dazu gehört eine solide wirtschaftliche, nicht aber politische Kontrolle der Kredite, damit die Kreditwürdigkeit nicht weiter untergraben wird. Insbesondere Rumänien und die Sowjetunion scheinen ökonomisch einen Stand erreicht zu haben, der jeden Hoffnungsstreifen verlöschen läßt. Die gesamte ökonomische Infrastruktur bricht zusammen. Der sowjetische Wirtschaftsberater Albalkin hat das Problem wohl auf den Punkt gebracht, wenn er meint, die eigentliche Katastrophe der Sowjetunion sei, daß die Menschen in diesen 70 Jahren verlernt haben zu arbeiten. Es ist nicht verwunderlich, daß die einzelnen Sowjetrepubliken sich auf sich selber und ihren überschaubareren Bereich konzentrieren und alles auf ihre eigene Kraft setzen wollen, weil das Riesengebilde Sowjetunion – ein Sechstel der Erdfläche! – offensichtlich nicht regierbar und schon gar nicht ökonomisch effizient zu machen ist.

V

Der Schewardnase-Vorschlag, einen Europäischen Rat zu bilden, der die KSZE nicht ablöst, sondern weiterführt, scheint längerfristig eine praktikable Idee zu sein. Wenn man verhindern will, daß eine neue Westkolonisierung des Ostens stattfindet – einfach aus wirtschaftlicher Insuffizienz des östlichen Systems –, ist ein partnerschaftlicher Ausgleich zu suchen.

Es ist menschlich verständlich, aber politisch bedenklich, wenn Bewohner des ehemaligen Schlesien jetzt geradezu wünschen, daß »die Schlesier« wiederkommen. Es sind nicht zuletzt Polen, die sich als Schlesier empfinden und effektive wirtschaftliche Hilfe davon erwarten, daß sie wieder zu Deutschland gehören. Ebenso hört man Stimmen aus der Sowjetunion (und dies durchaus von sehr bedachtsamen Menschen!), daß auch Kaliningrad zurückgegeben werden sollte, um vor aller Welt klarzumachen, daß die Sowjetunion keinen Expansionskrieg führen wollte, sondern einen Befreiungskrieg geführt hat. Der Große Vaterländische Krieg habe nie das Ziel gehabt, Ländereien zu erobern. Wenn aber die Grenzrevision in Osteuropa erst einmal einsetzt, sind riesige Migrationsströme mit unabsehbaren politischen Folgen zu erwarten. Insofern bestünde die Aufgabe des Europäischen Rates im wesentlichen darin, eine gleichgewichtige ökonomische Entwicklung in ganz Europa anzustreben, d.h. zunächst die großen Ungleichgewichte zwischen West- und Osteuropa zu überwinden. Wenn es nicht gelingen sollte, hierfür Konzepte zu entwickeln, die kurz- und mittelfristig schon spürbar sind, so daß die Menschen in Osteuropa für sich eine Entwicklungschance sehen, wird es zu einer Völkerwanderung von Ost nach West kommen. Der Westen würde sich gezwungen sehen, sein gesamtes Einwanderungs- und Asylrecht zu verschärfen. Es würde sogar zu Abschottungen kommen, viele rechnen gar mit einer ökonomisch bedingten Mauer an Oder und Neiße. Was die DDR gegenwärtig schon erlebt, ist nur ein Indiz für kommende gravierende Probleme: Hunderte Rumänen liegen auf dem Bahnhof in Lichtenberg. Die Auffanglager für sowjetische Juden sind überfüllt. Welche politischen Folgen wird die wachsende Ausländerfeindlichkeit haben?

Wenn man sich überdies klarmacht, daß auch noch Fluchtwellen von Süden nach Norden dazukommen, ist es das Gebot der reinen Selbstverteidigung und Selbstvorsorge, wenn jetzt für eine ökonomische Stabilität in Osteuropa gesorgt wird. Insbesondere geht es dabei um die Entwicklung einer effizienten und ökologisch verträglichen Agrokultur, aber auch um wissenschaftlich-technisches Know-how. Wenn das Selbstvertrauen der Osteuropäer jetzt nicht durch eine ökonomische Zukunftsperspektive *in* ihren Ländern gestärkt wird, werden sie westwärts strömen.

VI

Das gravierendste Problem wird die Frage sein, ob die Europäer bereit sind, die enormen ökologischen Belastungen ernster zu nehmen, als dies bisher geschehen ist. Die Signale stehen in Osteuropa noch mehr auf Sturm als in Westeuropa. Die Verschmutzung der drei europäischen Meere Mittelmeer, Ostsee und Nordsee lassen schon Schlimmes befürchten. Die irreversiblen Schäden nehmen zu, während wir ganz und gar beschäftigt sind mit Fragen des Einigungsreglements für Deutschland.

Die ökologische Bedrohung in der Sowjetunion ist noch nicht ausreichend erforscht. Der Zustand der Flüsse, Seen und Meere und auch der »Schwarzerdegebiete« wird bisher weitgehend verdrängt. Auch die Debatte über die Sicherheit der Kernkraftanlagen ist fast verstummt. Erst bei einem nächsten (mit ziemlicher Wahrscheinlichkeit auftretenden) GAU wird die Debatte wieder erregt werden. Dann könnte es in Europa zu spät sein. Gerade noch wurde die Stillegung des KKW Nord in Greifswald erreicht, obwohl die Experten hätten wissen müssen, daß dies längst überfällig war. (Die Glaubwürdigkeit der Wissenschaftler hat in den sozialistischen Ländern enorm gelitten, weil wir immer wieder belogen worden sind!) Was aber wird aus den noch geplanten Projekten in Stendal oder in Temelin in der CSFR, ganz zu schweigen von den alten kernenergetischen Anlagen in Polen und in der Sowjetunion?

Das Hauptproblem für unseren europäischen Kontinent wird sein, wie wir mit den ökologischen Altlasten fertig werden und insbesondere wie wir unsere Energiegewinnung und unseren Energieverbrauch verantworten können. Der traurige Zustand der Bäume und Wälder läßt apokalyptische Angst aufkommen (Böhmen und Erzgebirge).

Wir stehen vor einer Überlebensalternative für die nächste Generation: Entweder es gelingt uns, die ökologische Krise wenigstens in unserem Kontinent zu bannen und Kräfte freizusetzen, sie auch weltweit zu bannen, oder die Fragen nach der Zukunft des Menschengeschlechts werden gegenstandslos.

Die philosophisch-anthropologische Frage, wieweit sich der Mensch vom Sein oder vom Haben bestimmen läßt, wird zur praktischen Überlebensfrage. Wir Europäer stehen vor der Frage, ob wir den Generationsvertrag zu erfüllen bereit und in der Lage sind. Das wird Signalwirkung für die Weltgesellschaft haben.

Eine starke Währung ersetzt eine starke Wehrmacht – Gedanken zum Weltfriedenstag

Aufsatz vom 28. Juli 1990

Die Deutschen können ihre Vereinigungspolitik bezahlen. Durch die harte D-Mark werden die andern weich, denn sie wissen einerseits nicht, was in diesem Volk noch für Kräfte stecken, und andererseits brauchen sie dringend die Hilfe der D-Mark, allen voran die Russen und die Polen. Den Deutschen wird der legitime Anspruch auf die »Einheit in Freiheit« nicht mehr verwehrt, denn die Jalta-Ordnung wurde durch die KSZE-Ordnung schrittweise überwunden und braucht in ihrer Vollendung die end-gültige Überwindung des Eisernen Vorhangs mit der erzwungenen Zweiteilung Deutschlands und Europas. Expansive Absichten der politikbestimmenden Kräfte und auch der Mehrheit der Deutschen sind gegenwärtig nicht zu erkennen. Der Bundesaußenminister gilt als einer der langjährigen glaubwürdigen Architekten einer kooperativen europäischen Sicherheit. So weit, so gut.

Ging man im November noch von einer Vertragsgemeinschaft und von einem längeren Prozeß der Annäherung aus, ratifizierte dieses Vorhaben mit Hilfeversprechen bei der Begegnung zwischen dem riesigen Kohl und dem zierlichen Modrow, so kam es dann Anfang Februar zu dem überraschenden Plazet für eine Konföderation im Gespräch zwischen Modrow und Gorbatschow. Der erfolgsgewohnte, machtinstinktsichere Kohl aber holte sich »den Schlüssel für die deutsche Einheit« in Moskau ab, ohne ein Wort darüber zu verlieren, wer dies im Interesse aller Deutschen vorbereitet hatte: Ein Reformkommunist aus der DDR! Dann aber machte die Regierung der Bundesrepublik klar, welche politischen Verhältnisse sie wünschte, um eine deutsche Einheit herzustellen, für die sie bereit war, auch den Preis zu zahlen (den man aber der eigenen Bevölkerung vorerst verschwieg und noch immer verschweigt). Eine Ministerdelegation des »Kabinetts der nationalen Verantwortung«, die Mitte Februar 1990 nach Bonn kam und die Finanzlage der DDR offenlegte, um einen Anschubkredit zu bekommen, blitzte ab, und manche fühlten sich wie dumme Jungs behandelt, die ihre Schularbeiten nicht gemacht hatten.

Die Verärgerung war zunächst bei allen DDR-Ministern groß. Viele Bürger spürten, daß die BRD nun alles wollte. Der Hebel für alle weitere Politik wurde die D-Mark. Die Unterhändler reisten aus Bonn zurück, ohne eine Mark zu sehen. Es wurde ihnen signalisiert, daß erst ein frei gewähltes Parlament auf Hilfe hoffen könne. Im Wahlkampf wurde den DDR-Deutschen unmißverständlich klargemacht, daß Hilfe aus Bonn käme, wenn man richtig wählen würde, denn in ein neues »rotes Experiment« (auch wenn es sich sozialdemokratisch bezeichnet) würde man keinen Pfennig stecken. Die Hilfe ließ weiter auf sich warten, bis die Gesamtunterwerfung der DDR zum 2. Juli perfekt gemacht wurde.

Als der Finanzminister der DDR noch finanzielle Nachbesserungen in dem in Bonn formulierten Vertragstext anmahnte, wurde ihm bedeutet, daß das der BRD Zumutbare längst erreicht sei. Zur abschließenden Pressekonferenz erschien er nicht mehr. Etwas peinlich wirkt es nun, wenn der Ministerpräsident, zwischen Rednerpult und Telefon hastig hin- und hereilend, erklärt, er wolle aufrecht in die deutsche Einheit gehen. Dafür müsse der Beitrittstermin so weit wie möglich herausgezögert werden. Jedermann ist klar, daß es beim Gerangel um Beitrittstermin, Wahlgesetz und Sperrklausel um Wahltaktik geht. Es ist geradezu lächerlich, wenn einer dem anderen solche Motive unterstellt. Die Selbstaufgabe der DDR ist längst erfolgt, was auch die Vorlage des zweiten Staatsvertrages, ausgearbeitet in den Hinterstuben des Innenministeriums in Bonn, beweist.

Stück für Stück arbeitet sich der mächtige Bundeskanzler vor. Die europäischen Nachbarn in Ost und West sind ganz still, weil sie die deutsche D-Macht nicht reizen wollen. Der Bundeskanzler tritt bei der Konferenz der Großen Sieben, wie sie sich selber nennen, für eine sofortige Unterstützung der sowjetischen Wirtschaft ein, wissend, in welch desolatem Zustand die Sowjetunion sich befindet. Er bleibt vorerst der einzige, der bereit ist, Milliardenkredite für dieses Land zu geben. Er ergreift die Gunst der Stunde und handelt wohl auch im Interesse einer gesamteuropäischen Stabilität, die durch einen Zusammenbruch der SU gefährdet würde, und doch ist es auch »das Schmiergeld« für die deutsche Einheit, das er einzusetzen bereit ist, um in die Geschichte als der große Vereinigungskanzler eingehen zu können.

Die Sowjetunion steht am Rande des wirtschaftlichen Kollapses. Ihr bleibt keine andere Möglichkeit, als das Hilfsangebot der potenten Deutschen anzunehmen und den Deutschen dafür die volle Integration, nicht nur in den Westen, sondern auch in die NATO, zu gestatten. Der Kanzler triumphiert mit Hilfe seiner Millionen. Er braucht keine Legionen. Und er hat Glück: Gorbatschow ist seinem Sturz auf dem gerade beendeten Parteitag entgangen, wohl auch, weil die NATO dem Warschauer Vertrag die Hand ausgestreckt hatte.

Die Polen wagen es, bei den 2+4+1-Verhandlungen in Paris noch Bedingungen für die deutsche Einheit zu stellen: erst volle deutsche Souveränität, wenn die polnische Westgrenze vom deutschen Volk völkerrechtlich anerkannt ist! Auch dem polnischen Außenminister wird der Mund mit der D-Mark gestopft. Die desolate wirtschaftliche Lage Polens läßt keinen politischen Spielraum mehr zu. Auch sie ergeben sich, Hilfe erwartend, Ängste hintansetzend. Kann man das Geschehen mit den Vorgängen von 1938 vergleichen?

Die europäischen Mächte wollten Deutschland damals nicht verärgern und gaben ihnen, was sie wollten. Sie wußten auch um die Fehlentscheidung des Versailler Vertrages. Sie waren bereit, die Tschechoslowakei zu opfern, um größere europäische

Verwicklungen zu vermeiden. Das Münchner Abkommen hat den Weg frei gemacht zur Weltkriegskatastrophe in Europa. Es ist sicher falsch zu behaupten, die Deutschen wollten Europa wieder mit ihrer militärischen Macht beherrschen. Dazu haben sie weder die Möglichkeit, noch besteht irgendeine Notwendigkeit. An die Stelle der Wehrmacht ist die Währung getreten. Aber wie 1938 kommt das europäische Gleichgewicht wieder durcheinander. Langzeitfolgen sind unabsehbar. Die Einbindung der Deutschen in NATO und EG bewahrt sie vor politischen Alleingängen. Was wird, wenn die Schwäche der einen Großmacht im bipolaren Sicherheitssystem ausgenutzt werden sollte? Was wird, wenn die Nationalismen in Europa nicht mehr durch die Bündnissysteme zu bändigen sind? Was wird, wenn die ökonomische Differenz zwischen Ost- und Westeuropa nicht in absehbarer Zukunft überwunden werden kann? Die Parallelität zu 1939 läßt sich noch erweitern, wenn man bedenkt, daß die Westeuropäer ein Zusammengehen zwischen Stalin und Hitler vermeiden wollten und wohl politisch einsahen, daß der Versailler Vertrag keine Nachkriegslösung gewesen ist, die den Frieden hätte stabilisieren können. Ebenso war nach dem zweiten Weltkrieg die Teilung Deutschlands keine Lösung gewesen. Allerdings bestünde die Aufgabe der Deutschen gegenwärtig in nichts anderem als in der Verpflichtung, diesmal für ein europäisches Sicherheitssystem einzutreten, das keinen Keim für (Gebiets-) Auseinandersetzungen in sich birgt.

Die Parallelität zu 1939 wird noch einmal deutlich, wenn man sich die Position Polens vor Augen hält. Polen war der bevorzugte Zankapfel zwischen Österreich-Ungarn, Deutschland und Rußland gewesen. Bei der Grenzziehung 1945 ging man davon aus, daß eine Enklavenbildung wieder zu Streitigkeiten führen könnte und daß die Polen das von der Sowjetunion okkupierte Gebiet von den Deutschen bekämen. Garantiemacht für diese Grenzziehung war die Sowjetunion. Beim Zusammenbruch des Warschauer Vertrages entfällt dies. So sind die Polen wieder zum Zankapfel geworden, finden zwar rhetorische Unterstützung durch Frankreich, aber im entscheidenden Augenblick sind sie doch allein. Das Verhältnis zwischen Polen und Russen bleibt traditionell gespannt. So bleibt den Polen nichts anderes als das Versprechen einer völkerrechtlich verbindlichen Grenzregelung nach der deutschen Einheit und das Versprechen des in ganz Europa als glaubwürdig geachteten Außenministers Genscher, eine polnische Wirtschaftsdelegation zu empfangen. Die Deutschen sind in der Lage, ihren Einheitsprozeß zu bezahlen. Sie stopfen den Polen und den Russen den Mund und sind in Europa sowieso schon die Größten. Wenn sie sich erst vereinigt haben, sind sie die Allergrößten. Die westeuropäischen Staaten wagen dies kaum noch offen auszusprechen, weil sie eben diese wirtschaftliche Großmacht auch fürchten. Ist ein britischer Minister einmal so vorlaut auszudrücken, was viele Briten in- und außerhalb der Regierung empfinden, dementiert er zunächst, und dann muß er sogar seinen Hut nehmen. So weit reicht die deutsche Währungsmacht. Der ehemalige NATO-Generalsekretär Luns meldet sich zu Wort. Er ist unabhängig, er ist emeritiert. Ähnlich sprechen die Polen. Wie denken die Skandinavier? Die gesamte deutsche Vereinigung 1989/90 ist eine D-Mark-Vereinigung. Mit »unserer« D-Mark stopfen wir jedem den Mund. Viele DDR-Bürger haben an dieser Mark gegenwärtig noch schwer zu kauen, aber bald wird dieses Land mit Hilfe der potenten westdeutschen Industrie wieder erblühen. Zunächst jedoch werden die DDR-Deutschen noch einmal die Zeche zu zahlen haben. Dann werden auch sie mit am Tisch sitzen und genießen können.

Fragen und Sorgen bleiben.

Sind die Westdeutschen bereit, für den Lastenausgleich persönlich zu zahlen? Sind sie bereit, auch endgültig auf alle ehemaligen deutschen Gebiete verbindlich zu verzichten?

Wir selbstwert- und ökonomisch schwachen DDR-Deutschen kommen – bittend! – zu den starken Deutschen. Nichts soll, nichts wird von uns bleiben. Wir sind eine »Fußnote der Geschichte«. Aber! Der Ausverkauf der DDR geschah schließlich jahrzehntelang auch mit Hilfe der Westdeutschen, die bereit waren, die Halbfertigprodukte aus der DDR zu Dumpingpreisen aufzukaufen, selbst wenn sie wußten, unter welchen ökologischen Bedingungen und mit welchen ökonomischen Folgen dies in der DDR geschah.

Geld stinkt nicht; aber die ganze DDR stinkt nach Braunkohle und nach Gülle. Zunächst wird dieses Land kolonisiert. Ihm wird die westdeutsche Lebensart aufgepfropft, weil die DDR-Deutschen sich nichts sehnlicher wünschen, als nun auch »richtige« Deutsche zu sein.

Es ist eine Minderheit, die Geschmack gefunden hat am Bestehen der Deutschen Demokratischen Republik, die es eigentlich nur vom 9. Oktober 1989 bis zum 18. März 1990 gab. Es war eine traumhafte Zeit für Menschen, die Lust gefunden hatten an der Demokratie. Sie erlebten erstmals eine Einheit des Volkes im demokratischen Streit aller. Sie delegierten ihre Interessen nicht auf Parteien und ihr obligates Machtgezänk. Diese Erfahrung werden viele, viele Menschen in die neue deutsche Republik einbringen. Aber es sieht so aus, als ob die Bundesrepublik *alles* bewahren will und der DDR deutlich macht, daß sie nichts Bewahrenswertes habe, bis hin zum Namen dieser Repubik.

Wir vereinigten Deutschen könnten uns entfalten als föderaler Staat, der sich einbettet in eine föderale europäische Struktur. Die Deutsche Bundesrepublik kann wesentlich beitragen zu einem europäischen Sicherheitssystem, das die bisherigen Sicherheitsstrukturen der beiden Blöcke überwindet, nationalistische Emotionalisierungen vor Exzessen bewahrt, die Migration durch Verringerung des ökonomischen Gefälles eindämmt und die ökologische Erholung Europas vorbereitet.

Frieden, hat Carl Friedrich von Weizsäcker 1963 gesagt, ist zur Bedingung des technischen Zeitalters geworden. Diese Erkenntnis praktische Politik werden zu lassen, das könnte die »Mission« der neuvereinigten Deutschen nach zwei verheerenden Kriegen sein.

Der 1. September mahnt.

»Seit 4.45 Uhr wird zurückgeschossen«

Aufsatz vom 28. August 1990

Nach Vortäuschung eines Überfalls auf den Sender Gleiwitz erklärte das Adolf Hitler am Morgen des 1. September 1939. Zuvor hatte er in einem Geheimvertrag mit Stalin Polen neu aufgeteilt, sich die Ostfront zunächst freigehalten – und rechnete nicht damit, daß England wirklich bereit sein würde, wegen der Annexion Polens in den Krieg mit Deutschland zu treten. Er hatte den Westmächten ja schon die Tschechoslowakei abgehandelt und rechnete kalt mit der Schwächlichkeit der politischen Partner im Westen. Mit der Lüge des kleinen Wörtchens »zurück« wurde der Krieg begonnen. Krieg produziert seine Lügen. Lügen produzieren Krieg.

Am Weltfriedenstag 1990 sollten wir den Mut haben, uns einzugestehen, was auf dem Spiel steht, und die Hoffnung nicht aufgeben, daß Friede möglich ist, denn Hoffnung macht aktiv und erfinderisch für den Frieden. Der zweite Weltkrieg muß der letzte gewesen sein, wenn die Gattung Mensch den ernsthaften Wunsch hat, noch ein wenig weiter zu existieren. Insofern gehört zur Erinnerung an den 1. September 1939 die Erinnerung an den 6. August 1945.

In diesen Monaten geht der zweite Weltkrieg, der in einen vierzigjährigen kalten Krieg einmündete, zu Ende. Große Chancen und große Gefahren liegen dicht beieinander. Die Freude über die Ost-West-Entspannung, die manchen schon im Gefühl der Sicherheit wiegen ließ, wird jäh durchkreuzt durch einen besessenen Diktator mit der viertstärksten Armee der Welt, der dem kleinen, aber so reichen Nachbarland »geholfen hat, sich dem Irak anzuschließen«. Der eine schießt »zurück«, der andere »hilft«. Nicht auszudenken, dieser hätte mit Hilfe der waffenexportierenden Länder des Westens und Ostens die Atombombe, wie nicht auszudenken gewesen wäre, jener hätte es noch rechtzeitig geschafft, mit Hilfe der tüchtigen, obrigkeitshörigen deutschen Wissenschaftler und Techniker seine Wunderwaffe zu entwickeln und einzusetzen! Wir werden mehr und mehr zu Geiseln unserer Zerstörungswerkzeuge. Die Militärapparate abzubauen erweist sich als schwieriger als gedacht. Sie haben ihre Eigengesetzlichkeiten. Der Ministerpfarrer Eppelmann ordert noch einmal für eine Milliarde DM sowjetische Waffen. Lieferverträge und Arbeitsplätze! Empörung entbehrt nicht der Bigotterie, solange der Jäger 90 weiterentwickelt wird – gegen wen? Das kostet fünf bis sieben Milliarden DM, wegen des »enormen technischen Anschubs«. SDI geht trotz neuer politischer Großwetterlage, trotz erheblicher Zweifel an der Wirksamkeit weiter. Der Irr-Sinn wird in den Augen jedes hungerbäuchigen Kindes in den hochverschuldeten Ländern der Zwei-Drittel-Welt sichtbar. Die Rüstungsausgaben sanken 1989 nur um zwei Prozent. »Abrüstung für Entwicklung« – für die zerfallende »zweite« und für die dahinsiechende Dritte Welt wäre das Gebot der Stunde wider die schlafende (Überlebens-)Vernunft. Die Menschheit wird zur Überlebensgemeinschaft. Das zur h-Moll-Messe ebenso wie zum Nagasaki-Pilz fähige Wesen bedarf bei seiner Selbstbändigung einer geläuterten Utopie. Was die Redewendung »Leben und leben lassen« meint, ließe sich auch als interkulturelle Humanisierung bezeichnen, in der politische Dominanzen und soziale Differenzen so abgebaut werden, daß der Absturz in neue zerstörerische Partikularismen gebremst wird. Die Schritte zum Gelingen sind schwer, aber nicht unmöglich. Es wird überdeutlich, wie sehr wir die Einmütigkeit der UNO brauchen, weil es immer mehr um die eine Welt geht, die vor den aggressiven Eskapaden der kleinen und großen Mächte geschützt werden muß. Erstmalig scheint sich hier die Ost-West-Entspannung zu bewähren, wenngleich der Erfolg noch aussteht. Neben solchem Krisenmanagement aber bedarf es einer grundlegenden Umkehr. Das Zauberwort heißt Konversion. Ohne eine außerordentliche moralische Anstrengung (als Wagnis, auf eigene Stärke zu verzichten) und eine außerordentliche technische Anstrengung (hohe Kosten und Risiken) geht es nicht. Die Beseitigung der chemischen Waffen ist etwa zehnmal so teuer wie ihre Herstellung – ökologische Belastungen gar nicht mitgerechnet. Die zu Straßenkränen umgebauten Raketenschlepper erweisen sich nur wenig brauchbarer als die zu Räumfahrzeugen umgebauten Panzer. Die militärischen Geräte sind ziviler Schrott auf dem höchsten technischen Standard. Die militärischen Riesenareale in Ost und West sind ökologisch verseucht. Dem Abrüstungsprogramm muß sofort ein Aufforstungsprogramm folgen, so daß es wohl neben dem sozialen Zivildienst einen ökologischen Naturdienst geben muß. Friede ist erst, wenn die Lüneburger Heide und die Letzlinger Heide für die erholungssuchenden Großstädter frei werden, wenn der Himmel über dem Weserbergland und über den mecklenburgischen Seen nicht mehr von Tieffliegern zerrissen wird.

Noch lange werden wir zu tun haben mit den Folgen von Krieg und Nachkrieg. Kaum ist der große Friede in Sicht, kommt der kleine Streit auf. Nationalismen wetterleuchten nicht nur in Osteuropa.

Und wohin mit den 400 000 Sowjetsoldaten? Werden sich die Söhne der Befreier wie Verjagte fühlen? Werden wir Deutschen nun Wege zu echter Freundschaft suchen und finden? Erst jetzt offenbart sich, daß keine Freundschaft wird, wenn man Freundschaftsrituale abzieht, Revolutionskulte überträgt, persönliche Kontakte unterdrückt und »die Freunde« hauptsächlich als landzerwalzende Militärmaschinerie erlebt. Was vermochte ein Gorbatschow oder ein Aitmatow in unserem Volk auszurichten angesichts vierzigjähriger Militärpräsenz, während der Häuser und Landstriche verkamen? Die Ideologisierung des russischen Sprachunterrichts tat ein übriges zur Abneigung. Unser Krieg ist erst zu Ende, wenn wir Freundschaft finden zu den Völkern des Ostens, wenn unser wirtschaftlicher Aufschwung auch ihren wirtschaftlich-ökologischen Wiederaufbau im Blick behält – ohne zu neuer Dominanz zu führen oder Grenzen zu revidieren. Es ist an uns, alles zu tun, daß die verständliche Angst mancher Europäer vor uns Deutschen unbegründet bleibt. Jetzt muß die Wahrheit gesagt werden über den Geheimpakt zwischen Hitler und Stalin, über den völkerverheerenden Nationalsozialismus und den Gulagsozialismus, über Katyn und Fünfeichen. Nicht Aufrechnung soll Ziel und Absicht sein; aus Erschrecken und Trauer kann Versöhnung wachsen.

Zu den DDR-Altlasten gehört das militärische Gehabe des »Friedensstaates«, der sich in zackigen Paraden feierte, Kinder wehrertüchtigte, Feindbilder ausmalen ließ, devisenträchtige Waffengeschäfte abwickelte, eingesperrte Landeskinder verkaufte und statt des Sozialismus den Stasiismus ständig vervollkommnete, bis nun das Volk den alten und zerbrochenen Feudalsozialisten keine Träne nachweint, weil diese ihnen beim Ausbluten des eigenen Landes verordneten, den Verlusten »keine Träne nachzuweinen«. Gedeihlich für alle wird das geeinte Deutschland nur in einer gesamteuropäischen Friedensordnung. Der verbindliche Verzicht Deutschlands (das nun in die NATO eingebunden wird, ohne daß wir DDR-Deutschen gefragt wurden) auf Herstellung und Verfügungsgewalt über ABC-Waffen gehört zu den Bedingungen, die eine Wiederholung unseres nationalmilitaristischen Größenwahns ausschließen. Die sozialökonomische Gesundung *ganz* Europas im Blick zu behalten, wird zu einer weiteren Bedingung des Friedens in dieser Weltregion.

Krieg und Nachkrieg sind vorbei. Kein Wieder, kein Zurück. Der Friede ist der täglichen Mühe wert.

Deutschland, das ich meine

Aufsatz vom 25. September 1990

Mir ist nicht zum Feiern zumute, schon gar nicht möchte ich Glockengeläut hören. Die Nation ist in Deutschland allemal etwas Zweideutiges gewesen. Aber in dem Neuanfang liegt jetzt auch eine Chance, wenn wir sie ergreifen und nicht alles weiter mit uns geschehen lassen. Noch stolpern wir in die Demokratie und werden uns dabei noch viele Beulen holen. Aber wir werden in der Demokratie ankommen, wenn sich genügend Demokraten finden. Auch wenn es bisher so aussieht, als ob wir per Einigungsvertrag nur eine um das Gebiet der DDR und um 16 Millionen Bürger erweiterte Bundesrepublik erhalten, wird es doch etwas Neues geben, wenn wir DDR-Deutschen hinzukommen: Diese 40 Jahre haben uns geprägt, im Guten wie im Bösen. Wir haben eine andere Mentalität entwickelt, die es uns zunächst nicht leicht macht, uns in der neuen Wirklichkeit zurechtzufinden. Einerseits waren wir durch einen allgegenwärtigen Staat und seine Allmachtspartei ständig bewacht, aber wir waren auch permanent versorgt. Dies hat uns in vielem unselbständig gemacht. Wir sind ständig erzogen, ja dressiert worden und haben uns in einer gewaltlosen Revolution befreit. Aus einer Masse von angepaßten Duckmäusern wurden Menschen mit aufrechtem Gang. Leider nur für kurze Zeit. Aus der demokratischen Reform wurde ein nationaler Anschluß. Die Gründe dafür sind vielfältig und der Gang der Ereignisse nicht zurückzuholen. Schuld daran ist vor allem eine Partei, die es mehr und mehr versäumte, sich den wirklichen Fragen des Lebens zu stellen und alle wichtigen Problemfragen tabuisierte. Zum Schluß ließ sie wortgewaltig verkünden, daß sie den Sozialismus immer nur noch weiter vervollkommnen wolle. Praktisch aber perfektionierte sie lediglich den Stasiismus. Sie war nicht nur zu einer Reform unfähig, sondern hielt sogar jede Reform für unnötig. In völliger Verkennung der Wirklichkeit, dafür aber gegenüber den Russen mit bekannter deutscher Arroganz, behauptete in seinen letzten Machttagen Günter Mittag: »Wir lassen uns von der Erkenntnis leiten, daß der Sozialismus das Beste ist, was die Menschheit jemals hervorgebracht hat. (Starker Beifall) Er ist der bürgerlichen Gesellschaftsordnung haushoch überlegen. Die Macht der Arbeiter und Bauern hat auf deutschem Boden in 40 Jahren weitaus mehr für das Wohl der Menschen geleistet, als in der gesamten früheren Geschichte insgesamt getan wurde.«

Noch lange werden wir mit den inneren und äußeren Altlasten dieser 40 Jahre zu tun haben und sie auch in das geeinte Deutschland einbringen. Die äußere Vereinigung findet am 3. Oktober statt. Die innere Verständigung zwischen uns wird noch lange brauchen. Es ist durchaus unsicher, ob eine Mehrheit der Bürger der Bundesrepublik uns wirklich will und vor allem bereit ist, sich der Mühe der Verständigung zu unterziehen und schließlich auch persönlich für einen Lastenausgleich einzutreten. Die soziale Differenz wird zu noch größeren Spannungen führen. Das Ausmaß der wirtschaftlichen Zerrüttung wird von Tag zu Tag deutlicher. Das Ausmaß der Naturzerstörung wird – besonders was unser Wasser und was unsere Wälder anbelangt – erst noch voll zutage treten. Die Zerstörung des Lebens bis ins Privateste hinein wird lange Aufarbeitungszeit brauchen. Bevor unsere Lehrer in der Lage sein werden, in einer demokratischen Schule zu lehren, werden sie noch viel Lehrgeld zahlen müssen – und die Kinder dazu, denen zunächst einmal alle Wertvorstellungen genommen wurden. Und so stürzen sie nicht anders als ihre Eltern in den Konsumrausch ohne zu wissen, wovon sie sich das denn leisten wollen und welche Folgen dies für unser Land haben wird. Wir müssen uns eingestehen, daß wir Sklaven waren, denn wo es keine Sklaven gibt, gibt es auch keine Sklavenhalter. Die Mehrheit ist 40 Jahre lang in die Wahllokale gegangen und hat sich dem Erniedrigungsakt des Zettelfaltens in kleinlicher Angst unterzogen. Dieselben Jugendlichen, die noch vor zwei Jahren ein Gelöbnis auf den sozialistischen Staat abgeleiert haben, um dann ihr großes Fest zu feiern, bedrängen jetzt Bürger, die die »TAZ« lesen, und beschimpfen sie als »rote Säue«. Das Schlimmste daran ist, daß die übrigen Passanten weggucken. Was muß erst noch geschehen, bis wir nicht weggucken, sondern den Anfängen wehren? Einem Staat, der flüchtende Landeskinder bis in das Frühjahr 1989 erschießen ließ (Chris Gueffroy war das letzte Opfer der von Honeckers Verteidiger so bezeichneten Schußwaffengebrauchsanordnung, für die niemand weiter verantwortlich sei als die gesamte Situation des kalten Krieges), einem Staat, der abgefangene Flüchtlinge je nach Devisenbedarf in die Freiheit verkaufte und seine Mauer antifaschistischer Schutzwall nannte und nennen ließ, weine ich keine Träne nach. Aber ich weine den 40 verlorenen Jahren viele Tränen nach, weil in dieser Zeit viele verpaßte Chancen lagen, eine soziale Demokratie aufzubauen, die die chauvinistische deutsche Vergangenheit hätte aufarbeiten und das Verhältnis vor allem zu unseren östlichen Nachbarn auf neue Grundlagen hätte stellen können.

Uns ist lange die Würde genommen worden in einem Dressurstaat, bis die vielbeschworenen Volksmassen endlich aufmuckten und die gewaltlose Einmischung in die innersten Angelegenheiten einforderten und praktizierten. Wir haben es verdient, daß wir jetzt in Würde in die Einheit eines demokratischen Deutschland gehen können und nicht auf Dauer minderwertige Nachsitzer in der Bittstellerhaltung bleiben. Bei uns soll alles anders werden, und in der Bundesrepublik soll offensichtlich alles so bleiben, wie es war, und dann wirft man uns noch unseren Dilettantismus vor – in den Laienspielgruppen unserer Parlamente. Wir sind so viele Jahre erniedrigt und beleidigt worden. Wir brauchen jetzt nichts mehr als unser Selbstwertgefühl und die Weigerung, uns wieder dressieren zu lassen, diesmal nicht von einer Ideologie mit ihrer Stasi, sondern vom Geld. Es hängt jetzt viel von uns ab, ob wir uns unsere Würde mit Geld abkaufen lassen. Ich möchte jedenfalls nicht weiter bevatert oder bedauert, aber auch nicht dauernd belehrt werden. Schon gar nicht von einer Nachfolgepartei der Partei, die uns 40 Jahre lang entmündigt hat. Die Einheit werden wir erst erreicht haben, wenn wir uns gegenseitig als gleiche und gleichberechtigte Partner gegenüberstehen. 40 Jahre lang wurden wir von einer Ideologie fremdbestimmt, lernten ein halbes Jahr lang, uns selbst zu bestimmen, und sollten nun darauf achtgeben, daß uns nicht das Geld fremdbestimmt. Es liegt auch an uns, ob wir statt in die soziale, in die nackte Marktwirtschaft mit ihren unbarmherzigen Gesetzen fallen. Es liegt auch an uns, ob wir Demokratie so lernen, daß wir nicht völlig im Parteienclinch versacken, und ob wir die Erinnerung an sachbezogenes Miteinander an den Runden Tischen wachhalten. Schließlich bringen wir eine wunderbare, von niemandem erwartete Erfahrung in die deutsche Demokratie ein: Nach 40 Jahren zentralistischem Kommandosystem, in dem demokratische Spielregeln geradezu unter Strafe gestellt wurden, wurden wir sprachfähig. Jetzt aber spüren wir, wie schwer es ist, funktionstüchtige demokratische Institutionen aufzubauen, und wie wenig Demokraten es in unserem Lande gibt. Wir brauchen noch viel Geduld miteinander und müssen auch unsere westdeutschen Partner um Geduld bitten.

In den letzten Monaten wurde viel gefragt, ob es etwas Bewahrenswertes gibt aus der alten DDR. Ich meine, daß nichts bewahrenswert ist, so wie es war, aber vieles ist es wert, noch einmal neu unter neuen gesellschaftlichen Bedingungen bedacht zu werden. Ich denke daran, daß alle Menschen in diesem Land ein Recht auf Arbeit auch wahrnehmen konnten, aber wie viele tötende Beschäftigungen waren dabei, und wie viele Wasserköpfe haben unser Land wirtschaftlich ans Ende gebracht. Trotzdem bleibt es nötig, daß Menschen ein Recht auf Arbeit und Arbeitsförderung bekommen. Wir hatten eine Volksbildung, die die Klassenbildung durchbrechen wollte. Gleichzeitig war diese Schule ideologisch und zum Teil militaristisch. Die Volkssolidarität kümmerte sich um ungezählte ältere Mitbürger. Gleichzeitig aber waren die Renten für viele Menschen viel zu niedrig. Wir hatten eine großzügige Kulturförderung und auch Volkskunst. Gleichzeitig hatten wir eine einengende Zensur. Die Reihe ließe sich fortsetzen. Immer mit einem Ja und einem Aber. Auch der §218 muß mit einem Ja und mit einem Aber bedacht werden. All dies sollte uns beim Prozeß der Einigung, der uns noch bevorsteht, dazu bringen, den Artikel 146 des Grundgesetzes praktisch auszufüllen und in den nächsten Jahren eine gemeinsame deutsche Verfassung in freier Selbstbestimmung zu erarbeiten, zu beraten und dann im Volk anzunehmen. Diese Verfassung müßte verhindern, daß andere Völker in Europa wieder außer Fassung geraten. Was wir einbringen in den Einigungsprozeß sind der großartige Verfassungsentwurf des Runden Tisches und z.B. die Zivildienstregelung, die in unserem Lande jetzt schon gilt – ohne die schäbige Gewissensprüfung und die Bestrafung durch Längerdienen. Das geeinte Deutschland hat eine Mitverantwortung für das öko-soziale Schicksal ganz Europas, wegen seiner Lage, seiner Wirtschaftskraft und seiner Geschichte. Es ist kein Grund zur nationalen Mäkelei. Wenn es uns gelingt, die deutsche Einheit so zu gestalten, daß sie nicht Ursache für neue Zwietracht wird, sondern wenn sie Ausgangspunkt europäischer Einigung wird, dann könnten wir glücklich sein, daß wir Einheit in Freiheit gewinnen, daß die unmenschliche Mauer, die wir überwunden haben, nicht zu einem neuen Mauerbau nach Osten hin führt. Wenn die staatliche Einheit auch das menschliche Solidaritätsgefühl füreinander wachruft und wir eben nicht zu einer Zweidrittelgesellschaft werden, dann ist die Einheit auch mit allen Schwierigkeiten eine Freude. Wenn die deutsche Einheit nicht zur nationalen Ausgrenzung im Land führt und wenn die Russen und Polen nun unsere Freunde ohne Anführungsstriche werden, dann haben wir eine der wichtigsten historischen Lektionen gelernt. Und das käme allen zugute. Wenn die deutsche Einheit dazu führt, daß das ehemals mächtige und gefürchtete Deutschland zum Vorbereiter und Inspirator umfassender Abrüstung wird, der äußere Machtverzicht nicht nur in der Verfassung festgeschrieben, sondern auch von allen Deutschen angenommen wird, dann können wir uns in zwei Jahren noch einmal in den Armen liegen. Konkret geht es in den nächsten Monaten und Jahren darum, daß die freiwerdenden militärischen Areale zivilisiert und saniert werden und wir nicht zulassen, daß nur die Sperrgebietsschilder ausgewechselt werden. Wir werden uns der 400000 Sowjetsoldaten in völlig neuer Weise annehmen müssen und die entstehenden Probleme mit einer demoralisierten Truppe menschlich zu lösen versuchen. Wenn nur jeder einen Teil seiner Kraft auf die Nöte des anderen richtet, werden wir die Teilung durch Teilen überwinden können, und dieses Teilen sollte sich auch auf die ausländischen Mitbürger richten. Wir werden einige Krisen durchstehen müssen, aber wir werden sie durchstehen, wenn wir Selbstvertrauen gewinnen und behalten. 1952 schrieb Bertolt Brecht: »O Deutschland, wie bist Du zerrissen/Und nicht mit Dir allein!/In Kält' und Finsternissen/ Läßt eins das andre sein./Und hättst so schöne Auen/Und reger Städte viel;/Tätst du dir selbst vertrauen/Wär alles Kinderspiel.«

Vereint und doch noch zerrissen, brauchen wir die gegenseitige Stärkung unseres Selbstvertrauens. Aber keinesfalls wieder eine deutsche Selbstüberhebung.

Aus den Trümmern des Vergangenen werden Bausteine des Zukünftigen

Aufsatz vom 28. September 1990

Was war, war wert, unterzugehen. Nur reißt es uns mit hinunter mit Fleisch und Blut, mit dem Geist der Utopie. Was war, waren auch wir. Was abgebrochen wird, was *wir* abbrechen, ist auch Teil unserer Biographie, Spiegel unseres Lebens. Wo knüpfen wir an? Wo schließen wir uns an? Wer werden, wer wollen wir sein? Überspringen, ohne zu wissen, wo wir aufsetzen werden? Was bleibt, wenn wir ankommen? Schwimmender Grund.

Die »größte Errungenschaft der deutschen Geschichte« zerbröselte kläglich, als ihre Machtinstrumente versagten. Ein Stück ist zu Ende; wir spielten darin unsere Rolle. Nach dramatischer Spielplanänderung wechseln die Spieler ihre Rollen. Aus Tätern wurden Opfer, aus Feinden dickste Freunde, aus Linientreuen Clevere, aus »Progressiven« »Konservative«, aus staatlichen Schnüffeleien private Detekteien. Das Publikum erwartet das große Geld – die Hauptdarsteller werfen Kleingeld unter die Leute. Das Stück von gestern wird gestrichen. Das Personal entlassen. Eine Farce ging, ein Schmarren kommt, garniert mit guten Reden, sogar ernstgemeint. Was aber aus dem Schoße des großen, gefürchteten und begabten Volkes noch kommt, bleibt ungewiß.

Geduckt hatten wir gelebt. Wir richteten uns ein, jeder auf seine Weise – bis wir uns aufrichteten, für kurze Zeit nur, mit vielen, vielen zusammen. Aus dem Schatten, dem Beschatteten-Dasein traten wir ans Licht. Aus den gepreßten Mündern kam das freie Wort, die Gewehrmündungen blieben stumm. Kerzen flackerten im Wind, bis wieder Fahnen flatterten. Die tabuisierte Nation rief tausendstimmig nach sich selbst: »Deutschmarkland, wir kommen zu Dir!« Das Aufrechtgehen wurde anstrengend, und da bückte man sich wieder, um die Hart-Geld-Brosamen von dem Tisch der Reichen aufzulesen. Was als Demokratisierungsprozeß begann, wurde eine großangelegte Umtauschaktion mit einem juristischen Anschlußprozeß. Der eine Teil floriert und prosperiert, der andere geht in den Konkurs. Aber niemandem wird es schlechter gehen als vorher. Von einer Illusion in die andere. Aus dem aufrechten Gang wurde eine Bittstellerposition. Aus den Runden Tischen wurden Nachsitzerbänke. Wer wir waren, und was wir waren, werden wir vielleicht erst morgen wieder wissen.

Wir saßen nicht nur in unseren Fernsehnischen, von uns ging nicht nur der Holzkohlenfleischduft des Kleingartens aus – wir waren auch beisammen, unterscheidend das Wesentliche vom Unwesentlichen. Glaubwürdige Freunde mit offenen Ohren fanden wir mitten in aller schäbigen Horcherei. Aufrechte Worte wagten dressierte Schüler mitten in aller häuslich-schulisch verordneten Doppelzüngigkeit. Das tapfere Wort gegenüber dem Freund stand neben der feigen Unterschrift unter eine beliebige Resolution und dem selbstverachtenden Zettelfalten mit dem Lügenwort Wahl. Großes Theater auf billigen Plätzen mitten in dem kleinkarierten Stück, das Ritter der Dienstagsrunde zelebrierten. Große Literatur wurde geschrieben und gelesen mitten im ergrauenden Alltag. Das Spiel der Farben mitten in der Ödnis der Betonhöhlen.

Bilder und Gespräche des kleinen Prenzlauer Berges werden mehr Bestand haben als tonnenweise Tonbänder der Mielke-Orwell-Welt vom großen Brocken. Und nun vom Fleisch gefallen, wie tot das Land überall; verstrahlt das Geraer Land, abgesenkt die Müritz, Totenwald Erzgebirge, bittere Luft in Bitterfeld, Dioxin in Ilsenburg-Seveso, Überdüngung nach Plan im Wasser der Zukunft. Aber auch Eichenalleen im Fläming, der Grüngürtel im Todesstreifen, Betonbegrünung mit Butzmannscher Phantasie, Nachbarschaftshilfe der Alten, Volkssolidarität genannt, Selbstbewußtsein der Frauen, soziales Gewissen, wo uns die nackte Marktwirtschaft ins Haus steht.

Schatten-, schemen-, torsohaft, was aufrecht geblieben ist in allem Absturz. Noch im Versinken greifen Peiniger von gestern nach uns. Und totgeglaubte, ins Grab der Vergessenheit Verbannte werden lebendige Stützen für die Abstürzenden. Vergeßt nicht alles. Vergeßt Euch nicht. Vorwärts und nichts vergessen. Vorwärts, erwachsen geworden durch Erfahrung, geduldig um unserer Hoffnung willen, der verblühten und der wieder erblühenden. Nicht im Möglichen schweben, sondern das Wirkliche tapfer ergreifen. Mehrheitsfähig machen, was dem Leben dient. Das Trügerische hinter uns lassen, das Wahre suchen. Den neuen Verführungen widerstehen. Das Verlorene benennen. Das zu Bewahrende verändern.

Die Losung der Christen, zufällig ausgelost vor Jahresfrist, für einen Schicksalstag der Deutschen: »Siehe, jetzt sprechen sie: Unsere Gebeine sind verdorrt, und unsere Hoffnung ist verloren, und es ist aus mit uns. Darum weissage und sprich zu ihnen: So spricht Gott der HERR: Siehe, ich will eure Gräber auftun und hole euch, mein Volk, aus euren Gräbern herauf.« (Hesekiel 37, 11 und 12, Losung für den 3. Oktober 1990)

Was für ein Volk sind wir, wessen Volk sind wir? Werden wir aufstehen, uns aufrichten aus den Gräbern der verlorenen Illusionen, mit der Kraft geläuterter Hoffnungen? Aus den Trümmern des Vergangenen werden Bausteine des Zukünftigen.

Mutter Erde weint

Antwort auf eine Umfrage unter dem Motto
»Blick zurück aus dem Jahre 2000«
vom 1. Oktober 1990

Blick zurück: Das war das Jahrhundert der Deutschen, fleißig, gründlich, gehorsam. Ein Volk, das immer wieder groß, größer, am größten sein will, dann reich, reicher, am reichsten, aus seiner Geschichte nichts lernt, indem es in immer neuen Varianten seinen nationalen Traum träumt.

Erst folgt es dem Kaiser, der für seinen Krieg keine Parteien mehr kennt, nur noch Deutsche (Soldaten), dann ruft es fanatisch: »Führer befiel, wir folgen!«, bis ganz Europa halb verwüstet ist. Nach dem Absturz in die Katastrophe wirft es sich zwiegeteilt den großen Siegern geteilten Herzens an die Brust und siegt mit, bis die Besiegten wieder wie Sieger dastehen. (Östlich ging die Anpassung gründlich schief – beim Aufarbeiten von 40 Jahren wurde Gründlichkeit versäumt.)

Es ist stolz auf seine Politiker, die anerkannte europäische Architekten sind, sein Gefühl indes ist dem näher, der mit der DM-Walze die europäische Neuordnung im Schnellverfahren erkauft und alle bedachtsamen Einsprüche historischer Erinnerung plattdrückt.

Die Vision: In der südlich und östlich abgeschotteten Festung Europa hockt dieses Volk zusammen mit den anderen »Reichen« baumlos im Ozonloch und entdeckt wieder einmal zu spät, daß es Wichtigeres gegeben hätte als das eilig einige Vaterland; die Mutter Erde weint.

Wer bringt die Ernte ein?

Predigt am 8. Oktober 1990
in der Reformierten Kirche zu Leipzig

Liebe Gemeinde, Freunde, Mitstreiter!

Es ist wieder Herbst – Erntezeit, ein Jahr danach. Was ernten wir? Wer erntet? Was verkommt? Was wurde gestohlen? Was taugt zum Samen für die nächste Saat?

Ich versuche, ein Stückchen biblischer Geschichte auszulegen, um alte Erfahrung mit neuer Erfahrung in Kontakt zu bringen. Im 9. Kapitel des Evangeliums, wie es Matthäus erzählt, heißt es in der Übersetzung von Walter Jens: »So zog Jesus durch die Städte und Dörfer, lehrte im Bethaus, verkündete die Botschaft vom Reich Gottes, heilte Leiden und machte Kranke gesund. Viele Menschen folgten ihm, und er hatte Mitleid mit ihnen: denn sie waren müde und zerschunden und lagen am Boden – wie Schafe, denen der Hirt fehlt. Da sagte er zu seinen Schülern. ›Die Ernte ist groß, doch es sind keine Arbeiter da. Bittet den Herrn der Ernte: Schick uns Männer, damit sie die Ernte einbringen können.‹«

Ich meine – nur nebenbei –, daß es auch um Arbeiterinnen ging.

Mit ein paar Leuten zieht Jesus durch die römische Provinz Palästina, durch Städte und Dörfer. Er mobilisiert keine Massen. Er organisiert nicht einmal den Widerstand. Er schielt nicht nach Erfolg. Was tut er? Er lehrt, er heilt. Nimmt sich Zeit zum Interpretieren, zum Reflektieren, zum Orientieren. Er will Gottes Willen erkennen, erkennbar machen und verbindlich werden lassen. Und das zweite: er verkündet das Reich Gottes. Er gibt ein Ziel an in der Ziellosigkeit. Er spricht Kraft zu den Müden.

Angesichts der Übermacht des Imperium Romanum überschreitet er die Grenzen einer ausweglos erscheinenden Gegenwart. Das Reich der Römer wird vergehen; das Reich Gottes wird kommen. Und das dritte: er heilt seelische, körperliche und soziale Leiden. Und das alles aus einem Mitgefühl für den Menschen. Er erbarmt sich derer, die ganz unten sind. Viele folgen ihm, und dennoch ist es eine verschwindende Minderheit. Aber darüber denkt Jesus nicht nach. Jesus sieht auf die, die ihm folgen, und hat Mitleid mit ihnen. »Es jammerte ihn«, so übersetzte Luther dies. Sie waren müde und zerschunden und kaputt nach einem langen Weg auf der Suche nach Halt, Orientierung und Hoffnung. Sie lagen am Boden ohne jedes Selbstvertrauen, nicht wissend, wie es weitergehen soll.

Ich sehe auf uns, entdecke Vergleichbares im Unvergleichlichen: Wir haben einen langen Weg hinter uns in der Sklaverei, in einer Zeit, in der Opfer zu Tätern gemacht wurden – erpreßt wurden! –, und jetzt stellen Täter sich als Opfer einer – wie sie so schön sagen – »falschen Sicherheitsdoktrin« dar. Und denken, damit ist es erledigt ... Haben Sie den Genossen Krenz gestern abend gehört?

Wir haben uns aufgerappelt, sind losgezogen aus der Sklaverei in die Wüste der Freiheit. Kaum in der Freiheit angekommen und die Wüste ansehend, entschließen wir uns mehrheitlich zu einem Gewaltritt ins Gelobte Land. Dort fließt Milch und Honig; aber wir haben den Lebensstandard der Wüste. Wir haben noch längst nicht den Staub der Vergangenheit abschütteln können. Und doch passen wir uns einfach in das Land unserer Sehnsucht ein, kaum merkend, daß wir dem einen Zwang entronnen sind, um uns gleich in den nächsten zu verstricken. Es sind schlicht andere Zwänge – angenehmere, zugegeben. Es sind die Zwänge der Freiheit, in denen jeder selbst sehen muß, wo er bleibt. Das ist unsere Freiheit. Der Staat bewacht uns nicht mehr, aber er bewahrt uns auch nicht mehr.

Und die eigene Ernte? Sie droht zu verkommen. Es sollen nur die Früchte vom anderen Feld gelten, nicht mehr die mühsam errungenen des eigenen. Die eigene Ernte verkommt, weil alle auf das andere Feld laufen und sagen: »Dort ist es besser, kommt mit!« Sie verweisen nur noch auf die faulen Früchte der eigenen Ernte, auch auf solche Früchtchen wie den Schnur, der hoffte, daß seine Akte mit vernichtet wurde hier in Leipzig und er flugs als Freiheitsheld in die neue Welt eingehen könne. Und wie viele Stasiverstrickte wagten sich noch in die Volkskammer? Was für eine riesige Ernte lag doch aber vor uns! Wir hatten nicht Zeit, sie einzubringen. Was haben wir nicht alles erreicht, wenn wir uns erinnern, wie noch vor einem Jahr die hochbezahlten, auch intelligent aussehenden und hochmotivierten Stasipärchen vor der Kirchentür standen. Was hätte geschehen können, Freunde, durch einen einzigen Befehl! Oder wenn nur ein einziger die Nerven verloren hätte! Wir haben mit Euch Leipzigern am Abend dieses 9. Oktober gebangt, und als um 21.00 Uhr die erlösenden Nachrichten kamen, haben wir auch Rührung gezeigt. Die Gewaltkette wäre nicht aufzuhalten gewesen. Und da ich nicht am Rednerpult eines Parteipolitikers stehe, darf ich sagen: »Es ist ein Wunder, und es bleibt ein Wunder. Wir waren Zeugen dieses Wunders.« Und die Lager, die für die Opposition vorbereitet waren, wurden nicht gefüllt mit denen, die zu allen Verbrechen am Volk zugunsten ihrer Macht bereit gewesen waren. China gab uns die Anschauung. Und Egon Krenz schürte die chinesische Angst. Auch die vorbereiteten Resolutionen zur Verunglimpfung der Oppositionellen wurden nicht mehr ausgegeben und mußten nicht von den »arbeitenden Menschen« unterschrieben werden. Sie alle wollen nun ohne jede Erinnerung – ob als alter Sklave oder als alter Sklavenhalter – in die neue Welt eingehen, den Kopf in den Sand stecken und sagen: »Wir waren immer dagegen.« Ich kann nur entgegnen: Wir andern haben es aber nicht so recht merken können. Was haben wir aber trotz allem erreicht! Und ich denke, dies ist auch ein Ergebnis: Wir haben die Gewaltkette unterbrochen, die Lager sind unbesetzt geblieben! Wir können nun sagen, was wir denken. (Aber manche *denken* nicht mehr, was sie sagen!) Die Abrüstung ist einen Riesenschritt vorangekommen. Das Ost-West-Problem stellt sich neu, nicht mehr als ein militärisches Problem, sondern als ein sozial-ökonomisches. Wir haben das modernste und freizügigste Zivildienstgesetz – gehabt, die Schule ist befreit von den militaristischen und dogmatischen Attitüden eines rigiden Ideologiesystems. Viele Werke, die unsere Umwelt zerstört haben, wurden geschlossen und unsere hochgefährlichen Atomkraftwerke dazu. Man müßte die Professoren, die uns immer beruhigt haben, auch noch stillegen. Riesige Militärgelände werden frei für Sozial- und Erholungseinrichtungen – Entschuldigung: könnten frei werden. Wir können lesen, was wir wollen, wir können reisen, wohin wir wollen, wir können uns versammeln oder organisieren, wo wir wollen, sogar in der NPD! Wir haben Zugang zu allen wichtigen, aber auch zu allen unnützen Informationen. Ich sag das mal so: Laßt uns nach dieser Riesenernte, nach dieser schweren Arbeit das Halleluja singen und erst dann wieder das Kyrie, das »Herr, erbarme Dich!« Laßt uns JA UND AMEN sagen und dann erst das einschränkende ABER formulieren und uns eingestehen, daß noch viel Arbeit bleibt und daß die Gefahr ist, daß unsere Ernte verkommt. Einiges von unserer Ernte geht auf dem Transportweg durch die Zeit verloren. Laßt uns heute JA sagen: Die Stasikrake ist weg. Es stehen keine Stasipärchen mehr vor der Tür, sondern nur noch richtige. Die Altherrenriege ist entmachtet. Wir haben demokratische Parteien. 94 000 Jugendliche haben keinen Spaß mehr daran, pengpeng zu machen. Der deutsch-sowjetische Vertrag gibt Perspektiven für einen dauerhaften Frieden in Europa. Jeder kann ohne Angst um seinen Beruf zur Kirche gehen. Der Dialog auf allen Ebenen ist möglich. Die Mauer ist weg – und sie sollte doch noch 50 bis 100 Jahre bleiben.

Wir haben eine nächtliche Einheitsfeier in Berlin erlebt, wir Deutschen, ohne jede militaristische Zutat. Es war vielleicht ein bißchen langweilig, aber wenigstens nicht zackig. Es gab keine Böllerschüsse und keinen einzigen falschen Nebenton wie etwa: »Wir sind wieder wer!« Weiter so, meine lieben Deutschen. Wir wollen Herren im eigenen Haus sein und nicht wieder Herren über andere.

Ich weiß, daß zu jedem JA auch ein ABER gehört. Aber laßt uns jetzt das JA sagen und den Widerstand organisieren, der aus dem ABER kommt.

Mit der Bergpredigt ließ sich Politik machen – Helmut Schmidt sei es gesagt –, eine Welt bewegen. Gewaltfrei konnten wir Gewalt abschütteln und nicht nur in Leipzig – die Stadt wurde am 4. November noch mit dem Titel »Heldenstadt« beehrt; das hat sich ja dann als ein kleiner Irrtum herausgestellt –, sondern in der ganzen DDR. Das Bitten der vielen in den Bittgottesdiensten hat Frucht gebracht. Es hat reichlicher Frucht gebracht, als wir je einbringen konnten. Wir haben erlebt, wie das weiche Wasser den Stein gebrochen hat und keine Steine geflogen sind. Wir hatten ja Kerzen in der Hand, und die muß man mit beiden Händen schützen. Wir haben die Machtlosigkeit der Mächtigen gegenüber phantasievoller Gewaltlosigkeit der Ohnmächtigen erlebt. Und der Aufruf, den die drei Gruppen aus Leipzig vor einem Jahr verfaßt haben, hat die deutsche Geschichte um einen entscheidenden Schritt vorangebracht. Er war das Startsignal der konsequent friedlichen Revolution, der Abschüttelung einer unwürdigen Ideologiediktatur. Eure Worte waren konkret, klar und menschlich. Und sie bezogen – das war das Besondere – die Gegner ein. Ihr machtet aus Euren Gegnern wieder Menschen – Menschen einer Stadt und eines Volkes. Und das laßt uns doch auch sagen: Es ist nicht unser Verdienst allein; die andern haben auch nicht geschossen. Das verstummte Volk fand seine Sprache, und es war die Sprache der Gewaltfreiheit.

Eine Frucht ist jetzt die schnelle deutsche Einheit geworden. Der Frucht der Freiheit und Einheit muß nun die Frucht der Gerechtigkeit hinzugefügt werden. Unsere Revolution, unser Befreiungsprozeß von der Diktatur wurde buchstäblich umgemünzt. Aus einer Revolution wurde bald eine Umtauschaktion. Aus dem Demokratiebegehren wurde ein einfaches Anschlußbegehren. Die Gründe dafür sind vielfältig. Die Ernte war so überwältigend, alles wurde plötzlich reif, überreif. Die Früchte jahrelanger Bemühungen konnten in wenigen Tagen geerntet werden – ausgehend vom 9. Oktober 1989, bis dann am 4. November das Richtfest für den Aufbruch in eine andere DDR gefeiert wurde. Wir hatten – das müssen wir einfach sagen, auch wenn es schwer ist – nicht genügend Geld und Kraft und Leute, die Ernte einzubringen. Auf solche Ernte waren wir einfach nicht vorbereitet. Dann blieben noch fünf Tage Zeit, und die Umpolung begann. Eine wunderbare Sache – aber sie führte uns weg von unserer eigenen Ernte. Manches von dieser Ernte wurde hastig, allzu hastig verschleudert, für gänzlich unbrauchbar erklärt. Jetzt werden nicht nur Hunderte Hektar Kartoffeln untergepflügt und mit Gülle übergossen – auch Ideen wurden untergepflügt und mit dem beißenden Spott gewinnorientierten Realitätssinns übergossen. Die Erfahrungen einer Kirche, die unabhängig vom Staat war, wurde einfach von den Vorschriften des Grundgesetzes untergepflügt, einschließlich des Kirchensteuereinzugs, des Religionsunterrichtes, des Militärseelsorgevertrages. Haben wir wirklich nichts gelernt? Hatten wir nicht da auch etwas einzubringen?

Nun sind wir in der Demokratie angekommen. Es war ein Kraftakt, ein befreiender Kraft-, aber eben kein Gewaltakt. Wir sind wieder eine Minderheit. Und seien wir froh darüber, denn ich weiß nicht, ob wir Christen froh wären, wenn wir eine große starke Mehrheit wären. Die jahrzehntelang geduckte Mehrheit hat denen die politische Mehrheit gegeben, die sie repräsentieren. Angepaßte. Die Gewählten gehören mehrheitlich zu den zwölf Millionen, von denen es keine Akte gibt – von einigen indes eine Mitarbeiterakte. Die Mehrheit bekam wieder die Mehrheit. Die so unauffällig ihre private Karriere gemacht haben, daß es von ihnen nichts Nennenswertes zu berichten gibt. Es ist manchmal schwer, nicht zu verbittern und sich nicht enttäuscht vom Menschen abzuwenden, wenn man sieht, wie sich manche wenden. Die Menschen sprechen darum auch nicht von einer Revolution, sondern von einer »Wende«. Ich kenne Rentner, die über die von ihnen selbst gewählten vier »Helden« und die besonders vornehm gekleidete »Heldin« der Wende nunmehr empört sind, weil diese Minister ohne Geschäftsbereich in Bonn für ein Kostgeld von 35 000 DM unsere Interessen zu vertreten sich anschicken. Aber sie alle repräsentieren das Mehrheitsbewußtsein. Es ist bitter, auch für die Rentner mit 495 DM, aber das ist auch Demokratie.

Unter den Bedingungen der Demokratie sind viele von uns nun wieder zur Minderheit geworden. Laßt uns Christen nun miteinander die biblischen Befreiungsgeschichten bedenken, uns an der Hoffnung auf das Reich Gottes aufrichten, in dem Gerechtigkeit und Friede sich küssen, Solidarität und Frieden sich versöhnen. Wir werden Fremdlinge sein in einer Welt, wo viele sich nur noch um ihr Privates kümmern. Sie wollen die Früchte ernten, die sie gar nicht gesät haben. Vieles von unserer Ernte haben wir verkommen lassen, und vieles ist einfach durch die Ritzen gerutscht. Anderes war schon längst verdorben, vergiftet, unbrauchbar. Wir haben es nicht eingebracht, wir hatten nicht die Kraft, zerstritten uns, täuschten uns, ließen uns täuschen. Manche gehen jetzt wieder stoppeln. Andere sehen den verseuchten Boden, auf dem diese Ernte gewachsen ist, und fürchten um das Wasser der Zukunft. So wird Erntezeit Freudenzeit und Gerichtszeit. Viele Erntehelfer sind gekommen, die nun kräftig miternten, ohne je etwas getan zu haben. Ja, einige Brandstifter des Sozialismus werden nun zu Biedermännern der Demokratie. Einige haben in einer staatlichen Schnüffelei gelernt und bieten sich nun in einer privaten Detektei an. Ihre Ersparnisse sind die Judasgroschen des täglichen Verrats an den Mitbürgern. Einige sind auf den Erntewagen aufgesprungen, als die Hauptarbeit längst getan war, haben dann schnell den Kutscherbock erobert und die Richtung bestimmt. Disteln und Distelsamen sind unter der Ernte, auch blaue Blumen, Klatschmohn, Verschimmeltes, von Hamstern Geraubtes, vom Sturm Gelegtes. So ist das bei einer traditionellen Ernte.

Nun kommt es darauf an, dies alles einzuholen. Die Aufgaben sind größer als gedacht, die Mitarbeitenden weniger als erhofft. Die Demokratie findet nicht genügend Demokraten. Die freie Kultur findet nicht genügend Interessenten. Die Betriebe finden kaum Absatz für ihre Waren. Die Ärzte bekommen nicht genügend Kredite. Die Zeitungsmacher werden ihre Zeitungen nicht los, weil Balkenüberschriften das »Welt«-»Bild« bestimmen. Die frei gewordenen Jagdreviere werden durch die neuen Offiziere vermessen – die alten helfen ihnen dabei. Aus dem Land der Freiheit kommen die Ehemaligen zurück, mit dem Zollstock in der rechten und einem Anwalt an der linken Hand – sie können ihn bezahlen.

Die alte Angst ist weg. Jetzt kommt neue Angst auf. »Zum zweiten Mal«, sagen viele, vor allem die Älteren, »bezahlen wir die Zeche.« Die Ungnade der östlichen Geburt? Die Ernte ist groß, wer bringt sie ein, wer paßt auf, daß sie nicht verkommt, daß sie nicht gänzlich verschleudert wird?

Jesus sagt denen, die aufstecken wollen angesichts dieser Minderheit einerseits und der riesengroßen Aufgaben andererseits: »Bittet den Herrn der Ernte: Schick uns Männer, damit sie die Ernte einbringen können.« Bittende sind keine Resignierenden. Wer sich an diesen Herrn wendet und bittet, muß nicht mit Überforderungsängsten leben. Er muß sich auch nicht den hohen und großen und betuchten Herren dieser Welt an die Brust werfen. Er bleibt in der Erwartung, daß die kleine Schar mehr bewirken kann, als sie es je von sich erwartet hat. Aber er bittet auch darum, daß die Ermüdeten, Resignierten wieder hinzukommen und anpacken. Bittende sind keine Resignierten. Wir wollen Menschen sein, die das Warten und Handeln, Vorausdenken und Nachdenken, Lehren und Lernen miteinander verbinden und den langen Atem behalten, weil wir nicht auf das neue Reich, sondern auf das Reich Gottes warten. Ich erinnere mich an die wenigen Leute, die am 4. September 1989 bis abends um 11.00 Uhr in dieser Kirche mit uns gesprochen haben, die sich als eine Minderheit in diesem Land etwas zutrauten. Damals habe ich vier Themen genannt, von denen ich meinte, daß sie geklärt werden müßten, um uns nicht zu gefährden. Es ging 1. um den Sozialismus, 2. um die Gefährdung der Natur, 3. um die Frage der Nation und 4. um die Zukunft des Menschen.

Der letzte Punkt bleibt uns als Christen vielleicht der wichtigste. Und nach diesen 40 Jahren wollen wir uns fragen: Was wird aus den Hundestaffeln, scharfgemacht durch Schläge, zur bedingungslosen Unterwürfigkeit dressiert, zu jeder Befehlsausführung bereit, angstverkrüppelte Angstmacher, zynisch pervertierte Kreaturen Gottes? Und was wird aus den 85000 hündischen Charakteren in unserem stasineurotisierten Land, das es auf dem Papier nicht mehr gibt? Aber es gibt die Akten von 4,2 Millionen Bürgern dieses Landes. Es ist eine Riesenaufgabe für uns alle – die wir nicht lösen, wenn wir alles daran setzen, auf allen vieren massenhaft durchs Land zu rollen – in die Freiheit der Wartegemeinschaft im Stau. Ich kann am Schluß meiner Gedanken, gedenkend und dankend für die übergroße Ernte und ermüdend vor der Fülle unserer Aufgaben, nur noch bitten: Herr, sende uns in Deine Ernte, die Ernte ist groß, und es ist Gefahr, daß viel verkommt, aber es ist Deine Ernte, und Du wirst Leute senden. Und so brauchen wir miteinander Zeit für das Nachdenken, für das Finden des Willen Gottes, für die Entdeckung der Hoffnung, die uns weiterträgt. Wir wollen uns der Mühseligen und Beladenen annehmen. Wir brauchen den Kopf nicht in den Sand zu stecken, wir brauchen unsere Fahne nicht in den Wind zu hängen, wir brauchen die Flinte nicht ins Korn zu werfen. Wir brauchen auf unserem Weg den orientierenden, Hoffnung schenkenden und an uns handelnden Herrn. Wir brauchen die Weggenossenschaft derer, die mühselig den Boden bearbeitet, den Samen gelegt, die Pflänzchen geschützt haben und schließlich die Ernte so reichlich vor sich sahen. Diese Ernte sollte nicht die eine Grenze sprengen, um eine andere aufzurichten!

So gehet hin in die Ernte des Herrn, den Menschen zugute.

Nachtrag zu einer Hymne

Aufsatz vom 15. Oktober 1990

Am 9. Oktober 1990 – welch ein Tag! – verabschiedeten wir im Rathaus zu Wittenberg die erste Panzereinheit der Sowjetarmee.

Gorbatschow hatte am 7. Oktober 1989 das Signal für unseren friedlichen Umbruch gegeben. Er hatte begriffen, daß Konflikte sich nur noch mit politischen Mitteln lösen lassen, daß das moderne Kriegsgerät friedensgefährdend ist und uns Ressourcen raubt. Daß der nun in große Schwierigkeiten im Inneren seines Landes gekommene Herold eines gerechten Weltfriedens heute den Friedensnobelpreis zugesprochen bekommen hat, läßt mich vor Freude im Zimmer umherspringen.

Wir verabschiedeten nicht bloß Panzer, sondern Menschen, die uns bisher nur als Soldaten begegnen konnten, weil sie nur wegen unseres Eroberungskrieges hierhergekommen waren. Insofern ist es uns nicht möglich, die 1944 entstandene Sowjethymne zu kritisieren, in der es heißt: »... Fahne in Volkes Hand, du sollst uns führen von Sieg zu Sieg«.

Zur Verabschiedung spielte ein Streichquartett nacheinander drei Hymnen. Zu der ersten gab es schon im Vorfeld Einsprüche: »Warum noch diese Hymne – die Hymne eines seit sechs Tagen erloschenen Staates?« – »Weil sie zu unserer Geschichte gehört, die zu leugnen die Lügen nur noch vermehren würde«, antwortete ich.

Und ich machte eine Entdeckung: Wegen *einer* Zeile war sie zum Verstummen gebracht worden, und genau diese Zeile machte deutsche Geschichte. Verbote rächen sich. Wer hat den Text eigentlich aus dem Verkehr gezogen? Wer wurde befragt?

Und wer fragte an, warum der Text verschwand? Und warum gab es keinen neuen Text?

Es entbehrt nicht der Logik, wenn ein Staat, der einen Mauerarchitekten an seine Spitze stellte, nicht mehr singen lassen konnte: »Deutschland, einig Vaterland«. So ehrlich waren sie – oder so ängstlich vor der Kraft der Worte? Während wegen einer Zeile die ganze Hymne verboten wurde, konzentrierten sich die Ritter der Dienstagsrunde machtneurotisch mit aller ihnen verbliebenen Intelligenz und Kraft auf die Feindsuche mittels der Hymnenzeile: »Schlagen wir des Volkes Feind«.

Am Umgang mit diesen beiden Zeilen ist die Deutsche Demokratische Republik zugrunde gegangen. Hinzu kam der Kontrast zwischen Selbstüberforderung (»schön wie nie«) und der Wirklichkeit.

So schlecht sind die Gedanken dieser Becherhymne indes für ein gelingendes Staatswesen nicht (wenn sie auch in ihrer Schwülstigkeit anderen Hymnen nicht nachsteht). Zukunftszugewandtheit mit der Analyse der Gründe für die Ruinen verbinden, nicht in den Zwängen alter Not steckenbleiben, sondern sie gemeinsam zwingen (Solidarität derer von unten!). Ein Friede, der auf Völkerfreundschaft beruht, verhindert, daß Kinder beweintes Kanonenfutter werden, und führt dazu, daß Selbstvertrauen, Lernen und Arbeiten zusammenkommen, daß die guten deutschen Traditionen für die Jugend bestimmend werden. Alles wurde verdorben, weil »die Macht wie der Augapfel« (H. Axen) gehütet wurde. In diesen Tagen vor einem Jahr noch hielt der Genosse Dübner, Erster Sekretär der Kreisleitung der SED in Wittenberg, ein Referat, in dem es hieß: »Es muß erkannt und zugegeben werden, daß wir in den letzten Wochen ein Gefecht verloren haben, wobei es jetzt darum geht, nicht auch noch die Schlacht zu verlieren. Veränderungen auf allen Ebenen, und zwar in kürzester Zeit, sind an der Tagesordnung, wobei analysiert werden muß, warum der Feind so tiefe Wunden schlagen konnte, ohne daß die Verteidigung wirksam wurde ... Konkret geht es darum, Ziel und Richtung anzugeben. Dem Feind die Faust – und allen anderen die offene Hand.«

Wer immer nur »des Volkes Feind« im Dunkeln mit allen dunklen Methoden sucht, verrät die Werte der Demokratie an die Selbstherrschaft einer Partei. Solches Denken und solche Praxis hat dieses Land ruiniert, bis nun das DDR-Volk eine Zeile gemütvoll mitsingt – dann verstummt schon der Gesang: »Einigkeit und Recht und Freiheit ...« Im angetrunkenen Zustand wird schon eher die erste Strophe gegrölt: »Deutschland, Deutschland über alles«. So singen wir nun eine Strophe nationaler Verengung, entstanden in Zeiten hoffnungsloser nationaler Zersplitterung. Wem fällt noch auf, daß Gerechtigkeit und Frieden fehlen? Wurde mit dem Wort Solidarität auch die Sache so gründlich mißbraucht, daß niemand merkt, daß es fehlt? Mir bleibt nur Ironie, wenn wir uns im vereinten Deutschland neben einer neuen Verfassung nicht doch noch eine neue Hymne einfallen lassen. Wenn schon Fallersleben, dann doch lieber gleich die zweite Strophe, die die deutsche Inbrunst mit den unpolitischen Lastern verbindet: »Deutsche Frauen, deutsche Treue, deutscher Wein und deutscher Sang«.

Noch besser wäre allerdings das einprägsam-gefühlvolle, generationsübergreifende, deutsch-rätselhafte und romantische Fallersleben-Kinderlied »Ein Männlein steht im Walde«.

Nun, Kinderlieder sind zu schön und zu hintergründig-ernst, daß ich mich darüber lustig machen sollte. Und so will ich für einen Hymnentext plädieren, der in wunderschön einfacher Weise das erfüllt, was wir heute Verfassungspatriotismus nennen: »Daß ein gutes Deutschland blühe/wie ein andres gutes Land ... Und das liebste mag's uns scheinen/So wie andern Völkern ihrs.«

Diese »Kinderhymne« Bertolt Brechts kommt ohne das Wort Vater-Land aus, beschreibt dieses Land indes als Mutter-Land und als Kinder-Land. Für mich fiele bei der Auswahl des Textes ins Gewicht, ob Ausländer unsere Hymne mitsingen könnten!

Mit der Brechtschen Kinderhymne auf den Lippen könnte dieses so begabte und so gefürchtete Volk über sich selbst hinauswachsen – als ein freundliches und friedliches, als ein bescheidenes und offenes großes Bundes-Volk im Herzen Europas.

Vom Aufbruch zum Ausverkauf

Aufsatz vom 31. Oktober 1990

Als die Mauer in der Nacht des 9. November aufgrund jener berühmten Nebenbemerkung Günter Schabowskis auf einer internationalen Pressekonferenz friedlich gestürmt wurde und Tausende den Todesstreifen in Berlin und an der Zonengrenze passierten, waren wir Eingesperrten und Aufgebrochenen hocherfreut und tief verwirrt zugleich. Ich kam spät nachts von einem der Diskussionsforen mit Tausenden Menschen in unserer Stadt nach Hause. Dort brach die Wahrheit endlich heraus, während in Berlin die Mauer durchbrochen wurde. Während wir in Wittenberg stritten über Ökonomie und Ökologie, über Kultur und Bildungswesen, über Rechtsprechung und Sicherheitsorgane, die größten Hallen und Säle der Stadt prallvoll waren und unsere Herzen und Münder überquollen, lagen sich die Menschen in Berlin schon in den Armen. Ich wurde per Telefon von westlichen Korrespondenten gefragt, was ich über die Maueröffnung dächte. Ich war noch beschäftigt mit dem Aufräumen und dem Neubeginn in unserem Lande. Ich sah, wie die Bürger unseres Landes ihre eigenen Angelegenheiten endlich in ihre eigenen Hände nahmen, und hörte, daß Tausende nach Berlin strömten, um die andere Welt in Augenschein zu nehmen. Ich war noch ganz mit der meinen beschäftigt. Ich freue mich darüber, daß meine Tochter Uta nun endlich ihre Freundin Anja in Westberlin besuchen kann, sagte ich. Mehr hatte ich in dieser Nacht nicht zu sagen. In den folgenden Tagen verhielten sich die endlich Freigelassenen wie Losgelassene, die den Kontrast zwischen Deutschland Ost und Deutschland West massenhaft in

Augenschein nahmen und sich fragten: Waren die 40 Jahre umsonst? Warum sollen wir eigentlich noch weiter Deutsche zweiter Klasse sein?

Die Kraft zu einer Erneuerung der zweiten deutschen Republik war uns mit unserer Freiheit genommen. Alles strömte nach Westen, nicht nur die Autos, sondern auch Gedanken und Sehnsüchte von Menschen, die sich millionenfach betrogen vorkamen. Mehr und mehr zeigte sich der Schaden, die innere und äußere Zerrüttung unseres Landes. Sie dauert bis heute und äußert sich im quälenden Absterbeprozeß der Nachfolgepartei der SED ebenso wie in der Weigerung der Nachlaßgemeinschaft der ehemaligen Blockparteien, sich ihrer Vergangenheit aufrecht zu stellen, die statt dessen ihren Apparat, ihr Geld und ihre Mitglieder den wirtschaftlich potenten Schwesterparteien in der Bundesrepublik zur Verfügung stellten und Mehrheiten errangen. Ihre Erfolge gelten keineswegs ihrer moralischen Integrität oder gar ihrer fachlichen Kompetenz: Die Bürger vertrauen einfach darauf, daß die liberalkonservativen Parteien eher eine Garantie für den wirtschaftlichen Aufschwung in der DDR geben können.

Dem Einheitsbegehren der DDR-Deutschen entsprach ein Hilfsangebot der BRD-Deutschen in Gestalt des 10-Punkte-Planes des Bundeskanzlers. Der Aufruf »Für unser Land« war ein letzter hilfloser Versuch, den Ausverkauf der schon längst ausverkauften DDR zu verhindern und damit das Subjektsein seiner Bürger zu bewahren.

Die gewaltlosen Massendemonstrationen fanden ihre politische Artikulation zunächst durch Vertreter der jahrelang kriminalisierten Oppositionsbewegung. Sie fanden Gehör und Beifall, solange es noch gefährlich war. Als die Angst weg war, wurde es grob. Anstelle differenzierten Redens traten einfache Parolen; medienverstärkt verdichteten und verbreiteten sich wenige Kürzel, die für die Politik handlungsbestimmend wurden. Zunächst aber wurde an den Runden Tischen im ganzen Land der gewaltlose revolutionäre Prozeß fortgesetzt – unter sachbezogener Beteiligung aller politischen Kräfte.

Die bis Mitte Dezember 1989 entstandenen politischen Gruppierungen gingen von einer grundlegenden demokratischen Reform des Systems aus, nicht von seiner Abschaffung. Die nationale Frage stand nicht auf der Prioritätenliste. Sie war vielmehr eingebunden in den europäischen Einigungsprozeß auf KSZE-Ebene. Aber das Volk in seiner Mehrheit sah die erfolgversprechende ökonomische Chance für schnelle grundlegende Besserung im nationalen Einigungswerk. Die D-Mark wurde nicht erst 1989 zum Fetisch – sie war es schon in den letzten Jahrzehnten geworden. Zehntausende Trabi-Fahrer befestigten neben dem schwarzrotgoldenen Aufkleber mit der Aufschrift »Wir sind *ein* Volk« die gelbe Tchibo-Glücksbohne. Ein Volk, eine Bohne – auf der Suche nach dem einen Mann, der das Anlehnungs- und Sicherheitsbedürfnis befriedigen und schnelle Hilfe versprechen würde. Er fand sich. Er wurde gewählt, immer wieder im Marathon von drei Wahlen in einem Jahr nach 40 Jahren erniedrigenden Zettelfaltens. Tiefe Enttäuschung machte sich in der Oppositionsbewegung angesichts der Wahlergebnisse breit. Sie war und blieb eine Minderheit. Die zeitweilige massenhafte Zustimmung war eine Täuschung gewesen. Befriedigung materieller Bedürfnisse und nationaler Sehnsüchte ist der Mehrheit allemal wichtiger als die politische Emanzipation. Die Delegierung der politischen Verantwortung an Parteien und Parlamente hat zu einem schnellen Rückzug aufs Persönliche und zur Entsolidarisierung im Kampf ums ökonomische Dasein geführt.

Mühsam bauen sich die demokratischen Institutionen auf. Es fehlt buchstäblich an allem, vor allem an Demokraten. Regressive Sehnsüchte sind so verinnerlicht, daß man »vom Staat« erwartet, daß er alles richte. Nun sind 16 Millionen Deutsche übergewechselt und lassen sich formen nach dem Bild der BRD. Wir sind gleich und noch lange nicht gleich. Die Mehrheit der Ostdeutschen wollte die schnelle Einheit. Jetzt zeigen sich die Konsequenzen. Der ökonomische und politische Zusammenbruch geht vorerst schneller voran als der Neuaufbau. Die sozialökonomische Differenz und die menschliche Verständigung zwischen Ost- und Westdeutschen bergen noch viele Konflikte. Die Flucht in die Aktivität erspart uns und verhindert für uns die Aufarbeitung unserer Geschichte. Bei uns soll nun alles so werden, wie es in der Bundesrepublik schon immer war, während sich in der Bundesrepublik nichts ändern wird, vielleicht die Steuer. Wenige haben bisher den Lastenausgleich auf sich genommen. Ihnen sei besonders gedankt.

In Scharen kamen bisher die Autowrackverkäufer zusammen mit diversen Billiganbietern und mit Videotheken. Ausgeblieben sind die Investoren, die Juristen, die Verwaltungsfachleute. Insuffizienz-Erfahrung auf fast allen Ebenen entspricht der Insuffizienz-Vorwurf: Da geht ja nichts. Das sind ja alles Laienspieler. Fast alles von dem, was wir einmal waren, wird der Vergessenheit überantwortet, nun auch unsere kulturelle Infrastruktur. Beinahe wäre uns die Verfügung über das Eigenste auch noch genommen worden. Daß es nicht geschah, haben wir den Besetzern der Stasizentrale zu verdanken, nicht den smarten Unterhändlern, die selber keineswegs zu den Opfern gehörten. Nach dem Recht hätten sich die Besetzer der Nötigung und des Hausfriedensbruchs schuldig gemacht. Dabei kämpften sie darum, daß uns nun nicht »andere«, fremde Deutsche um die Aufarbeitung unserer Geschichte betrügen und diesmal »rechtsstaatlich« verfügen.

Die eigentliche Regentin ist die Ungeduld geworden. Zunächst war sie revolutionär und produktiv, jetzt trägt sie maßlose und illusionäre Züge.

Die äußere Vereinigung ist vollzogen, die innere Verständigung steht uns noch bevor. Die Chancen der Demokratie sind noch nicht ausgeschöpft. Ich bin trotz allem froh, daß die Geschichte wieder offen ist und jeder mittun kann, der mittun will. In der gemeinsamen Erarbeitung einer Verfassung für das geeinte Deutschland in einem friedlichen Europa sehe ich unsere Jahrhundertchance.

Bürgerbewegungen und Parteien in der Demokratie

Rede am 4. November 1990
anläßlich des Europäischen Bürgerforums
im Haus der Jungen Talente Berlin

Heute vor einem Jahr habe ich meine Rede spontan mit der Zeile »Auferstanden aus Ruinen und der Zukunft zugewandt« begonnen. *Mir* ging es um das Aufstehen und um das Aufräumen und um das Wiederaufbauen in unserem Land. (Später erkannte ich: wer mit Worten umgeht, muß wissen, daß er mit Ungeheuern umgeht!) Und ich hatte dann hinzugefügt: »Bald werden wir dieses Lied auch wieder singen.« Ich hatte nicht berücksichtigt, warum dieses Lied verboten worden war, nämlich wegen der einen Zeile, die dann zum Mittelpunkt einer Bewegung wurde, die unseren Aufbruch abbrach.

Ich möchte jetzt hier nichts miesmachen, sondern vorschlagen: Laßt uns das, was gekommen ist, aktiv mitgestalten. Und laßt uns »den andern« sagen: Mit uns könnt Ihr rechnen. Andererseits sollten wir wohl auch die Schwierigkeiten nicht verschweigen, die bei diesem eiligen Zusammenwurf, bei diesem Bei-Tritt entstanden sind. Bei Arthur Koestler las ich etwas Nachdenkenswertes über unsere resignierende Kassandramentalität: »Wäre Kassandra von den Göttern mit einem sonnigeren Temperament ausgestattet worden, wäre es ihr vielleicht gelungen, den Trojanischen Krieg zu verhindern. Vielleicht lag es daran, daß die prophetischen Warner immer solche Miesmacher waren, angefangen mit jenen dürren Wüstenhebräern ... Die Warnung ist grundsätzlich lebensbejahend. Die Gänse auf dem Kapitol waren keine Pessimisten, aber Kassandra war es. Deshalb hatten die Gänse mit ihrer Warnung Erfolg.« Also, liebe Freunde, laßt uns schnatternde Gänse sein! Wenn die Gefahr kommt, hört die Hoffnung nicht auf. Nachdem wir nun in der Demokratie angelangt sind, wurde ich gefragt, wie traurig ich bin. Ich bin erst einmal ganz toll froh. Und auch dankbar. Nun gibt es neue Schwierigkeiten. Brecht hat einmal über die Schönheit der Schwierigkeiten nachgedacht: »Schön ist es, wenn man die Schwierigkeiten löst. Schön ist also ein Tun. Wenn wir sagen wollen, warum eine Musik schön ist, dann müssen wir fragen, welch ein Tun hier schön ist. Wir sprechen also vom Musizieren. Schönes Musizieren ist ein Musizieren, in dem Schwierigkeiten gelöst werden ... Solch ein Schönheitsbegriff ist vergänglich und hat Grade. Es gibt Schwierigkeiten tiefer und weniger tiefer Art, lang und kurz dauernde, Schwierigkeiten großer und kleiner oder wichtiger und unwichtiger Gruppen. Sie zu lösen, ist ganz verschieden schön ...«

Auch wir haben nun in der Demokratie Schwierigkeiten zu lösen, lang und kurz dauernde. Und das ist schön: Die Demokratie braucht aktive Demokraten, Menschen, die ihren politischen Willen aussprechen (und sich dabei nicht auf Kürzel reduzieren lassen), die miteinander streiten auf der Suche nach der Wahrheit und der besten Lösungsmöglichkeit und die dann ihren politischen Willen organisieren (also auch den schwierigen Kompromiß wagen). Aus diesem Grunde bin ich unter Schwierigkeiten in eine Partei gegangen. Die Demokratie braucht aktive Demokraten und nicht bloß gewählte Repräsentanten. Wenn wir unseren politischen Willen wieder auf Repräsentanten delegieren, werden wir kein rotes, sondern unser blaues Wunder erleben. Die Demokratie braucht einerseits Parteien, die für Kontinuität und Stabilität auf dem Wege des verantwortlichen Kompromisses und der längerfristigen Konzeptionen arbeiten, und die Demokratie braucht andererseits Bürgerbewegungen, die für Inspiration, Kreativität und Dynamik der Politik sorgen, die sich für besonders akute Probleme einsetzen, Druck machen, Ideen und Lösungsmöglichkeiten einbringen, sich selber mit ihren Gedanken und ihren Körpern einsetzen (und das unterscheidet sie von den Herren, die immer Schlipse tragen, die gar nicht erst ihre Schlipse abgelegt haben, ehe sie auf die andere

Seite wechselten). Wer sich in Bürgerbewegungen engagiert, wird nicht mit 35 000 DM Ministergehalt für ein Amt ohne Aufgaben rechnen wollen oder können.

Was ich mit Bürgerbewegungen und ihrer Besonderheit meine, möchte ich an drei Beispielen klarmachen:

1. Gollin

Lob Euch, Gollinern, die Ihr Schalck-Golodkowski das Handwerk gelegt habt. Ihr wart mit Euren Trabis und Wartburgs und Euren Leibern da, als er seine »privaten« Schätze mit Hilfe seiner ost-westlich gewendeten Anwälte holen lassen wollte. Solche spontanen Bürgerbewegungen brauchen wir zur Verhinderung neuer Verbrechen der alten oder der neueren Herren. Je mehr Geld, desto mehr wird verdunkelt – mit Geld.

2. Die Mahnwache

Die Hungermahnwache in der Normannenstraße hat dem Betrug des Staatsvertrages an uns einen Riegel vorgeschoben. Hier kamen unmittelbar Betroffene, die die Befreiung unseres Landes vorangebracht hatten, und sie waren nun auch bereit, das Recht zu brechen, das sich wiederum gegen sie selbst zu wenden drohte. Es galt zu diesem Zeitpunkt noch nicht ganz das neue Recht. Die Normannenstraßenbesetzer nutzten die relativ rechtsfreie Zwischenphase. Wenige Zeit später hätte man sie sicher »abgeräumt« und wegen Hausfriedensbruchs und Nötigung verklagt. Das politische Recht setzte sich aber noch einmal gegen das formale Recht durch. Es ging um unser Menschenrecht.

Mit ihrer Beharrlichkeit haben die Besetzer für uns alle verhindert, daß man uns nicht noch das Letzte wegnimmt, was nur uns in diesem Lande als unsere Last gehört. Ich möchte Ihnen allen sehr, sehr herzlich danken. Die Herren, die im Einigungsvertrag anderes ausgehandelt hatten als es die Volkskammer zuvor beschlossen hatte, handelten gegen das Recht, gegen unser erstrittenes Recht.

So sind Bürgerbewegungen auch in Zukunft wichtig zur Kontrolle der gewählten Organe.

3. Greenpeace

Greenpeace hat nachgewiesen, daß bei Gera jetzt noch radioaktiver Müll abgeladen werden kann. Greenpeace bleibt wachsam, wenn die Ex-DDR, die Polen oder andere zur Müllhalde der feineren Deutschen werden.

Solche Bürgerbewegungen braucht die Demokratie, wenn sie lebendig bleiben will – nicht nur solche Versammlungen wie die heutige hier. Ich sehe einige konkrete Aufgaben, auf die wir uns konzentrieren sollten, damit unsere gesellschaftliche Entwicklung nicht wieder schiefgeht. Drei Dinge will ich hier nennen:

1. In den nächsten vier Jahren ziehen 400 000 Sowjetmenschen aus unserem Lande ab. Ich möchte gern, daß wir etwas dafür tun, daß diese »Freunde« ihre Anführungsstriche verlieren. Jetzt können und jetzt sollten wir auf sie zugehen, und wir sollten es sein, die die schmähenden Parolen, die jetzt an manchen Kasernenzäunen stehen, wieder abwischen. Wenn die Sowjetarmee jetzt ihre Türen langsam öffnet, dann sollten wir die endlich gegebene Möglichkeit nutzen, diese Menschen zu uns einzuladen. Wir auf dem Gebiet der FNL, der fünf neuen Länder, haben jetzt in besonderer Weise die Aufgabe, den deutsch-sowjetischen Vertrag auszufüllen. Dazu gehört, daß wir den Menschen, die noch hier sind, menschlich begegnen. Was Gorbatschow einmal Volksdiplomatie genannt hat, könnte jetzt konkretisiert werden. Die Verträge sind zunächst nur der Papierrahmen, der unerläßliche Papierrahmen für die menschliche Verständigung.

Ich fürchte für die nächsten Wochen und Monate einige Konflikte mit den demoralisierten Truppen auf dem Gebiet Deutschlands. Es ist auch nicht zu übersehen, wie die einfachen Soldaten dort behandelt worden sind und behandelt werden: wie Leibeigene, wie Prügelvieh. Sie haben ein Recht auf ihre Menschenwürde und darauf, daß wir ihnen nicht mit Herablassung und Verachtung begegnen. Ich schlage vor, daß wir, die wir diese vielen Soldaten wider Willen 40 Jahre hier beherbergt haben, Begegnungsgruppen und Konfliktgruppen bilden, damit der Abzugsprozeß verbunden wird mit einem Verständigungs- und Versöhnungsprozeß. Dazu gehört vielleicht auch, daß wir den neuen Bundestag auffordern, von den zwölf Milliarden Abzugskosten einige Millionen dafür abzuzweigen, daß die Sowjetsoldaten schon hier eine zivile Ausbildung bekommen. Zum Beispiel müssen die riesigen Militärareale entseucht werden. Das könnten die Soldaten schon selber erlernen und unter Anleitung von Fachleuten mit der Wiederaufforstung der zerwalzten Wälder beginnen. Es wäre ein Teil der Konversion, wenn Soldaten wieder zu Zivilisten werden, die im zivilen Leben eine Perspektive sehen, statt aus Überlebensgründen ein Leben lang Soldaten zu bleiben.

2. Etwa zehn Prozent des Gebietes der DDR werden in der nächsten Zeit frei. Zum Teil sind es die schönsten Gegenden des östlichen Deutschland. Wer aber das Kleingedruckte im Einigungsvertrag liest, wird ohnehin von einer Ohnmacht in die andere fallen. Zum Beispiel steht da, daß die Militärareale nun der Haardthöhe gehören, also Herr Stoltenberg darüber verfügt. Dieser Herr Stoltenberg kommt jetzt her, um Zeremonien zur feierlichen Vereidigung zu veranstalten. Das sind wir gewöhnt, und das haben sich die Bundesbürger längst als öffentliche Spektakel verbeten. Hier wird wohl wieder alles möglich. Das wäre ein Zurückrollen unserer Revolution. Ich bin für feierliche Immatrikulationen, aber nicht für feierliche Vereidigungen, egal, unter welchem Verteidigungsminister. Und was in den Kommunen Militärgebiet war, sollte auch wieder den Kommunen gehören. Wollen wir denn eine Remilitarisierung? Wollen wir zulassen, daß die ehemalige DDR zum bevorzugten Schießplatz der Bundeswehr wird? Wollen wir zulassen, daß die Tiefluggebiete in der DDR bleiben, nur mit anderen Flugzeugtypen? Es wird nötig sein, daß wir unseren Widerstand organisieren. Ich kann Euch nur zum zivilen Ungehorsam aufrufen. Wehrt Euch dagegen, wenn die Bundeswehr die frei gewordenen Militärareale wie selbstverständlich übernehmen will. Dorthin gehören jetzt neue Industrie- und Gewerbeansiedlungen, Re-

habilitations- und Bildungseinrichtungen und Zonen des Naturfriedens.

3. In die deutsche Einheit haben wir den großartigen Verfassungsentwurf des Runden Tisches einzubringen. Dieser Verfassungsentwurf sammelt die Erfahrungen unseres demokratischen Halbjahres. Er ist nicht nur eine »fixe Idee«. Bei der nach Artikel 146 nötigen Verabschiedung einer gemeinsamen deutschen Verfassung sollten wir uns auf einige wichtige Dinge konzentrieren, wenn wir wollen, daß nicht alles so bleibt, wie es ist. Dazu brauchen wir Druck von unten, sonst machen das die hohen Herren in den Hinterstuben der Ministerien wieder allein, und wir haben nur noch das Nachsehen. Konkret heißt dies:

– Wir wollen das Zivildienstgesetz der ehemaligen DDR als gesamtdeutsches Gesetz.

– Wir wollen, daß die Natur endlich eine Stimme bekommt, damit wir, unsere Kinder und Kindeskinder in diesem Land würdig überleben können. Das Grundrecht auf eine saubere Umwelt muß in die Verfassung, auch wenn es bei der Durchsetzung dieses Rechtes erhebliche Rechtsprobleme geben wird.

– Wenn es weniger Arbeit gibt, soll es nicht mehr Arbeitslose geben, sondern mehr Teilung der Arbeit. Und es darf nicht zugelassen werden, daß Menschen um die Fünfzig zum alten Eisen gelegt werden. Wir brauchen deren Erfahrung, Rat und Fähigkeiten. Wenn es in unserem Gebiet auf Dauer Arbeitslosigkeit gibt, wird dies nicht nur ein soziales, sondern auch ein erhebliches politisches Problem werden. Der Markt selber scheint die Probleme nicht regulieren zu können, er braucht flankierende Maßnahmen durch die Politik, und die Einigung braucht eine Struktur und nicht nur das Gesetz des Marktes. Das Recht auf Arbeit beziehungsweise auf Arbeitsförderung muß fixiert werden, und die Arbeit muß geteilt werden.

– Da wir heute bei einem europäischen Bürgerforum sind und nicht bei einem deutschen, möchte ich schließlich auf das Ausländerrecht hinweisen. Die Ausländer sollten wir nicht ausgrenzen, sondern integrieren. Deshalb geht es mir um einen

Verfassungspatriotismus, nicht um einen Nationalpatriotismus. Ich nehme die alte, mißbrauchte Parole auf und sage: »Patrioten aller Länder, vereinigt Euch!« Für eine überlebensfähiges friedliches Europa, das sich nicht nach Osten und nicht nach Süden abschottet.

Bis alle Mauern fallen

Rede am 9. November 1990 an der Bornholmer Brücke zur Enthüllung der Gedenktafel

»An der Brücke Bornholmer Straße öffnete sich in der Nacht vom 9. zum 10. November 1989 erstmals seit dem 13. August 1961 die Mauer. Die Berliner kommen wieder zusammen.

Willy Brandt: ›Berlin wird leben, und die Mauer wird fallen.‹« (Inschrift auf der Gedenktafel)

Berlin lebt, und die Mauer ist gefallen.

Ich kann es immer noch nicht fassen, daß wir hier heute eine Tafel zur Erinnerung an den friedlichen Mauerdurchbruch anbringen und nicht eine weitere Tafel für einen Erschossenen. Weil hier kein erster Schuß fiel, fiel auch kein zweiter; weil es hier keinen ersten Toten gab, gab es auch keinen zweiten. Dank auch der Besonnenheit der doch sonst so scharfgemachten Grenzoffiziere. Gewaltlos wurde die Gewalt besiegt. Und Ihr Westberliner botet ein hundertfaches Begrüßungsspalier für die tausendfach kommenden Ostberliner. Nun seid Ihr wieder Berliner – und wir alle wieder Deutsche.

In jener Nacht sagte ein Ostberliner: »Hoffen wir, daß es bleibt!« Und ein anderer antwortete ihm: »Das bleibt. Dafür sorgen wir!« Das war die Stimme des Volkes, das endlich selbstbewußt seine eigenen Geschicke in die eigene Hand nahm, die Bevormundung und Einsperrung überwand und aufrecht zu gehen lernte – nach 40 Jahren Diktatur des Proletariats *angeführt* durch eine Partei, die ihre innere Schwäche durch äußere Stärke zu ersetzen suchte.

Mit unvergleichlichem Berliner Witz und Scharfsinn sagte einer in der Kneipe: »Erst hamse de Mauer jebaut, damit keener mehr abhaut, un nu reißen se se wieder ab, damit keener mehr abhaut. Det is ne Lojik!«

Ich bin glücklich, nicht mehr Bürger eines eingemauerten Landes zu sein. Mit der Mauer fiel am 9. November nicht nur dieses perverse Monstrum, es fiel auch die Lüge über dieses Monstrum, das man »antifaschistischen Schutzwall« nennen ließ. Die Mauer brauchte auch noch die Lüge über die Mauer. Mit diesem Monstrum fielen nun auch die Lügen alle, die uns und unser Land verdarben und uns die Luft nahmen.

Die Mauer tötete nicht nur Flüchtlinge – sie machte eine ganze Gesellschaft krank. Wir waren Bürger eines Staates, der sich gezwungen sah, sich – nein: uns! – einzumauern. Es erfüllte mich immer wieder mit Scham, Bürger eines solchen Staates zu sein, zumal dieser Staat nichts anderes perfektionierte als seine Sicherheitsorgane.

Betonköpfe ließen das Land im Grau des Betons erstarren. Vergiftetes Erdreich im Todesstreifen, in dem Menschen reduziert wurden auf Flüchtlinge, deren einziges Verbrechen darin bestand, das Glücksangebot eines eingemauerten Scheinparadieses auszuschlagen.

Die DDR erinnerte mit ihrer Mauer in fataler Weise an ein großes Konzentrationslager – mit Stacheldraht, Hunden, spanischen Reitern. Aber die DDR war kein KZ. Das wäre eine Verletzung der Millionen Juden, die systematisch vernichtet wurden, nur aus rassischen Gründen. Wir lebten mit einem KZ-artigen Zaun, aber nicht in einem KZ. Wir lebten in der Unfreiheit, aber wir waren nicht von industriemäßiger Vernichtung bedroht. Der Umgang mit Gegnern war menschenverachtend, es gab Verbrechen, Menschenrechtsverletzungen, aber es fand keine organisierte Massenvernichtung statt. Aber Vergleiche mit dem Schicksal der Juden, mit dem Naziterror sollten wir schon jener Opfer wegen nicht anstellen.

Das SED-System wollte die Freiheit ersticken, und es erstickte selber an den Exkrementen der Unfreiheit. Denken wir heute nicht nur an die Befreiung von der Mauer in Berlin. Denken wir auch an die Tausenden Menschen, die in diesen 28 Jahren im Sperrgebiet entlang der Zonengrenze isoliert leben mußten. Denken wir an die Männer und Frauen, die sich an dieser Grenze mißbrauchen ließen, als wenn sie Wächter eines Zuchthauses wären. Denken wir an die Perversionen, die mit Hunden und Schießanlagen errichtet wurden. Denken wir an die Sonderzuwendungen für Flüchtlingsfänger und auch an die Angst manches jungen Grenzers, daß ein Flüchtling kommt. Sie *alle* wurden mit dem Fall der Mauer befreit. Wenn auch der erste Taumel der Freiheit vorüber ist, haben wir doch das Schlimmste hinter uns. Nach der demokratischen Euphorie sind wir jetzt im nachrevolutionären Alltag, und der heißt »Demokratie« als tägliche Bewährung des zivilisierten Konfliktausgleichs. Die neuen parlamentarischen Mehrheiten mögen sich daran erinnern, daß die Revolution nicht durch die Parlamente oder durch die beschlipsten Parlamentarier im Block der SED geschehen ist, sondern durch eine jahrzehntelang eher belächelte Minderheit, die mit Zähigkeit und Zielstrebigkeit, unter Verdächtigung und Bedrohung, Bespitzelung und Verängstigung den aufrechten Gang geübt hat. In der kritischen Phase des Landes gewann diese Minderheit die Mehrheit des Volkes für sich und ihre Ideen und wurde zum Vorreiter der Veränderung. Diese Minderheit darf in der parlamentarischen Demokratie weder ins Abseits kommen, noch darf diese Minderheit meinen, sie könnte sich jetzt über die Mehrheit des Volkes setzen, weil sie meint, schon mehr Einsicht gewonnen zu haben und Entwicklungen vorauszusehen. Die Enttäuschung über Wählervoten darf nicht dazu führen, daß die Prinzipien der parlamentarischen Demokratie wieder über den Haufen geworfen werden und sich eine wie auch immer geartete, selbsternannte Elite an die Spitze stellt und dem Volk klarmacht, wo es langzugehen habe.

Über der ganzen Freude möchte ich nicht vergessen, daß wir geschwiegen haben bis in das Frühjahr 1989, als Chris Gueffroy erschossen wurde. Wir haben nur zugeschaut, wir haben nicht öffentlich protestiert: Jeder von uns wollte leben. Wir lebten mit der Mauer und sahen zu, wie sie Opfer um Opfer kostete. Die inneren Schäden werden uns viel länger beschäftigen als der Abbau der Betonwände mitten durch diese Stadt. Bei aller Freude über diesen Tag, der gleichzeitig das SED-Regime vollständig zum Einsturz brachte, bleibt mir doch ein fader Nachgeschmack. Auch wenn es nicht wirklich geplant war, so halte ich es für eine politische Geschmacklosigkeit, daß der 9. November auf diese Weise beinahe Staatsfeiertag geworden wäre. Der 9. November bleibt überschattet von jener Pogromnacht 1939. Von dieser Mauer können wir uns schneller verabschieden als von der Schuld an den Verbrechen im Namen des deutschen Volkes, die über Generationen hinweg nicht abtragbar ist.

Bevor diese Mauer fiel, waren in unserem Land schon die Mauern der Angst gefallen. Wir hatten begonnen, uns unser eigenes Land zu erstreiten. Die plötzliche Öffnung der Mauer führte uns schnell, zu schnell ab von der Regelung unserer eigensten Angelegenheiten. Aber bald wurde klar, daß dieses Staatsgebilde so heruntergewirtschaftet worden war, daß es allein gar nicht mehr handlungsfähig war.

Seit den 70er Jahren war uns in der Oppositionsbewegung klargeworden, daß die DDR ihre Reisepraxis nicht grundlegend ändern könnte, wenn sie sich selbst nicht grundlegend ändert. Die SED war aber zu einer Reform weder willens noch fähig, und so verspielte es die DDR, wirklich ein gleichberechtigtes Subjekt im Vereinigungsprozeß und ein selbstbewußter Partner bei der Neugestaltung des geeinten Deutschland zu werden. So sind wir nun dabei, uns mit der Bundesrepublik zu vereinen, ohne daß in gleicher Weise erkennbar wird, daß sich die Bundesrepublik mit uns vereint.

Die DDR gibt es im rechtlichen Sinn nicht mehr, aber diese 40 Jahre markieren sich nicht nur im Abstand des politischen und wirtschaftlichen Gefälles, sondern auch in einer unauslöschlichen Geschichte, in unserer Erinnerungs- und Erlebniswelt, in den Unterschieden der Sprache und der Art des Miteinanderumgehens.

Die einen fühlen sich jetzt ganz bestätigt, und die anderen wissen kaum noch, wer sie sind. Viele wechseln aus der einen Anpassung in die andere, ohne daß klar wird, wie sie wirklich denken. Jeder kann jetzt sagen, was er denkt, aber kann er noch denken, was er sagt?

Nachdem die Mauer gefallen ist, haben wir noch eine längere Wegstrecke vor uns, ehe die inneren Mauern zwischen uns fallen. Und gleichzeitig wird es zur Aufgabe von uns allen, nicht neue Mauern nach außen hin zu errichten. In zehn Tagen beginnt in Paris die KSZE-Gipfelkonferenz, auf der die deutsche Einheit eingebunden und Konturen für die Neugestaltung des alten Kontinents entworfen werden. Nur die europäische Öffnung im KSZE-Prozeß hat es uns ermöglicht, wieder zusammenzukommen. So sind wir Deutschen in besonderer Weise verpflichtet, den europäischen Einigungsprozeß voranzubringen, und das bedeutet, am Wiederaufbau eines demokratischen, wirtschaftlich eigenständig funktionierenden Osteuropa mitzuwirken.

Das Abräumen der Probleme der Vergangenheit sollte uns nun zu den Problemen der Zukunft führen. Die Vereinigung Deutschlands ist unter den Problemen unserer Zeit eins der kleineren. Ich meine: der Mutterboden ist wichtiger als das Vaterland; die Kosten der ökologischen Sanierung gehören zu den Kosten der deutschen Einheit und bedürfen gemeinsamer Anstrengung, damit der deutsche Wald wieder gesundet, das Wasser trinkbar bleibt und die Luft frisch. (Dazu gehört, daß es nie wieder einen deutschtümelnden Mief gibt.) Die eine sichtbare Mauer ist durchbrochen – nun gilt es, die unsichtbaren Mauern abzubauen. Es wird noch einige Konflikte zwischen uns Ossis und Wessis geben. Manchmal habe ich den Eindruck, wir Ostler wollen *mehr*, wenn wir uns nach Westen richten, und Ihr Westler wollt *noch mehr*, wenn Ihr Euch nach Osten richtet. Die einen bangen um das bißchen, was sie nach altem Recht nicht behalten können, und andere schnalzen mit der Zunge bei dem Gedanken, schließlich in abgewrackten Grundstücken eine Goldgrube zu finden. Manchem Westdeutschen ist es egal oder gar lästig und unangenehm, daß wir nun dazugekommen sind. Manche Ostdeutsche kommen mit einer eigentümlichen Anspruchshaltung in den Westen. Anderen stößt es sauer auf, daß wir in der ehemaligen DDR einfach alles zu übernehmen haben, während in der Bundesrepublik fast alles bleiben kann, wie es ist. Nur die Staatsverschuldung nimmt um ein Drittel zu, und schuld daran sind natürlich wir im Osten. Wir Ostdeutschen brauchen das Gefühl, daß wir nicht länger die (ungeliebte) arme Provinz des reichen Westens werden. Wir waren so lange Provinz und sind schlicht in vielem auch provinzieller geworden. Wir lebten in einer geschlossenen Gesellschaft. Nun fällt es uns schwerer, Andersdenkende und Anderslebende zu akzeptieren. Es werden Probleme aufbrechen, die in der Bundesrepublik im wesentlichen schon als geklärt galten. Alle zukünftigen Probleme werden aber wieder unsere gemeinsamen Probleme sein, wie die Altlasten unserer Vergangenheit *vor* der Teilung auch unsere gemeinsamen bleiben.

Der äußeren Durchbrechung der Mauer kann und muß nun die innere folgen. Ihr Westberliner hattet das Problem der Mauer immer hautnah und habt Euch auf Eurer Insel auch ganz schön eingerichtet. Ihr wart am 9. November wunderbare Gastgeber der Befreiung – spontan und herzlich. Nun aber ist Eure Stadt überflutet und verstopft. Mancher wünscht sich das geruhsame Leben mit dieser wunderbar bunten Außenhaut zur Abschottung wieder zurück. Ihr hattet so etwas wie ein weltstädtisches Binnenklima, das wir Ossis Euch nun mit unserem Trabihorizont, mit unserem Braunkohlengestank und den Ansprüchen von Zukurzgekommenen verderben.

Die Probleme sollten wir benennen und lösen und weder verschweigen noch übertreiben. Konzentrieren wir uns auf das Wesentliche:

– Eine Mauer durch unser Land ist gefallen – auch wenn noch viele Mauern zwischen uns abzubauen sind.

– Ein Panzer um unsere Brust ist zerborsten – auch wenn wir nun anderen Zwängen begegnen.

– Ein Unrechtsystem wurde überwunden – auch wenn uns nicht alles recht und nicht alles Recht ist, was jetzt mit uns geschieht.

– Ein Stasistaat hat seinen Geist aufgegeben – auch wenn sein Ungeist viele Spuren hinterläßt.

– Die Mühen der Unfreiheit liegen hinter uns. Die Mühen der Freiheit liegen vor uns. Sie sind der Mühe wert, wenn es uns gelingt, mit dieser Freiheit auch mehr Gerechtigkeit und Solidarität zu erreichen – für uns in Ostdeutschland, aber auch für das sich befreiende Osteuropa.

Wir waren für einen Moment das glücklichste Volk der Welt. Glück ist der Moment des unerwarteten Durchbruchs, in dem man nicht über alle Konsequenzen sinniert, sondern den Augenblick mit allen Gedanken und Sinnen feiert. Vier Tage war Berlin ein friedliches Chaos. Wir durften vier Tage nicht nüchtern sein. Nun gibt es einen Kater – auf beiden Seiten. Man könnte sagen: zuviel des Guten und zuviel durcheinander! Aber der Kater wird vorübergehen, die Schmerzen werden nachlassen. Der Vereinigungskater wird nachlassen, wenn wir miteinander einsehen, was uns auf die Dauer guttut, was uns und unseren Nachbarn guttut, was uns Deutschen und allen, die mit uns in unserem Lande als ausländische Mitbürger leben, guttut, was uns und der Natur, von der wir leben, guttut. Die Diskussion über eine für die Zukunft tragfähige Verfassung könnte ein wichtiger Teil des inneren Mauerabbaus, der gegenseitigen Verständigung über unsere gemeinsame Zukunft sein. Der Mauerabbau wird erst vollendet, wenn wir in freier Selbstbestimmung uns eine gemeinsame Verfassung geben, in der es keiner Mauern mehr bedarf.

Das »Volk« und die Demokratie

Dankesrede anläßlich der Verleihung des Martini-Preises am 11. November 1990 in Landau

Das »Volk« ist eine unberechenbare Größe. Die SED ahnte, daß sie dem Volk mißtrauen mußte. Deshalb behauptete sie, sie selber sei die Stimme des Volkes, sprach dem Volk die Reife ab, um es erziehen zu können. Sie zwang ihm selbstverachtende Rituale auf, Scheinwahlen, Scheinparteien, Scheindemonstrationen des Volkswillens. Nichts charakterisiert die Situation besser als die Formel vom »freiwilligen Zwang«.

Wir sind das Volk – das wurde zur viel- und mißdeutbaren Parole der Revolution in der DDR. Wer ist aber dieses Wir? Zunächst war es die Masse des Volkes, die der Staatsmacht demonstrierte, diesmal freiwillig demonstriert: *Wir* sind das Volk und nicht die, die angeben, das Volk zu repräsentieren. Wer aber wird zur Stimme des Volkes, das da zehn- und hunderttausendfach auf der Straße steht? Wie wird wer zur Stimme des Volkes? Und wie lange ist einer Stimme des Volkes? Wodurch bleibt er es, wodurch verliert er das Volk? Wie funktioniert die Rückkopplung zwischen beiden? Die DDR zwischen dem 18. Oktober 1989 und dem 18. März 1990 ist ein Lehrstück über Gewinn und Verlust unmittelbarer Demokratie in der Ablösung einer Diktatur. Es ist ein Lehrstück mit vielen, sehr widersprüchlichen Lehren. Der Standpunkt des Beobachters prägt auch hier zwangsläufig die Wertungen. Vergröbert ergeben sich für mich drei Phasen. Aus politischem Überdruß und ökonomischer Perspektivlosigkeit verließen im Sommer 1989 Tausende, Hunderttausende die DDR. Dann kam es kurzzeitig zu einer vornehmlich politischen Emanzipation. Der Aufbruch fand sein vorläufiges Ende in der Einheit ohne Einigung – mit einer neuartigen ökonomischen Disziplinierung, wobei die Wahlentscheidung eindeutig nach ökonomischen Gesichtspunkten erfolgte. In der Phase der politischen Emanzipation gab es Spontandemokratie, die in Dresden begann und zur Bildung der Gruppe der 20 führte. Das fand in den Bürgerforen, in den Kirchen und großen Sälen der ganzen Republik seine Fortsetzung, bis sich an fast allen Orten Runde Tische bildeten. An diesen Runden Tischen standen die Sachfragen solange im Mittelpunkt, als es noch nicht um Partei- und damit vornehmlich um Machtfragen ging. Aber alsbald begann man auch bei den Runden Tischen nach außen zu schielen und nach der Publikumswirksamkeit zu fragen. Je näher der Wahltermin rückte, desto schwerer wurde es am Runden Tisch, die Sachfragen sachlich zu behandeln.

Die Frage, wie sich der »Wille des Volkes« ermitteln läßt, stand in elementarer Weise vor uns. Wer sagt dem Volk, was es (unbewußt) will? Weiß es überhaupt, was gut und richtig ist? Kann man das Volk wählen lassen? Suchen die zu Wählenden nach der Volksstimmung und versuchen, daraus Stimmen zu machen, und gewinnt der, der am besten weiß, »was das Volk so denkt«? So macht dann das Politbarometer Politik. Was »ankommt«, wird gemessen, und die Veröffentlichung der Meßdaten macht wieder Stimmung. Im Spätherbst 1989 hat den Fortgang der friedlichen Revolution im wesentlichen das Fernsehen gestaltet. Einzelne Transparente wurden mehrfach eingeblendet und einfach zur Stimme des Volkes erhoben. Und was aus Leipzig am Montagabend über Bildschirme kam, wurde dann auf den Demonstrationen überall im Land mehr oder weniger reproduziert. Das Volk schien auf der Suche nach dem, was es denkt, und fand sich in bestimmten Kürzeln wieder, die immer von neuem wiederholt und dann handlungsbestimmend wurden. Man könnte zugespitzt sagen, daß das Fernsehen den Ausgang der Revolution bestimmte. Noch am 4. November zeichnete sich eine ganz andere Entwicklung ab. Wie es ohne die überhastete Öffnung der Grenze am 9. November weitergegangen wäre, läßt sich nicht sagen. Der abrupte Wechsel von einer politisch motivierten Emanzipation zu einer ökonomisch motivierten Anschlußsehnsucht wäre undenkbar gewesen, wenn das Ausmaß der politischen und ökonomischen Zerrüttung des real existierenden SED-Stasiismus nicht so groß gewesen wäre.

Wenn es richtig ist, daß die Stimmung des Volkes sehr schnell wechselt und durchaus manipulierbar ist, dann spricht manches für eine repräsentative Demokratie, um dem Volk vier Jahre Ruhe zu gönnen. Wenn aber das Volk wählt, weil es sich gern täuschen läßt (nach der Parole des ehemaligen DDR-Ministerpräsidenten de Maizière »Niemandem wird es schlechter gehen als vorher. Im Gegenteil.«), dann kommt von denen, die sich für besonders einsichtsvoll halten, der Wunsch auf, daß es für das Volk doch besser wäre, einen »Rat der Einsichtsvollen«, der »Auserwählten« zu bilden und jedenfalls jedes Plebiszit zu vermeiden. Ein Jahr nach der Befreiung von der Diktatur wird im Gebiet der ehemaligen DDR der Zweifel an der Demokratie wieder laut – genau in dem Maße, wie es illusionäre Erwartungen an die Demokratie gegeben hatte. Die Frage: »Wer berät das Volk?« wird zur Versuchung der Demokratie. Daß das Volk sich selbst berät und keine Beratung braucht, ist eine schöne Fiktion.

Wer eine Tragödie überlebt hat, ist nicht ihr Held gewesen, sagte Max Frisch. Wir haben in der DDR weder Helden noch Märtyrer, nur die ganz alltägliche Mühsal des Neuanfangs in einer Trümmerlandschaft der Städte und der Seelen. Drei alte Männer sitzen in Moabit, und 16 Millionen suchen nach denen, die uns helfen, die Karre aus dem Dreck zu ziehen. Die vormals in 40 Jahren besonders Angepaßten suchen flugs neue Anpassung und werden wahre Verwandlungskünstler. Eines darf jetzt nicht in Vergessenheit geraten: Wir haben eine erfolgreiche friedliche Revolution hinter uns, weil es uns gelungen ist, eine Parteidiktatur abzuschütteln, und wir sind nicht in einer neuen Diktatur, sondern in der Demokratie angekommen. Die Probleme hören nicht auf. Sie stellen sich nur neu. Denn nach fast 60 Jahren Diktatur gibt es praktisch keine demokratische Institution mehr, keine Erfahrungen mit der Rechtsstaatlichkeit, und es gibt nicht genügend Demokraten. Wir sind über Nacht aus einer Welt in eine andere gekommen. 40 Jahre politische Apathie, dann ein halbes Jahr zwischen Angst und Euphorie und nun die Erschöpfung. Wir haben jetzt eine demokratische Hülle, aber nicht genügend Demokraten. Die persönlichen ökonomischen Probleme und das Hineinfinden in eine neue Wirtschafts-, Rechts- und Sozialordnung führt dazu, daß nur noch ein kleiner Teil der Menschen sich für öffentliche Angelegenheiten engagiert. Die Bürgerbewegungen haben kaum noch Einfluß und versuchen sich als Quasi-Partei neben den »richtigen« Parteien zu behaupten. Die etablierten Blockparteien haben auf Grund ihrer »Taufe« durch die konservativen Parteien und ihre Finanzstärke die Geschicke des Landes geschickt übernommen. Sie haben sich an ihre neuen »Schwestern« ebenso reibungslos angepaßt, wie sie reibungslos im Block mit den »roten Brüdern« der SED funktionierten. Der Frontenwechsel gelang erfolgreich und schmerzlos. Aus einer politischen Emanzipation wurde ein ökonomischer Anschluß. Die zaghaft gewachsene Identität, die sich in gemeinsamem freien Handel in der DDR entwickelte, wurde auf der einen Seite zur Bittstellerhaltung gegenüber den erfolgreichen Westdeutschen und andererseits zum Annullierungsversuch von 40 Jahren DDR-Geschichte. Die Annullierung richtet sich auch auf Identifikationsinhalte und Identifikationspersonen der alten DDR. Der Streit um Christa Wolf meint nicht bloß Christa Wolf, sondern meint, daß nichts von uns bleiben soll, was die Bundesrepublik in ihrem jetzigen Bestand verändern würde.

Bei den Revolutionären des Herbstes und auch bei denen, die einen schmerzlichen Umdenkungsprozeß vollzogen haben, breitet sich Resignation aus. Die Gefahr wächst, daß der Zweifel an der Demokratie stark wird, ehe die Demokratie stark geworden ist. Die Mehrheit des Volkes hat nicht so entschieden wie die Minderheit des Volkes, die die Befreiung vorangebracht hatte, es sich gedacht hatte. Es besteht akute Gefahr, daß das Volk in seiner Mehrheit denunziert wird als manipulierbare Masse, die sich hat verführen lassen. Es kommt eine neue Versuchung auf, *über* dem Volk zu sein. Dabei ist doch der Versuch gescheitert, eine Erziehungsgesellschaft aufzubauen, in der eine Avantgarde, die Sozialistische Einheitspartei, ausgerüstet war mit der wissenschaftlichen Weltanschauung und der einzig zukunftsträchtigen Gesellschaftsstrategie. Diese Gesellschaftskonzeption hatte übersehen, was Marx in der dritten Feuerbachthese (Ursprungsfassung vom Frühjahr 1845) so ausdrückte: »Die materialistische Lehre von der Veränderung der Umstände und der Erziehung vergißt, daß die Umstände von den Menschen verändert und der Erzieher selbst erzogen werden muß. Sie muß daher die Gesellschaft in zwei Teile – von denen der eine über ihn erhaben ist – sondieren. Das Zusammenfallen des Änderns der Umstände der menschlichen Tätigkeit oder Selbstveränderung kann nur als *revolutionäre Praxis* gefaßt und rationell verstanden werden.« Um die Gestaltung der revolutionären Praxis als demokratischer Praxis geht es, wenn die Umstände *und* die menschliche Tätigkeit durch Selbstveränderung des einzelnen und der gesellschaftlichen Gruppierungen vorangebracht wird. Der Widerstreit zwischen einer Demokratie, die auf Mehrheitsentscheidungen, und einer Demokratie, die auf der Einsicht der Einsichtsvollen beruht, ist so alt wie das Nachdenken der Menschen über den besten Weg zu Menschenrechten und sozialer Gerechtigkeit. Unter den Bedingungen der Massenmedien und ihrer besonderen Manipulationsmöglichkeiten kommen wir zu der Frage, ob die repräsentative Demokratie unter Leitung von Parteien, die alle vier Jahre zu einer Wahl aufrufen, wirklich zu einer lebendigen Demokratie führen kann. Das Grundgesetz der Bundesrepublik schreibt ja zunächst nur vor, daß die Parteien »bei der politischen Willensbildung des Volkes mitwirken«. Also sind Parteien gesellschaftliche Institutionen, die mitwirken – nicht mehr und nicht weniger. Sie haben eine Hilfsfunktion. Im Verfassungsentwurf des Runden Tisches, Artikel 35, Absatz 1, heißt es: »Vereinigungen, die sich öffentlichen Aufgaben widmen und dabei auf die öffentliche Meinungsbildung einwirken (Bürgerbewegungen), genießen als Träger freier gesellschaftlicher Gestaltung, Kritik und Kontrolle den besonderen Schutz der Verfassung.« Über die Parteien heißt es dann in Artikel 37, Absatz 1: »Die Freiheit der Parteien, gleichberechtigt an der politischen Willensbildung mitzuwirken, ist gewährleistet.« Der Verfassungsentwurf des Runden Tisches schreibt also fest, daß Bürgerbewegungen neben Parteien existieren. Zugespitzt könnte man sagen, die Parteien gewährleisten Kontinuität und Stabilität und suchen den »fleißigen Kompromiß« in einer streitfähigen Demokratie. Die Bürgerbewegungen bringen wichtige einzelne gesellschaftliche Fragen ins Gespräch und sorgen für Kreativität und Dynamik in der Demokratie durch eigene Vorschläge, durch Kontrolle und auch durch öffentlichen Druck auf die parlamentarischen Repräsentanten, die aus Wahlen hervorgegangen sind. Für die neue deutsche Demokratie könnte dieses Neben- und Miteinander von Parteien und Bürgerbewegungen eine Lösung des Konflikts sein, der darin besteht, daß die deutsche Demokratie zu einer reinen Delegationsdemokratie wird. Die Erfahrungen des Herbstes 1989 ermutigen uns dazu, auf solches sachbezogenes Mit- und Nebeneinander von Parteien und gesellschaftlichen pressuregroups zu vertrauen. Bürgerbewegungen vertreten, was nicht mehrheitsfähig, aber überlebenswichtig ist. Sie sind auch eine Art Organisation der Kassandra-Rufer. Sie sollten hören, daß alle Kritik aus der Liebe zum Leben kommen muß.

Nachdem die Einheit juristisch und politisch vollzogen ist, geht es jetzt um die Einigung. Dabei ergeben sich für mich drei Forderungen: 1. Der Kommunismus ist am Ende. Aber die soziale Demokratie darf keine Utopie bleiben, und der Konsumismus bringt uns ans Ende. 2. Es darf keine neue Remilitarisierung beginnen. Die Friedensbewegung darf nicht an ihrem eigenen Erfolg zugrunde gehen. Wir in den neuen fünf Ländern wollen nicht zur Ostmark der Bundeswehr werden. Unsere Flughäfen wollen wir zivil nutzen und nicht für das Phantom der »Phantom-Jäger«. 3. Die Aussöhnung mit dem Westen ist im großen und ganzen gelungen. Der Rahmen für die Aussöhnung mit dem Osten ist durch den deutsch-sowjetischen Vertrag und durch den deutsch-polnischen Grenzvertrag gegeben. Jetzt können und müssen die Völker aufeinander zugehen. Am Ende des Jahrhunderts könnte der große europäische Friede stehen.

Deutsche Qwahlen

Aufsatz vom 3. Dezember 1990

Nun haben wir den KOHL.

Immer wieder wurde ER gewählt, in vier Wahlen, nun für vier Jahre bestätigt. Nach der Wahl für den ERFOLG der Einheit kommen die FOLGEN der Einheit. Wann sind wir in der Talsohle? Wo ist der Tiefpunkt? Für wie viele wird es eine Qual, für wie viele ein glänzendes Geschäft? Glück auf! In den FNL, den fünf neuen Ländern, kommen zu unbewältigter alter Schuld und zu alten Schulden schon neue Schuld und Riesenschulden hinzu ... Da ist es kein Wunder, wenn die »Helmut! Helmut«-Rufe in Chemnitz (vor kurzem noch Karl-Marx-Stadt) geradezu messianisch klangen. Und ER befriedigte in seiner Erfolgsstatur das Anlehnungsbedürfnis einer Mehrheit selbstwertgekränkter Ossis und einer Mehrheit saturierter Wessis. Schon im Frühjahr 1990 kündete das größte von allen in Erfurt gezeigten Plakaten: »Gott segne unseren Kanzler Helmut Kohl, den Garanten der deutschen Einheit«. Das wurde er, zu einer staatsmännischen Pose auflaufend (der außenpolitische Tritt ins Fettnäpfchen beim Polenbesuch im November 1989 sollte zu aller Überraschung wirklich der vorerst letzte bleiben), den Mantel der Geschichte mit einem sicheren Einheitsinstinkt aufgreifend (noch im September 1987 war er wie alle realpolitisch Denkenden von einer vorerst fortbestehenden Zweistaatlichkeit ausgegangen), die wirtschaftliche Insuffizienz der Ost-Macht nutzend (vergessen der Goebbels-Vergleich), die Westmächte durch sichere NATO-Einbindung aller Zweifel enthebend (die Stimmen von Ridley und Luns konnten locker weggesteckt werden). Die 4+2 (+1)-Verhandlungen wurden unversehens zu 2 + 4-Gesprächen, dann praktisch zu 1 + 4-Verhandlungen gemacht (der KSZE-Konferenz als einem entscheidenden Pfeiler der europäischen Entspannungsarchitektur durch Vorausabrüstung auf 370000 Mann vorausgreifend). Schließlich wurden alle Themen besetzt, die die Opposition als Alternative anzusprechen versucht hatte; sogar von »Opfern« konnte er einige Tage vor der Wahl sprechen, wo doch Steuererhöhungen strikt ausgeschlossen worden waren. Die deutsche Einheit, die noch im Oktober 1989 in weiter Ferne war, hat er im Schnellstverfahren bei größter deutscher Wirtschaftskraft, mit Hilfe Genscherscher außenpolitischer Zuverlässigkeit und mit eigener Fortüne erreicht, und so hatte keine Oppostion eine Chance. Er erntete, auch wo er nicht gesät, und der Erfolg ersparte es ihm, über Probleme zu reden; Kassandra ist nie mehrheitsfähig, wo doch alles (noch) so gut gegangen ist. Die Deutsch-Mark setzte angesichts der glänzenden Wirtschaftslage die Politik mit anderen Mitteln erfolgreich fort. Auch die Osteuropäer begrüßten (offiziell) die Einheit – auf dringend benötigte Hilfe hoffend. Der Grenzvertrag mit Polen wurde unterschrieben (vergessen die krämerischen Vorbedingungen vom Frühjahr). Der deutsch-sowjetische Vertrag schafft den äußeren Rahmen für echte freundschaftliche Kooperation zur Sowjetunion – unter der Voraussetzung, daß diesem Vielvölkerstaat (und dann wohl auch uns allen!) eine Katastrophe erspart bleibt.

Den Ostdeutschen vermittelte der Kanzler aller Deutschen das Gefühl, daß ihm für die Einheit nichts zu teuer ist, und den Westdeutschen vermittelte er das Gefühl, daß es für sie nicht teuer würde. (Die enorme Staatsverschuldung, die 1982 zum entscheidenden Grund für die Ablösung der sozialliberalen Regierung wurde, scheint 1990 »kein Problem«.) Die Arbeitslosigkeit und der fast totale Zusammenbruch der Wirtschaft in den östlichen Ländern wurde bisher durch Kurzarbeit – für Nicht-Arbeiten – abgefangen, die nicht das Gefühl aufkommen lassen sollte, arbeitslos zu sein. 40 Jahre Getäuschte lassen sich wieder täuschen. Ihr Vertrauen in die D-Markt-Wirtschaft scheint nach dem Desaster der Plan-Kommando-Wirtschaft grenzenlos zu sein. Wahlen lösen die Probleme nicht, und Mehrheiten finden sich nicht für Probleme, sondern für Erfolge. Wer die Probleme in den Mittelpunkt des Wahlkampfes stellt, beherrscht offenbar die Gesetze der Massenpsychologie im Zeitalter der Massenmedien nicht. Der deutsche Wahlkampf wird immer »amerikanischer«. Man fühlt sich erinnert an den Wahlkampf zwischen Reagan und Mondale, bei dem Reagan die stets zuversichtliche Option durchhielt und Mondale die heraufziehenden Probleme benannte. Nun sitzen die Amerikaner im Loch einer gigantischen Staatsverschuldung. Aber immer noch möchten »die Leute«, die sonst »schweigende Mehrheit«, lieber die optimistische Variante hören. Die Demokratie, die mit mündigen Bürgern rechnet, kommt an ihre Grenze, wenn »Ankommen« alles ist. Die Themen und Konzeptionen haben nicht gezogen, aber sie holen uns ein: die Verseuchung unseres Bodens und eine in Ost und West verfehlte Agrarpolitik, die Energiegewinnung und der Energieverbrauch, der Zusammenbruch unseres Individualverkehrs, die Flüchtlingsströme aus dem Süden und aus dem Osten, die Klimakatastrophe. Die Zivilisationskrise und Konzepte für ihre Überwindung waren kein Wahlkampfthema, dem Mehrheiten ihre Stimme gegeben haben. Schon in einigen Jahren wird man sich erinnern: Diese Themen wurden im Wahlkampf 1990 von der Opposition angesprochen. Die Verlierer haben eine Schonzeit bekommen. Die Schonzeit könnte aber eine Verlustzeit für die bedrängenden Fragen werden. Aus diesem Grunde erhebt sich nach diesen Wahlen die Frage, ob die Bürgerbewegungen als Widerstandsgruppen und Indikatoren unserer Überlebensbedrohung nicht immer wichtiger werden, zumal die Grünen sich durch eigene Querelen aus dem Bundesparlament herauskatapultiert haben. Auch wenn eine Mehrheit nicht wissen will, daß es die Titanic ist, das Luxusschiff der erfolgreichen westlichen Zivilisation, auf der wir in den Untergang reisen, muß es doch Gruppen geben, die wenigstens das Tempo zu verlangsamen trachten. Und wer auf dieses Schiff noch aufspringen will, muß wissen, was er tut.

Nach dem Wahlmarathon dieses Jahres ist indes von allen Politikern zu erwarten, daß sie frei von dem Zwang, Wahlen zu gewinnen, die Bürger in ihrer Mündigkeit wieder ansprechen und ihnen sagen, was jetzt geht und was nicht, was wir unterlassen und was wir tun wollen, damit Leben für die nächste Generation lebenwert bleibt – auf der einen Erde.

Ich jedenfalls habe wenig Vertrauen zu einem Politiker, der am Wahlabend seinen Optimismus auf »die ökonomische Schubkraft des Einkaufs am ersten Advent« gründet. Es mag ankommen, wenn ER schön einfach sagt: »Erst wird gearbeitet, dann wird gefeiert, dann arbeiten wir wieder.« Die Frage muß erlaubt sein, ob nicht dazwischen Zeit zum Nachdenken nötig ist. Und selbstkritisch muß hinzugefügt werden: Wer nur über die Zukunft dieser Welt nachdenkt, kommt in heil-loses Grübeln.

Kassandra muß zeigen, daß sie aus Liebe zum Leben die Sorge um das Weiterleben artikuliert. Und sie muß mit der Lust am Leben werbend und überzeugend sagen, was sie will und nicht nur das, was sie nicht will.

Bei diesen Qwahlen stand der EINE für den Erfolg, und die ANDEREN standen für die Probleme. Da die einfachen Wahrheiten bei Wahlen offensichtlich siegen, die schwierigen auf der Strecke bleiben, wird in einer problemverschleiernden Mehrheitsdemokratie für die Minderheit viel Niederlagetraining und Gestaltungsphantasie, Klarheit und Kompromißfähigkeit nötig sein, um den Zug der Lemminge nicht nur ansprechen und aufhalten, sondern auch *umlenken* zu können.

Bibliographische Nachweise

Die Texte dieser Sammlung sind chronologisch nach ihrem Entstehen angeordnet. Die unveröffentlichten Beiträge basieren auf Manuskripten des Autors, der sie für diese Ausgabe geringfügig überarbeitet hat. Die folgenden Nachweise vermerken jeweils den Erstdruck.

7 ICH GLAUBE DIR – *Ein Bekenntnis zum Leben mitten in der Gefahr* – Juni 1985; unveröffentlicht.

9 *Vor den Trümmern einer gescheiterten Alternative* – Vortrag in der Evangelischen Akademie Bad Segeberg vom 3. März 1990 anläßlich einer Tagung unter dem Thema: Was soll aus Deutschland werden? Weitere Redner waren u.a. Konrad Weiß und Rolf Reissig; veröffentlicht in: Orientierung, Bad Segeberg, 1990, Heft 1/2.

24 *Training des aufrechten Gangs – Die Rolle der Kirchen bei der demokratischen Emanzipation in der DDR* – Vortrag vom 28. März 1990, gehalten an verschiedenen Universitäten in den USA; unveröffentlicht.

38 *Wenn Historie zur Geschichte wird* – Gesprächsimpuls für Seminare in den USA Anfang April 1990; gekürzt veröffentlicht in: Constructiv, Berlin, 1990, Heft 3.

42 *Wer sich seiner Geschichte nicht erinnert, ist verdammt, sie zu wiederholen* – Gespräch mit René Heilig und Holger Becker am 3. Mai 1990; veröffentlicht in: Neues Deutschland, Berlin, 8. Mai 1990.

52 *Die Lügen am Mittag-Tisch* – Diskussionsbeitrag auf dem Kirchentagskolloquium »Die Deutschen in Europa« am 12. Mai 1990; unveröffentlicht.

54 *Was wird aus unserer Freundschaft?* – Gespräch mit Daniil Granin am 28. Mai 1990 in Leningrad; veröffentlicht in: Sinn und Form, Berlin, 1990, Heft 5.

83 *Ein verrücktes Volk* – Aufsatz vom 30. Mai 1990; gekürzt veröffentlicht in: Constructiv, Berlin, 1990, Heft 4.

90 *... und den Kindern werden die Zähne stumpf* – Aufsatz vom 31. Mai 1990; veröffentlicht in: Angst vor Deutschland. Hrsg. von Ulrich Wickert. Hamburg 1990.

103 *Ideologiebestimmt. Selbstbestimmt. Geldbestimmt* – Ausschnitt aus einem Vortrag, gehalten an der Volksuni Berlin am 3. Juni 1990; veröffentlicht in: Volkszeitung, Berlin, 15. Juni 1990.

109 *Einen klaren Blick behalten* – Reflexionen zu Günter Grass' »Deutscher Lastenausgleich. Wider das dumpfe Einheitsgebot« vom 8. Juni 1990; veröffentlicht in: Weimarer Beiträge, Berlin, 1990, Heft 9.

119 *Wir sollten uns jetzt nicht aus den Augen verlieren* – Gespräch mit Angelika Griebner und Thomas Otto am 26. Juni 1990; veröffentlicht in: Junge Welt, Berlin, 30. 6./1. 7. 1990.

126 *Alles zu tun aus der Verantwortung vor der nächsten Generation* – Gespräch mit Lothar Petzold am 2. Juli 1990; veröffentlicht in: Sächsische Zeitung, Dresden, 6. Juli 1990.

136 *Europa bleibt vorerst zweigeteilt* – Aufsatz vom 15. Juli 1990; veröffentlicht in: Der Bund, Bern, 14. August 1990.

145 *Eine starke Währung ersetzt eine starke Wehrmacht – Gedanken zum Weltfriedenstag* – Aufsatz vom 28. Juli 1990; gekürzt veröffentlicht in: Constructiv, Berlin, 1990, Heft 6.

151 *»Seit 4.45 Uhr wird zurückgeschossen«* – Aufsatz vom 28. August 1990 anläßlich des Weltfriedenstages; veröffentlicht in: Neues Deutschland, Berlin, 1./2. September 1990.

155 *Deutschland, das ich meine* – Aufsatz vom 25. September 1990 anläßlich des Tages der deutschen Einheit; veröffentlicht in: Mitteldeutsche Zeitung, Halle, 3. Oktober 1990.

161 *Aus den Trümmern des Vergangenen werden Bausteine des Zukünftigen* – Aufsatz vom 28. September 1990; als Begleittext veröffentlicht in: Graphikmappe »Hommage«, 8. Druck der Berliner Graphikpresse. Berlin 1991.

164 *Mutter Erde weint* – Antwort auf eine Umfrage unter dem Motto »Blick zurück aus dem Jahre 2000« vom 1. Oktober 1990; veröffentlicht in: Der Morgen, Berlin, 3. Oktober 1990.

165 *Wer bringt die Ernte ein?* – Predigt am 8. Oktober 1990 in der Reformierten Kirche zu Leipzig; gekürzt veröffentlicht in: Constructiv, Berlin, 1990, Heft 8.

174 *Nachtrag zu einer Hymne* – Aufsatz vom 15. Oktober 1990; veröffentlicht in: Wochenpost, Berlin, 31. Oktober 1990, Nr. 44.

177 *Vom Aufbruch zum Ausverkauf* – Aufsatz vom 31. Oktober 1990 anläßlich des ersten Jahrestages der Grenzöffnung; veröffentlicht in: Die Zeit, Hamburg, 9. November 1990.

181 *Bürgerbewegungen und Parteien in der Demokratie* – Rede am 4. November 1990 anläßlich des Europäischen Bürgerforums im Haus der Jungen Talente Berlin, wo des ersten Jahrestages der friedlichen Demonstration am 4. November 1989 auf dem Berliner Alexanderplatz gedacht wurde. Weitere Redner waren u.a. Christa Wolf, Daniil Granin, Stefan Heym und Otelo Saraiva de Carvalho; veröffentlicht in: Europäisches Bürgerforum. Resümee vom 4. November 1990 im Haus der Jungen Talente in Ost-Berlin. Bassecourt 1990.

188 *Bis alle Mauern fallen* – Rede am 9. November 1990 an der Bornholmer Brücke anläßlich der Enthüllung der Gedenktafel zur Erinnerung an den Mauerdurchbruch ein Jahr zuvor; unveröffentlicht.

195 *Das »Volk« und die Demokratie* – Dankesrede anläßlich der Verleihung des Martini-Preises am 11. November 1990 in Landau. Der Martini-Preis, der in diesem Jahr auch an die Liedermacherin Barbara Thalheim und die Bürgerrechtlerin Ulrike Poppe ging, wird gestiftet von den Roten Winzern und verliehen durch die südpfälzische SPD; veröffentlicht in: Constructiv, Berlin, 1991, Heft 1.

202 *Deutsche Qwahlen* – Aufsatz anläßlich der ersten gesamtdeutschen Wahlen am 3. Dezember 1990; unveröffentlicht.